한국의 중년 여성과 남성

경상대학교
여성연구소
기획도서 1

한국의 중년 여성과 남성

경상대학교 여성연구소 지음

서현사

• 차례 •

• 머리말 •

한국 사회에서의 중년은 매우 특별하다. 한국전쟁 이후의 베이비부머 세대로 민주화와 산업화의 주역이었으며, 노부모 부양과 자녀 뒷바라지라는 이중의 부담을 안고 있는 어쩌면 '마지막' 샌드위치 세대가 될지도 모르는 세대이기 때문이다. 뿐만 아니라 치열한 경쟁사회 속에서 자녀의 성공을 위한 끝없는 경제적 뒷바라지와 자녀의 만혼으로 인해 과거 그 어느 때보다도 기나긴 부모역할을 감당해야만 하는 실정이다. 하지만 흔히 '사오정'이라고 일컬어지는 비자발적인 조기 은퇴로 인해 가족에 대한 부양부담을 제대로 감당할 수 없는 처지에 봉착하기도 한다. 한국 사회에서 중년은 단지 가족생활주기의 특성뿐 아니라, 한국 사회의 경제적, 인구사회적 변동으로 인해 감당하기 어려운 부양부담과 스트레스에 따른 어려움을 겪고 있다. 게다가 평균수명 100세를 바라보는 현시점에서 현재의 중년은 자신을 위해 아무런 준비할 틈도 없이 '아주 기나긴' 노년을 맞아야 할 운명에 처해 있다.

이러한 이유에서 한국의 중년은 누구이며, 한국의 중년 남성과 여성은 어떤 삶을 살고 있는지, 그들의 결혼생활, 가족관계, 사회경제적 현실은 어떠한 것인지, 중년은 자신의 삶을 어떻게 바라보고 있는지에 대해 알아볼 필요가 있다. 이 책은 이러한 질문들에 대한 답을 찾기 위해 2015년 오늘날을 살아가는 한국 중년 남성과 여성의 삶을 있는 그대로 조명하고 중년기의 다양한 국면을 기록하고자 했다.

제1장에서는 한국 사회에서 중년은 누구를 말하는 것인지, 한국 사회에서 중년의 삶은 어떤 모습인지에 대한 의견을 설문조사를 통해 알아보고자 하였다. '중년 부부의 권력구조'에서는 중년기의 부부관계와 권력구조를 다룬다. 자녀들이 성장하여 집을 떠나는 중년기의 부부는 한 남자와 한 여자로 새로이 부부관계를 정립해야 하는 시기이다. 또한 중년기에 접어들면서 일어나는 남편의 실직, 부인의 재취업, 경제상황의 변화, 건강악화 등 수많은 상황 속에서 부부의 권력관계는 변화를 맞이한다. 이러한 중년 부부의 권력관계의 변화는 부부의 의사결정, 가사분담, 결혼만족도와 결혼소진에도 영향을 미치는데, 이 장에서는 이러한 문제들에 대해 설문조사를 통한 경험적 자료를 제시하였다.

제2장에서는 가정을 삶의 중심으로 결혼과 모성을 통해 사회적 정체성을 얻어왔던 중년 여성이 현대에 이르러 가족 속에서 어떤 모습으로 살아가는지, 또 부부관계의 역동성은 어떠한지 등 중년 여성의 삶을 구체적으로 살펴본다. 따라서 인생의 중반기에서 있는 중년 여성의 가족관계를 탐색하기 위하여 자녀와의 관계, 부부관계, 노부모와의 관계 등으로 나누어 중년 여성에 대한 탐구를 시도하고자 한다.

제3장에서는 근대 이후 가정생활과 노동시장의 분리는 가족 내 남성의 역할을 생계부양자로 축소시키고, 여성은 가사와 자녀 양육을 전적으로 담당하며 역할을 강화하게 된다는 점에서 주부의 역할을 이데올로기화하고 가정주부 담론을 만들어낸다고 보았다. 이러한 맥락에서 가정주부 담론을 '현모양처와 내조자', '합리

적 가정관리자', '강한 어머니와 희생하는 어머니', '프로주부와 주부전문가' 등으로 살펴본다. 또한 중년 여성의 정체성을 다루며, 여성의 정체성에 대한 통념을 깨는 대안적인 담론도 고민해본다.

제4장에서는 남성의 가정 · 일 양립이 여성의 일 · 가정 양립보다 우선되어야 한다는 이유를 댐으로써 중년 이후의 남성들이 자신과 가정을 돌이켜볼 수 있는 논점을 제시하고자 했다. 중년도 신세대들 못지않게 일과 가정을 양립해야 하는 문제에 직면했는데, 일 · 가정 양립을 잘해야 하는 과제는 주로 여성들에게 주어졌고, 남성이 가정 · 일 양립을 위해서 어떻게 해야 하는지에 대한 논의는 비교적 적었다. 그래서 여기서는 가정과 일의 양립을 위한 남성의 역할에 초점을 맞춘다.

제5장에서는 중년 여성이 자신에 대한 바람직한 정체성을 세우기 위하여 먼저 여성성의 역사성을 이해하고, 지금까지 여성에게 부여되어왔던 여성성을 전복할 것을 주문한다. 늘 남성적인 것을 보편적이고 가치 있는 것으로 여기고, 여성적인 것을 폄하하고 주변화해왔던 역사에 문제를 제기하고, 여성 자신의 경험을 하찮은 것으로 폄하한 상징체계를 전복하여, 자신의 경험을 신뢰하면서, 바람직한 중년 여성의 정체성을 찾기를 바란다. 또한 이러한 것들을 위하여 법적 권리를 획득하는 것만으로는 부족하므로 지금까지 여성 정책이 여성 혹은 여성 노동자로 분류해왔던 것과 달리 이제 중년 여성을 하나의 정책적인 범주로 설정하는 어젠다로 개발할 것을 요구한다.

제6장에서는 성희롱과 성폭력범죄에 대한 현행법과 함께 성폭력범죄 입법 관련 쟁점들을 간단히 살펴보았다. 우리 사회 성희

롱과 성폭력범죄가 규제 내지 처벌의 대상이라는 인식은 비교적 최근의 일로, 사회적 쟁점이 된 다양한 사건들이 계기가 되어 입법으로 이어졌다. 이 장에서는 본인 스스로 여성이면서 딸이 있는 중년 여성들이 알아야 할 성희롱, 성폭력범죄 관련 현행법에 대해 다뤘다.

제7장에서는 우리나라의 중년 베이비붐 세대의 사회경제적 현황과 그간의 정부대책들을 살펴보고, 중년의 베이비부머들이 서로 도와가면서 함께 살아갈 수 있는 자활 공동체를 만드는 것이 더 현명한 노후대책이 될 수 있음을 제시한다.

제8장에서는 중년 여성의 다양한 질환을 살펴본다. 중년 여성 하면 가장 먼저 떠오르는 폐경은 어느 날 갑자기 찾아오는 것 같지만, 여성호르몬이 3~5년에 걸쳐 점점 감소하다가 결국은 영구히 중단됨으로써 서서히 찾아오는 자연스러운 현상이다. 이 기간을 '갱년기'라고 하며, 폐경 전후로 중년 여성의 건강이 현격하게 변화하기 때문에 폐경은 중년 여성의 건강과 매우 밀접하다. 이 장에서는 폐경과 함께 중년 여성의 건강을 위협하는 질환인 골다공증, 비만, 고혈압-심혈관계 질환과 대표적인 여성암으로 최근 빠르게 증가하는 유방암에 대해 살펴보고자 한다.

제9장에서는 심리학에 근거하여 우리 시대 중년의 모습을 알아본다. 이를 위해 먼저 심리학에서 설명하는 중년기의 특징을 살펴보고 우리나라에서 이루어진 연구를 중심으로 중년의 행복에 대해 이야기한다. 중년을 '위기'로 볼 것인지, '전환기'로 볼 것인지에 대해 검토하였고, 중년기의 여성과 남성의 차이에 대해 살펴보았다. 더하여 '빈 둥지 증후군'과 같은 심리적 현상에 설명하

고 베일런트(Vaillant)의 연구를 중심으로 중년의 행복을 탐색하였다. 또한 우리나라에서 최근에 이루어진 연구를 중심으로 한국 중년의 행복을 살펴보았다.

이 책은 한국의 중년 남성과 여성, 그리고 그들의 삶에 관심이 있는 사람이면 누구든지 읽을 수 있다. 자신의 삶을 돌아보고 싶은 중년 남성과 여성은 물론, 중년의 삶을 이해하고자 하는 연구자나 일반인들 모든 사람을 그 대상으로 한다.

끝으로 이 책이 발간될 수 있도록 후원해주신 경상대학교 학교기업 GAST(Gyeongnam Animal Science and Technology)의 대표이신 이정규 교수님께 깊은 감사를 드린다. 그리고 설문조사를 도와준 사회복지학과 대학원생들과 설문조사에 참여해주신 237쌍의 중년 부부에게 감사드리며, 이 책이 출간될 수 있도록 끈기 있게 기다려 주시고 편집을 위해 수고하신 서현사 출판사 측에도 감사드린다.

2015년 5월

저자 일동.

제1장

중년 부부의 권력구조_이명신

제1장에서는 한국 사회에서 중년은 누구를 말하는 것인지, 한국 사회에서 중년의 삶은 어떤 모습인지에 대한 의견을 설문조사를 통해 알아보고자 하였다. '중년 부부의 권력구조'에서는 중년기의 부부관계와 권력구조를 다룬다. 자녀들이 성장하여 집을 떠나는 중년기의 부부는 한 남자와 한 여자로 새로이 부부관계를 정립해야 하는 시기이다. 또한 중년기에 접어들면서 일어나는 남편의 실직, 부인의 재취업, 경제상황의 변화, 건강악화 등 수많은 상황 속에서 부부의 권력관계는 변화를 맞이한다. 이러한 중년 부부의 권력관계의 변화는 부부의 의사결정, 가사분담, 결혼만족도와 결혼소진에도 영향을 미치는데, 이 장에서는 이러한 문제들에 대해 설문조사를 통한 경험적 자료를 제시하였다.

1. 한국의 중년 스케치

한국 사회에서 중년은 누구를 말하는가? 대학생에게 '중년' 하면 떠오르는 사람을 말하라고 하면 40대의 꽃미남 배우를 말하고, 50대에게 누구를 중년이라 부르겠느냐고 물으면 60대 중반까지의 연령대라고 대답한다. 흔히 중년이라고 하면 한국전쟁이 끝난 후 1955~1963년 사이에 태어난 '베이비부머'를 말한다. 그들은 전후 다산의 시기에 태어나 근대화와 유신을 겪고, 과밀경쟁의 시대를 지난 산업화의 주역이었으며, 동시에 이제는 노동시장에서 정년 시기를 앞둔 대규모 집단인 50대를 지칭한다(박시내 · 심규호, 2010). 그러나 베이비부머인 50대만이 중년을 대표하는 것은 아니다. 이제 인간 수명 100세를 바라보는 시점에서 중년은 누구를 말하는지, 중년의 범위를 새롭게 설정해야 할 필요가 있다.

1970~80년대의 국외 연구에서는 중년을 '막내 자녀가 독립할 때까지'(Duvall, 1977), 또는 35~55세(Vincent, 1972), 심지어 35~60세(Havighurst, 1972)로 보고 있으며, 1980~90년대의 국내 연구에서도 중년을 40~59세(김남순, 1986), 35~60세(김애순, 1993)로 매우 광범위하게 설정하고 있다(김남연, 2013, 13~14에서 재인용). 그러나 최근 들어 평균 수명이 과거 그 어느 때보다도 길어지면서 예

전 연구에 기반을 둔 이러한 중년의 정의는 더 이상 현실을 반영하지 못한다. 대체로 중년을 40~60세로 보고 있지만(LeBaron, Miller & Yorgason, 2014: 95), 점차 수명이 길어짐에 따라 중년의 범위가 넓어지고 있으며, 중년기에 대한 정의는 평균수명이 증가하는 속도에 비례하여 유동적으로 바뀌고 있다.

이처럼 중년기를 한마디로 정의하기 어려운 실정이지만, 중년기는 성인기와 노년기를 잇는 시기로 자녀와 노부모에 대한 이중의 부담을 안고 있는 샌드위치 세대에 해당하는 시기로 볼 수 있다. 일반적으로 중년기 후반에는 성장한 자녀의 독립과 결혼, 은퇴 및 재취업 등으로 인해 사회적, 가정적 역할에 많은 변화가 예상되며 이에 대한 적응이 제대로 이루어지지 않을 경우 위기에 처할 가능성이 높다.

특히 한국의 중년은 자녀 양육과 교육뿐 아니라 노부모 부양에 대한 책임으로 이중의 부양 부담을 안고 있다. 동시에 치열한 경쟁사회 속에서 자녀의 교육에 대한 경제적 뒷바라지는 끝없이 지속되고 있으며, 만혼 현상으로 자녀들이 독립하는 시기가 늦어짐에 따라 자녀에게 부모의 역할을 하는 기간이 증가하고 있다. 그 어느 때보다도 기나긴 부모역할을 감당해야만 하는 실정이지만, 흔히 '사오정(45세 정년)'이라 일컬어지는 비자발적인 조기 은퇴로 인해 가족에 대한 부양 부담을 제대로 감당할 수 없는 처지에 봉착해 있다. 한국 사회에서 중년은 단지 중년이라는 가족생활주기의 특성 때문만이 아니라, '사오정' 현상, '길어지는 자녀교육 뒷바라지', '자녀의 늦어지는 독립' 등 경제 · 사회 · 인구학적 변동으로 인해 감당하기 힘든 부양 부담과 스트레스에 따른 어려움을 겪고 있다.

중년기의 새로운 변화에 대처해야 하는 어려움은 물론이고, 지속되는 부양 부담과 불안정한 고용 등 한국의 사회경제적 현실로 인해 한국의 중년은 위기에 노출되어 있다. 그러나 중년은 누구를 말하는지, 어떤 삶을 살고 있는지에 대한 한국의 중년 부부 연구는 부족한 실정이다. 한국의 중년 부부는 자신들의 중년기 삶을 어떻게 바라보고 있으며 무엇을 원하는지, 부부관계와 가족생활은 어떠한지 알아볼 필요가 있다.

한국 중년 부부의 실제 삶을 알아보기 위해, 중년 부부 217쌍으로부터 수집된 자료를 토대로 한국의 중년 부부 스스로가 말하는 중년의 삶에 대해 간략히 알아보았다.[1)]

1) 중년이라고 생각하는 시기

설문조사에 응답한 부부의 50.5%는 50~60대를 중년으로 보고 있는 것으로 나타났다. 아울러 40~50대를 중년으로 보는 비율도 34.6%로 높았으며, 40~60대로 보는 비율은 11.3%였다. 놀랍게도 많은 응답자들이 과거에는 노년에 속하던 60대를 중년에 속한다고 보는 것으로 나타났다. 종합하면, 응답자들은 중년을 40~60대로 매우 폭넓게 인식하고 있었다.

1) 경상대학교 여성연구소에서는 《한국의 중년 여성과 남성》이라는 기획도서를 준비하는 과정에서 경남지역의 중년 부부 280쌍에게 설문조사를 실시했다. 237쌍으로부터 회수된 설문지 중에서 부부 중 한 명이 응답하지 않거나 불성실한 응답을 제외한 후, 217쌍으로부터 수집한 자료를 토대로 조사했다.

〈표 1-1〉 중년이라고 생각하는 시기

구분	40~50대	50~60대	60~70대	40~60대	40~70대	50~70대	계
남	67(30.9)	119(54.8)	2(0.9)	24(11.1)	2(0.9)	3(1.4)	217(50.0)
여	83(38.2)	100(46.1)	4(1.8)	25(11.5)	0(0.0)	5(2.3)	217(50.0)
계	150(34.6)	219(50.5)	6(1.4)	49(11.3)	2(0.5)	8(1.8)	434(100.0)

* 단위: 명(%)

2) 중년의 모습

스스로 생각하는 중년의 모습을 알아보기 위해, 현재 자신이 경험하고 있는 중년의 삶과 가장 일치하는 모습에 대해 질문하였다. 남편과 부인 모두 '자녀교육 부담 · 경제적 뒷바라지로 힘겨운 시기'를 가장 자신의 모습과 일치하는 1순위로 꼽았다. 두 번째로 자신의 모습과 비슷한 것으로, 남편은 '자신의 욕구를 충족시키지 못한 채 자신을 돌볼 틈 없이 사는 시기'(19.9%), '샌드위치 세대로 고달픈 시기'(18.1%)를 들었으며, 부인은 '노후 준비로 걱정이 많은 시기'(21.4%)와 '샌드위치 세대로 고달픈 시기'(16.0%)를 들었다. 3순위로는 남편과 부인 모두 '노후 준비로 걱정이 많은 시기'라고 응답하였다.

남편과 부인 모두 현재의 자신과 가장 일치하는 모습으로 '자녀교육 부담과 경제적 뒷바라지로 힘겨운 시기', '샌드위치 세대로 고달픈 시기'를 들고 있으며, 그다음으로 남편은 '자신의 욕구를 충족시키지 못하고 돌볼 틈이 없이 산다'는 인식을 하고 있는 것으로 보이며, 부인은 '노후의 삶에 대한 걱정'이 많은 것으로 보인다. 그러나 '노후 준비'도 걱정되긴 하지만, 그 보다 당면한 '자녀교육 부담'과 '샌드위치 세대로서의 고달픔'을 현재 이 순간 중년으로서 자신의 삶을 가장 잘 반영하는 것으로 인식하고 있는 듯하다.

〈표 1-2〉 현재 자신의 삶과 가장 일치하는 모습

시기 구분	성별	1 순위	2 순위	3 순위
자녀교육 부담 · 경제적 뒷바라지로 힘겨운 시기	남	82(38.0)	22 (10.2)	12 (5.6)
	여	85(40.5)	23 (11.2)	12 (5.9)
자녀와 노부모를 모두 책임져야 하는 샌드위치 세대로 고달픈 시기	남	33 (15.3)	39 (18.1)	15 (7.0)
	여	28 (13.3)	33 (16.0)	19 (9.4)
(직장과 가정에서) 정신 못 차릴 정도로 바쁜 시기	남	23 (10.6)	16 (7.4)	20 (9.3)
	여	18 (8.6)	15 (7.3)	15 (7.4)
(아이들이 다 커서) 갑자기 외로워지는 시기	남	7 (3.2)	13 (6.0)	17 (7.9)
	여	6 (2.9)	17 (8.3)	18 (8.9)
인생의 전성기 (원하는 바를 성취하는 시기)	남	26 (12.0)	23 (10.6)	13 (6.1)
	여	28 (13.3)	16 (7.8)	12 (5.9)
자신의 욕구 충족시키지 못한 채 자신을 돌볼 틈 없이 사는 시기	남	7 (3.2)	43 (19.9)	20 (9.3)
	여	12 (5.7)	32 (15.5)	20 (9.9)
인생을 돌아보고 자기 성찰이 가능한 시기	남	15 (6.9)	30 (13.9)	25 (11.7)
	여	15 (7.1)	26 (12.6)	35 (17.3)
노후 준비로 걱정이 많은 시기	남	21 (9.7)	30 (13.9)	89 (41.6)
	여	18 (8.6)	44 (21.4)	68 (33.7)

* 단위: 명(%)

3) 중년의 어려움

중년으로서 현재 경험하는 어려움에 대해 조사한 결과, 남녀 간 유의미한 차이는 발견되지 않았다. 다만, '노후 걱정, 생계유지, 경제적 문제' 등 '경제문제'에 대한 어려움은 남편(6.478)의 경우 부인(6.135)보다 다소 높은 것으로 나타났다. 또한 '직장 문제'와 '건강'으로 인한 어려움도 남편이 부인보다 아주 근소하게 높았다.

〈표 1-3〉 중년의 어려움

구 분	문 항	성별	N	평균
	중년의 어려움(전체)	남	199	31.527
		여	182	31.549
		전체	381	31.538
경제 문제	a. 노후 걱정	남	213	6.478
	b. 생계유지(생활고)	여	207	6.135
	c. 경제적 문제(투자 · 채무 등)	전체	420	6.309
자녀 문제	d. 자녀 돌보기	남	208	6.504
	e. 자녀교육 부담, 경제적 뒷바라지	여	201	6.791
	f. 자녀의 진학 취업 문제	전체	409	6.645
건강	h. 배우자 건강	남	212	4.632
	I. 본인 건강	여	210	4.557
		전체	422	4.594
직장 문제	j. 직장 문제(근로조건 · 고용불안정 등)	남	215	3.627
	k. 실직	여	202	3.569
		전체	417	3.599
가족 갈등	l. 부부갈등 · 부부불화	남	212	4.693
	m. 자녀와의 관계 · 갈등	여	206	4.805
	n. 시댁/처가와 관계 · 갈등	전체	418	4.748
꿈 · 자아 상실	o. 꿈(하고 싶었던 일) 상실	남	213	4.037
	p. 자신을 돌볼 틈이 없음(자신의 욕구 충족 못함)	여	208	4.163
		전체	421	4.099
노부모	g. 노부모 부양 부담	남	214	1.92
		여	209	1.89
		전체	423	1.905

한편 '자녀 돌보기, 자녀교육 부담, 진학 및 취업' 등의 '자녀문제', '가족 갈등', '꿈 · 자아 상실'로 인한 어려움은 부인이 남편보다 아주 근소하게 더 높았다. 그러나 '노부모 부양 부담'의 어려움은 남편(1.92)이 부인(1.89)보다 아주 근소하게 높은 것으로 나타났다.

앞서 언급한 것처럼 많은 응답자들이 과거에는 노년에 속하던 60대를 중년에 속하는 것으로 보았다. 이는 중년을 40~60대로 매우 폭넓게 인식하는 것인데 이러한 변화는 평균수명이 길어지는 현상과 더불어 자녀의 독립이 뒤로 미루어지는 한국 가족의 현실과도 무관하지 않은 것으로 보인다. 따라서 기나긴 중년이라는 시기의 어느 지점에 위치하느냐에 따라 가족생활주기 및 가족생활이 다를 것이라는 점에서 한국의 중년 부부를 한마디로 표현하기 어려운 실정이다.

그럼에도 한국의 중년 부부 대다수는 중년으로서 자신의 모습을 '자녀교육 부담과 경제적 뒷바라지로 힘겨운 시기', '샌드위치 세대로 고달픈 시기'로 보고 있으며, '생계유지, 노후 걱정' 등 경제적 문제, '자녀교육 및 뒷바라지', '직장 문제' 등의 공통적인 어려움을 지니고 있는 것으로 보인다.

이와 같이 한국 사회에서 중년은 40~60대에 이르는 무려 30년의 편차를 지닌 광범위한 집단을 이루고 있다. 따라서 한국의 중년 부부를 한마디로 표현하기는 매우 어렵다. 청소년기 자녀를 둔 가정, 또는 성년이 된 자녀를 경제적으로 끊임없이 뒷받침하는 가정, 자녀가 결혼하여 집에는 부부만 남아 있는 '빈 둥지 가정'일 수도 있다. 점차 자녀들이 성장하여 집을 떠나기 시작하는 중년기에는 부모와 자녀는 성인 대 성인으로서 새로운 관계를 맺어야 할 뿐 아니라, 자녀가 떠나간 집에 단둘이 남게 된 부부는 이제 새로이 부부관계를 정립해야 하는 시점에 서있다.

중년기의 어느 곳에 위치해 있든지 중년 부부는 이제 자녀들이 다 떠나간 후 부부만 남은 집에서 드디어 한 남자와 한 여자로서 마주 보는 시간을 향해 나아가고 있다는 공통점이 있다. 그동안 경쟁사회에서 살아남기 위해 애쓰고 자녀를 키우고 부모로서의 책임을 다하기 위해 노력하는 동안 중년 부부는 남편과 부인으로보다는 부모로서 살아왔다. 그러나 이제는 남편과 부인으로서 서로를 대면하고 부부관계를 새로이 만들어나가야 하는 시점으로 향하고 있다.

이러한 인생의 새로운 변화를 어떻게 감당해내느냐에 따라 중년기는 위기가 될 수도 있고, 행복한 노년으로 나아가는 길목이 될 수도 있다. 한국의 중년 부부는 이러한 전환기(환절기)를 어떻게 맞이하고 어떻게 헤쳐나가고 있는가? 현재 이 순간 한국 중년 부부의 삶과 부부관계의 역동에 대해 알아봄으로써 이 인생 후반의 내리막길을 성공적으로 걸어갈 수 있는 방안을 모색해볼 필요가 있다.

2. 한국 중년 부부의 특성

> 사람은 나이가 들면 들수록 필요해지는 것이 있다.
> 여자에게 필요한 것은 건강, 돈, 딸, 친구이고,
> 남자에게 필요한 것은 마누라, 집사람, 애들 엄마, 와이프다.

항간에 떠도는 이런 유머는 나이가 들어갈수록 여성과 남성에게 필요한 것이 얼마나 다른지 단적으로 보여주는 것이라고 할 수 있다. 또한 이는 나이가 들수록 남편의 부인에 대한 의존성이 커지고 부인의 필요성이 증가하고 있음을 말해준다.

일반적으로 남성은 정서적 지지와 친밀함을 아내에게서 구하지만, 여성은 정서적 지지를 남편보다는 친구에게서 구한다(Rubin, 1985; Proulx, Helms, & Payne, 2004: 394에 재인용). 여성은 결혼생활의 어려움이나 스트레스를 친구들과 나누고 이야기하면서 심리적 지지를 얻고 이를 통해 결혼생활의 어려움과 한계를 이겨내며 설혹 많은 어려움이 있더라도 자신의 결혼을 굳건히 지킬 수 있다(Rubin, 1985; Proulx, Helms, & Payne, 2004: 394에서 재인용). 그러나 남성은 치열한 경쟁사회 속에서 사회적 성취를 향해 나아가는 동안 이런 정서적 지지체계의 필요성을 느끼지 못하거나 미처 발달시키지 못한 경우가 많다. 그리고 중년기에 접어 들어 인생에 일어나는 변화들은 직장동료, 친구 등의 외적인 관계에서 부부관계로 관심이 향하게 되는 전환점이 된다(LeBaron et al., 2014: 107). 특히 퇴직으로 직장을 떠나거나 사회활동이 줄어들면 남편은 부인에게서만 정서적 지지와 친밀함을 구하게 될 가능성이 크다. 노년기 남성에게는 결혼이 정서적 지지의 유일한 원천이 되기도 한다(Zietlow, & VanLear, 1991: 781).

나이 들어 남편의 사회적 지위와 경제력이 감소할수록, 부인에 대한 의존성과 필요도가 커질수록, 남편의 사회적 지위와 경제력이 감소할수록, 남성은 과거에 누려오던 권력과 특권을 더 이상 누리지 못하게 될 가능성이 높다. 상대방이 더 사랑에 빠져 있다고 인식하는 배우자가 부부관계에서 더 많은 권력을 지닌다는 이론을 적용한다면(Waller & Hill, 1951), 남편이 부인을 더 필요로 하고 의존할수록 부인이 남편에게 더 큰 권력을 행사할 수 있게 되기 때문이다. 이처럼 중년기 부부관계에서 눈에 띄는 특성은 상대방에 대한 필요도와 의존성에 따른 부부 권력관계의 변화라고 할 수 있다. 나이 들수록 커져만 가는 부인에 대한 의존과 필요도는 중년 부부의 관계에 어떤 영향을 미칠 것인가?

3. 권력은 움직이는 것이다?

최근 중년과 노년 부부의 역동(dynamics)에 많은 관심이 쏠리고 있다. 인생 후반기인 중년과 노년에는 남편과 부인이 지니는 권력과 부부관계에 각기 다르게 영향을 미치는 많은 인생의 전환(실직, 퇴직 등 고용상태의 변화, 경제적 상황의 변화, 건강 악화, 성장한 자녀 떠나 보내기 등)을 경험하게 되기 때문이다(Bulanda, 2011: 3~4). 인생 후반에 일어나는 사건과 인생의 전환은 결혼생활에서의 성별화된 행동(doing gender)과 부부 간 권력 균형, 결혼생활의 질에 특히 영향을 미친다. 따라서 인생 후반기의 부부관계의 역동은 분명 결혼 초기와는 아주 다를 것이다(Bulanda, 2011: 5). 버나드(Bernard, 1972)는 결혼이 남녀에게 아주 다른 경험이라는 점을 강조하며 '그'의 결혼은 더 큰 만족, 정신건강, 권력을 가져오는 반면, '그녀'의 결혼은 자율성과 권력의 상실, 정신건강과 행복의 감소를 초래한다고 보았다(Bulanda, 2011: 4). 그렇다면, 인생 후반기 결혼생활에서도 부부 간 권력과 결혼의 질에 있어 이와 같은 남녀의 차이가 여전히 존재할까? 변화가 있다면 어떠한 변화가 있을까? 이에 대한 답을 얻기 위해 인생 후반기 결혼생활에서 가장 전형적으로 일어날 수 있는 변화를 중심으로 몇 가지 질문을 제기해본다.

[질문 1]

- 중년 이후 남편이 퇴직하거나 실직하여 집에 머물게 될 때 이러한 변화는 지금껏 남편이 부부관계에서 누려온 권력을 약화시키는가?
- 부인의 취업은 부부관계에서 영향력을 행사할 수 있는 힘을 가져오는가?
- 중년 부부의 사회경제적 역할의 변화가 결혼생활에 어떤 영향을 미치는가?

몇몇 연구에 의하면, 인생 후반기 결혼생활에서도 여성이 누리는 권력과 결혼만족도는 그 이전에 비해 그다지 차이가 없는 것으로 보인다. 남편의 퇴직은 부인으로 하여금 전통적으로 자신의 영역이었던 곳에 남편이 침범한 것처럼 느끼게 만듦으로써 결혼의 질을 손상시킨다(Bushfield et al., 2008; Bulanda, 2011: 6에서 재인용). 또한 남편의 퇴직 후 여성이 일하는 경우에도 여성의 취업은 여성에게 더 큰 부부 권력으로 전환되지 않고 도리어 퇴직 후 남성은 그 전보다 가정사와 집안일에서 더 큰 의사결정권을 지닌다는 점이 발견되었다(Bulanda, 2011: 6에서 재인용). 더욱이 남편은 일하지 않고 부인만 일하거나, 부인의 소득이 높은 경우에도 부인은 결혼에서 더 큰 권력을 획득하지 못한다. 부인들은 자신이 지닌 경제력을 중시하지 않으며 도리어 더욱 더 전통적인 권력구조를 유지하려는 경향을 보인다(Tichenor, 1999; Bulanda, 2011: 6에서 재인용).

이러한 연구 결과들은 중년기 이후의 남편의 퇴직, 부인의 취업 등으로 부부 간 권력관계에 변화를 가져올 수 있는 계기가 제공됨에도 불구하고, 이러한 사회경제적 역할의 변화가 부부관계에서의 권력구조의 변화로 전환되지 못하고 있음을 시사한다. 이러한 후기 결혼생활에서 발견되는 성차는 단지 성별 때문이 아니라, 개인적 경험(퇴직, 재취업 등)과 역사적 요인(변화되는 양성 관계 등)이 모두 합해져 이루어진 결과로 이해될 수 있다(Bulanda, 2011: 5). 남편과 부인의 사회경제적 역할의 변화뿐 아니라, 수십 년에 걸쳐 조금씩 변화되고 있는 성역할 이데올로기와 이에 따른 양성관계의 변화는 중년 부부의 권력관계에 어느 정도 영향을 미칠 것으로 예견된다. 그러나 여성의 취업에 따른 경제적 역할의 변화에 비해 성역할 및 남녀관계는 더디게 변화되고 있으며 이러한 문화지체현상(cultural lag)으로 인해 사회적·이념적 변화는 곧바로 부부관계의 변화를 가져오지 못하는 것으로 보인다. 이외에도 부부의 권력관계에 영향을 미치는 다른 많은 요인이 존재하며, 이러한 요인들이 서로 영향을 미치기 때문에 중년 부부의 권력관계의 변화를 한마디로 규정짓는 것은 시기상조이다.

[질문 2]

- 나이 들어 남편의 부인에 대한 필요도와 의존성이 커질수록, 부부관계에서 부인은 남편에게 더 큰 개인적 영향력을 행사할 수 있는가?
- 남편의 부인에 대한 필요도와 의존성이 커질수록, 부인이 획득하는 개인적 권력은 이제껏 남편이 누려온 경제적 권력을 약화시킬 수 있을 것인가?

- 개인적 권력(주관적 권력)과 경제적 권력(객관적 권력)은 부부에게 각기 어떤 영향을 미치는가?

앞서 언급한 바와 같이, 나이 들수록 부인은 그동안 자신이 쌓아온 사회적 관계망 속에서 다양한 인간관계를 통해 정서적 욕구를 충족시킬 수 있는 데 반해, 남편은 다른 외적 인간관계보다는 부인과의 관계를 더 필요로 하고 부인에게 의존하는 정도가 높은 것으로 보인다. 한국의 중년 부부에서 발견되는 '나이 들수록 남편의 부인에 대한 의존성과 필요도가 증가하는 경향'은 중년기 이후 부부의 권력관계를 변화시킬 수 있는 지렛대로 작용할 수 있다.

이러한 남편의 부인에 대한 의존성은 부부 권력관계를 설명할 수 있는 잠재적 요인이 될 수 있다(Kulik, 1997, 1999; Bokek-Cohen, 2011: 151에서 재인용). 친밀한 관계에서 더 많이 사랑하고 관계에 몰두하는 사람은 상대방에 대한 필요도가 더 크기 때문에 관계에서 행사할 수 있는 권력이 적다(Sprecher & Felmlee, 1997: 375). 즉, 더 많이 사랑하고, 더 많이 필요로 하고 의존하는 사람은 상대방에게 더 많은 권력을 내어주게 된다. 상대방보다 덜 사랑하는 배우자는 상대방을 사랑으로 통제할 수 있기 때문에 더 많은 힘을 행사할 수 있으며, 결혼에 더 만족하는 배우자는 덜 만족하는 사람보다 약자의 위치에 놓이기 쉽다(Bokek-Cohen, 2011: 152).

이러한 점에서 사랑을 친밀한 관계에서 교환되는 자원으로 볼 수 있으며(Foa, 1971), 사랑과 감정을 처음으로 부부 권력에 포함시키게 되었다(Foa, 1993; Bokek-Cohen, 2011: 151에서 재인용).

이스라엘에서 211명의 남편을 대상으로 조사한 연구를 보면 중년 이후 노년에는 도구적, 경제적 자원이 아닌, 표현적, 심리적 자원이 부부 권력관계에서 중시되는 것으로 나타났다(Bokek-Cohen, 2011: 151).

객관적인 경제적 권력 외에, 상대방에 대한 필요와 의존욕구, 사랑은 부부 권력의 새로운 형태인, 주관적인 '개인적 권력'(personal power)의 토대를 이룬다. 이러한 개인적 권력은 경제적으로 우세한 배우자에게 더 힘을 실어줄 수도, 또는 경제적 권력을 약화시킬 수도 있으며 심지어 부부의 권력 균형을 역전시킬 수도 있다(Bokek-Cohen, 2011: 152). 과연 이러한 사랑, 필요와 의존욕구 등을 토대로 하는 개인적 권력과 사회경제적 자원을 토대로 하는 경제적 권력은 서로 어떤 영향을 미치고 있을까? 그리고 개인적 권력이 경제적 권력의 영향력을 상쇄할 수 있을까?

개인적 권력(감정, 사랑)과 경제적 권력(경제력)이 친밀한 관계에서 지니는 상대적 영향력을 비교하고자 상대방에게 영향력을 행사하기 위해 사용하는 전략의 선택, 그리고 부부의 권력균형에 미치는 영향에 대해 조사하는 시도가 있었다. 그 결과 남녀 모두 개인적 권력을 많이 지닐수록 상대방에게 보다 효과적이라고 여겨지는 정서적 전략(분노를 표출하거나, 욕을 하고, 떠나겠다고 위협하는 것 등)을 더 많이 사용한다는 것, 그리고 부부 권력 균형에 미치는 상대적 영향력을 비교할 때 경제적 권력은 주요 요인이 아니며 개인적 권력이 더 강력한 영향을 미친다는 사실이 발견되었다(Bokek-Cohen, 2011: 159). 그러나 부부 모두에게 개인적 권력이 부부 간의 권력행사와 권력균형에 더 강력한 영향력을 미친다는 이 연구 결과를 토대로 개인적 권력이 경제적 권력보다 부부관계에서 더 강력한 권력이라고 일반화하는 것은 다소 무리가 있다.

맞벌이 부부가 지니는 개인적 권력과 경제적 권력의 영향력을 조사한 한 연구(이명신, 2002: 185)에서는 이 두 권력 간에 유의미한 상관관계가 발견되지 않았다. 그러나 가사분담에 미치는 영향에 있어서는 개인적 권력과 경제적 권력이 남편과 부인에게 각기 다르게 작용하는 것으로 나타났다. 남편의 경제적 권력은 남편의 집안일을 감소시키고 부인의 집안일을 증가시키지만, 남편의 개인적 권력은 아무런 영향도 미치지 않는 것으로 나타났다. 반면, 부인의 경제적 권력은 가사분담에 아무런 영향력도 미치지 못하지만, 부인의 개인적 권력은 자신의 가사분담을 감소시키고, 남편의 집안일을 증가시키는 것으로 나타났다(이명신, 2002: 188). 이러한 결과는 남편에게는 경제적 권력이, 부인에게는 개인적 권력이 본인에게 더 유리한 방향으로 권력을 행사할 수 있게 하는 자원이 되고 있음을 보여준다.

지금까지 중년기에 겪는 인생의 변화와 전환이 중년 부부의 경제적 권력(객관적 권력)과 개인적 권력(사랑, 의존, 필요에 토대를 둔 주관적 권력)에 어떠한 영향을 미치는지 살펴보았다. 중년의 부부관계에서 남편의 부인에 대한 의존과 필요는 부인에게 더 큰 개인적 권력을 부여하는 것으로 보인다. 그러나 이러한 부인의 개인적 권력이 남편이 누려온 경제적 권력을 약화시키는지, 개인적 권력과 경제적 권력은 어떻게 상호 영향을 미치는지, 남편과 부인에게 각기 어떤 영향을 미치는지 여전히 많은 의문이 남아 있다.

특히 중년기에 일어나는 인생의 많은 사건과 변화는 이러한 두 권력의 균형에 변화와 전환을 가져올 것이라고 예상되지만, 실제의 경험적 자료에 의해 중년 부부의 권력관계가 거의 검증되지 못한 실정이다. 중년 부부 사이에서 이 두 권력이 어떤 관계를 이루며 부부에게 각기 어떻게 작용하는지, 중년 부부의 권력관계는 신혼부부나 노년 부부와 얼마나 다른지 알려진 바가 없다.

부부관계에서 권력의 분배는 결혼의 전반적 기능(결혼만족도, 결혼의 질, 결혼안정성, 폭력, 부부갈등 등)과 부부의 신체적, 정신적 건강에 영향력을 미친다는 점에서(LeBaron et al., 2014: 94), 부부관계의 역동을 단적으로 보여줄 수 있는 중요한 요인이라고 할 수 있다. 특히 중년의 결혼은 이미 20~35년 동안 부부 권력 및 결혼행복과 관련된 패턴을 발달시키기에 충분한 시간을 거쳐 왔기 때문에, 부부 권력구조와 결혼 만족에 대한 정확한 스냅 사진을 제공해줄 것이다(LeBaron,et al., 2014: 95). 그렇다면 중년 부부의 권력구조는 어떻게 구성되어 있을까? 우선적으로 부부 권력구조와 이를 이루는 권력의 토대에 대해 알아볼 필요가 있다.

4. 부부의 권력구조

많은 부부들은 성(gender)과 권력이 그들의 결혼에 어떤 식으로 영향을 미치는지와 남녀 간 불평등한 권력의 과정과 결과에 대해 잘 알지 못하고 있지만(LeBaron, et al., 2014: 108), 부부 권력은 친밀한 관계의 역동을 이해하는 데 있어 중요한 개념이다(Bokek-Cohen, 2011: 149). 따라서 부부의 권력구조와 권력 간 상호관계, 그 영향력에 대한 이해가 필요하다.

일반적으로 사회적 관계에서 권력(power)은 영향력을 미칠 수 있는 가능성, 자원이나 결과에 대한 통제, 다른 사람이 중시하는 결과에 대한 상대적 통제라고 할 수 있다(LeBaron et al., 2014: 95). 권력은 한 개인에게 속한 것이라기보다, 둘 이상의 사람 사이에서 관계가 갖는 속성이며(Wolfe, 1959), 맥락 속에서 고려되어야 하는 관계적 개념으로(LeBaron et al., 2014: 95) 간주된다. 부부 간의 권력은 한 배우자가 다른 배우자로부터 무엇인가를 얻으려고 할 때 나타나는 역동적이고 상호작용적인 과정으로, 갈등이 되는 목표가 있는 상황에서 자신의 목표가 달성될 수 있도록 하는 능력이다(이재연 · 최영희, 1996: 197~199). 부부관계에서 권력구조는 가족을 둘러싼 다른 사회 체계의 변화, 그리고 시간의 흐름 속에서 변화될 수 있으며, 부부의 권력은 다음과 같은 다양

한 근거에서 나온다(이명신, 2002: 162).[2)]

1) 경제적 권력

부부 권력이라는 개념을 처음 소개한 연구에서는(Blood & Wolfe, 1960), 부부 권력이란 가정에 기여하는 상대적 자원(resource)에 따라 남편과 부인 사이에 분배되는 것으로, 과거에는 소득, 교육 수준, 직위, 지식, 기술 등 객관적인 거시적 수준의 사회경제적 자원으로 구성되는 것으로 보았다(Bokek-Cohen, 2011: 149). '경제적 권력(resource power)'은 남편과 부인의 권력은 각자가 결혼생활에 기여할 수 있는 상대적 자원에 의해서 결정된다는 '자원 이론(resource theory)'으로부터 개념화되었다(Blood & Wolfe, 1960). 가정 내에서 자원을 많이 지닐수록 권력을 많이 갖게 되며, 원치 않는 가사노동을 피하기 위해 이러한 권력을 사용한다는 '상대적 자원 이론'(Spitze, 1988)은 경제적 권력이 가사분담에 영향을 미치는 권력 중의 하나임을 시사하고 있다. 로스(Ross)가 참여한 공동연구(1983)에서 경험적 연구 결과는 부인의 소득이 높을수록 남편이 가사를 더 많이 담당한다는 것을 발견함으로써 경제적 자원 이론의 타당성을 입증했다.

블러드(Blood)와 울프(Wolfe)가 제안하는 경제적 자원은 미국을 비롯한 선진국의 경우에는 경험적 자료에 의해 지지되었지만, 그리스나 유고슬라비아 등 개발도상국의 경우에는 지지되지 않았

---

2) 부부 권력구조에 대한 내용은 이명신(2002), 〈전문직 맞벌이 부부의 권력구조, 가사분담, 그리고 역할 갈등〉, 《사회복지연구2: 여성과 사회복지》, pp. 162~168에 수록된 내용을 수정 보완한 것임.

다(Rodman, 1967; Safilios-Rothschild, 1967; Lupri, 1969). 한국의 맞벌이 부부를 대상으로 조사한 결과, 남편의 경제력은 남편의 가사분담을 줄이지만, 부인의 경제력은 도리어 부인의 가사분담을 증가시키는 것으로 나타났다(이명신, 1994: 144~146). 콜먼(Coleman)은 자원 이론을 토대로 부인의 경제력이 가사분담에 변화를 가져올 수 있는 지렛대(leverage)로 작용함으로써 부부 역동(dynamics)을 변화시킬 수 있다고 보았지만, 이러한 예측은 한국 맞벌이 부부의 경우에는 적용되지 않았다(이명신, 1994: 166). 부인이 경제력을 지녔음에도 그 경제력의 효과를 떨어뜨리게 만드는 데는, 남편의 권위를 중시하고 부인의 사회적 활동을 탐탁지 않게 여기는 그 당시의 전통적 성역할 규범이 작용했기 때문인 것으로 볼 수 있다. 1990년대 한국의 맞벌이 부인은 돈을 많이 벌더라도 남편의 권위와 체면을 세워주고 자신이 계속 가정 밖에서 일하기 위해, 전통적 역할을 자발적으로 더욱 더 고수하는 것으로 보인다.

이처럼 일치되지 않는 다국 간의 비교연구 결과를 토대로, 로드먼(Rodman)은 경제적 자원이 권력에 미치는 영향력을 조사하는 과정에서 문화적 규범을 고려해야 한다고 보았다(Rodman, 1972: 63~65). 가부장적 규범 대신, 평등적 가족 규범이 존재하는 사회에서만 경제적 자원 이론이 일반화될 수 있다는 결론을 토대로, 로드먼은 '문화적 맥락 속의 자원 이론'을 제안했다. 경제적 자원이 권력에 미치는 영향력에 있어 상반되는 경험적 연구 결과를 설명하기 위해, 로드먼(Rodman), 블럼버그(Blumberg)와 콜먼(Coleman)은 문화적 규범과 사회적 정의에 기반을 둔 성역할

관념이 경제적 자원과 권력의 관계를 매개하는 변수로 작용한다는 점을 지적했다(Rodman, 1967, 1972; Blumberg, 1991; Coleman, 1991). 이러한 연구들은 부부 간 권력을 결정짓는 요인으로 경제적 자원뿐 아니라, 문화적 규범과 사회적 정의라는 새로운 차원이 존재함을 시사하고 있다.

2) 정의 내릴 수 있는 권력

여성의 경제활동이 증가됨에 따라 여성의 경제력은 부부 권력의 변화를 가져올 수 있는 지렛대로 작용할 것이라는 기대와 달리, 가부장적 전통이 강하게 남아 있는 사회에서는 여성이 지닌 경제력의 영향이 미미한 것으로 나타났으며 도리어 전통적 성역할을 더욱 강화하는 경향이 있는 것으로 보인다. 이러한 남녀 간에 존재하는 권력의 불균형은 오랜 기간 동안 사회 구조적으로 제도화되어 있는 숨겨진 권력 때문이라고 볼 수 있다(Kompter, 1989: 190, 207). 콤프터(Kompter)는 이러한 숨겨진 권력을 사람들의 인식 및 선호도, 행동, 대인관계를 지배하는 관념적인 권력이라고 보았다. 길레스피(Gillespie) 역시 부부 간 권력의 차이는 개인이 지닌 자원이나 능력 때문이 아니라, 사회 속에 존재하는 여성에 대한 차별에서 기인한다고 보았다.

여성을 차별하며 여성의 역할을 규정하고 통제하는 사회구조적 구속 때문에 앞에서 설명한 바와 같이 부인이 취업을 통해 얻게 되는 경제력은 남편과의 거래 과정에서 제한적인 영향력밖에는 발휘하지 못하는 것으로 보인다(Gillespie, 1971: 457).

한편 성별에 의거해 계급화된 사회에서 사회경제적으로 우월한 지위를 점유하고 있는 남성들은 자신에게 유리하고 그들의 기득권을 옹호하는 사회적 정의(social definition)를 여성에게 부여한다. 여성을 자녀 양육 및 가사분담의 일차적 책임자로 규정함으로써 여성으로 하여금 이러한 사회적 정의에 의해 기대되는 대로 가사와 자녀 양육을 전적으로 책임지게 만들고, 그 결과 노동시장에서의 여성의 경쟁력을 약화시켜 저임금 직종에 여성을 격리시키며 임금의 격차를 초래한다. 전통적인 성역할 규범과 이데올로기가 가사분담에 영향력을 미치는 과정에서 남성의 경제적 권력과 정의 내릴 수 있는 권력(definitional power)이 서로를 강화하면서 성별화된 가사분담을 지속시키는 요인으로 작용하고 있다(Chafetz, 1991: 85–86).

샤페즈(Chafetz, 1991: 78)는 이와 같은 전통적 성역할 이데올로기에 토대를 둔 구조적·이념적 권력을 '정의 내릴 수 있는 권력(definitional power)'이라고 개념화하였고, '정의 내릴 수 있는 권력'은 '한 개인이나 집단이 다른 사람들에게 자신의 가치관, 규범 및 사회적 정의, 판단의 기준을 강요할 수 있는 능력'이라고 정의했다.

우리나라에서도 여성의 역할을 규정하고 여성의 행동을 제한하기 위한 수많은 '사회적 정의'가 존재하였다. 예를 들자면, 칠거지악, 남존여비, 삼종지도, 정조 이데올로기와 출가외인 이데올로기 등의 수많은 남녀 차별적인 이데올로기는 조선시대에 여성을 억압하고 통제하기 위해 사용되었다. 또한 열녀 이데올로기와 내훈 등은 며느리, 아내, 어머니로서의 의무와 도리를 강조함으로써 여성의 역할을 규정하고 자리매김하는 데 사용되었다(조혜정, 1992: 75-81).

이러한 사회적 정의는 오늘날에는 주변 사람으로부터 좋은 여자라고 칭찬을 받고 이를 위해 자신의 욕구를 희생하고 순종하는 '착한 여자', 자신의 인생을 바꿔줄 백마 탄 왕자를 기다리는 '신데렐라', 직장일을 하면서도 어머니, 아내의 역할을 모두 훌륭하게 해낼 수 있는 '슈퍼우먼', 성적으로는 순결하고 지적으로는 우월하지 않으려는 여성 등 여러 형태의 '여성 콤플렉스'로 탈바꿈되어 여성들을 심리적·사회적으로 구속하는 기제로 작용하고 있다(김영란 외 8인, 1992). 여성의 역할을 규정하고 억압하는 이러한 '사회적 정의'는 여성을 사회적, 심리적으로 구속함으로써 여성의 생각과 행동뿐 아니라, 남녀관계, 결혼생활, 노동시장에서의 여성의 사회경제적 지위에 이르기까지 모든 삶의 국면에 영향을 미치고 있다.

3) 개인적 권력

부부 권력에 관한 선행 연구가 경제적 권력, 사회적 정의를 내릴 수 있는 권력 등 남성이 공적 영역에서 주로 행사하는 권력에만 치중되고 있다는 지적도 있다(O'Connor, 1991: 824에 재인용). 사회경제적으로 우월한 지위를 점유한 남성들이 획득한 사회적·경제적 권력만으로는 부부 간에 존재하는 권력구조를 부분적으로만 파악하게 만든다는 점에서, 사적인 영역에서 관계를 통해 여성들이 행사하는 권력을 포함시켜야 할 필요성이 있다. 따라서 소득 등 외적인 자원과 대비되는, 사랑 등의 관계적 수준의 자원이 부부 권력에서 중요한 변인으로 간주되어야 한다는 주장이 나오게 된다(Bokek-Cohen, 2011: 151). 부부관계에서 정서적, 심리적 자원이 중시됨에 따라 사랑과 같은 관계적 권력이 부부 권력의 중요한 한 영역으로 부각되고 있다.

부부관계에서 한 배우자가 다른 배우자에게 행사하는 권력의 근원으로 사랑을 들 수 있으며(Waller & Hill, 1951), 사랑이라는 자원은 사회경제적 자원에 접근이 어려운 여성에게 권력 대신 사랑을 교환할 수 있다는 점에서 중요한 자원이 된다(McDonald, 1980: 847). 사랑과 성, 우정 등을 '부드러운' 자원이라고 명명하고, 사회경제적 권력에 접근할 수 있는 길이 막혀 있는 부인들이 남편과의 거래에서 이러한 '부드러운' 자원을 사용하여 권력을 행사할 수 있다고 보는 시각도 있다(Safilios-Rothschild, 1976: 357-360). 이런 경우 경제적으로 남편에게 의존하고 있는 부인의 입장에서 남편의 감정적 의존도를 조종함으로써 부인은 남편에게 권력을 행사할 수 있게 된다. '개인적 권력'(personal power)은 '친밀한 개인적 관계 속에서 상대방의 정서적 · 표현적 욕구를 충족시켜주는 방식을 통해 상대방으로 하여금 자신을 가치 있게 여기고 필요로 하게 만듦으로써 상대방에게 행사할 수 있게 되는 권력'이라고 개념화할 수 있다(이명신, 2002: 165-166).

여권주의자들은 '개인적 권력'을 사회경제적으로 불이익을 당하고 있는 여성들이 사적 영역에서 행사할 수 있는 관계적 권력의 하나라고 주장한다. 그러나 연구 결과 배우자에 대한 최소한의 관심을 가질 때 개인적 권력을 행사할 수 있을 뿐 아니라, 양쪽 배우자가 모두 상대방에 대한 감정적 의존도가 높을 때에도 이러한 개인적인 권력을 경험하게 되는 것으로 나타났다(O'Connor,

1991: 836). 오코너(O'Connor)는 부부가 모두 높은 수준의 상호 관심을 가질 때 개인적 관계에서 행사할 수 있는 힘이 존재한다는 사실을 통해, '개인적 권력'이 양성 모두에게 일반화될 수 있는 권력이라는 점을 시사하였다. 점차 '동반자적 결혼'으로 변화되어가고 있다는 점에서(Safilios-Rothschild, 1972), 개인적 권력은 부부가 서로를 필요로 하고 사랑할 때 존재하며, 부인과 남편이 동시에 행사할 수 있는 권력이라고 볼 수 있다(이명신, 2002: 166).

4) 가정 내 지위권력

경제적 자원과 개인적 매력 외에, 자신에게 맡겨진 역할을 충실히 해낼 수 있는 능력은 부부관계에서 행사될 수 있는 또 다른 권력의 토대가 된다(Heer, 1963; Lie et al., 1973: 96에서 재인용). 남편은 가정생활의 방향을 정하는 중요한 결정을 내리고 부인에게는 덜 중요하고 시간 소모적인 일을 위임하는 총체적인 권력을 지니고 있는 반면, 부인은 남편에게서 위임받은 덜 중요하고 시간 소모적인 일을 수행하는 경향이 있는 것이다(Safilios-Rothschild, 1976: 359). 부인은 남편에게서 위임받은 도구적 역할을 하는 동안 일종의 권력을 지니게 되는데, 여성이 가정 내에서의 어머니, 아내, 주부의 역할을 수행함으로써 얻게 되는 권력을 '가정 내 지위권력'(familial postional power)이라고 명명할 수 있다(이명신, 2002: 167). 가정 내에서의 '지위권력'은 '사회적 규범에 의해 개인에게 부여된 역할을 충실히 해냄으로써 얻게 되는, 지위로부터 나오는 권력'이라고 정의할 수 있다.

이러한 가정 내 '지위권력'은 과거 한국 사회에서도 그 존재를 찾아볼 수 있다. 공적인 영역에서 아무런 권력도 지니지 못한 과거 한국의 여성들은 그들에게 주어진 위치에서 사회가 규정한 여성의 역할을 수행하도록 적응하는 수밖에 없었다. 호의적이지 않은 사회에서 살아남기 위해, 여성은 사회가 그들에게 강요하는 규범을 자발적으로 내면화시키고 사회가 규정한 역할을 도리어 적극적으로 수행함으로써 사적 영역인 가정 내에서 자신의 지위와 정체성을 확고히 하고자 노력했다(조혜정, 1992: 79). 과거 조선시대 여성들은 '자궁가족'[3]을 형성함으로써 아들을 통해 그들이 원하는 바를 성취할 수 있었기 때문에 아들을 낳는 일에 우선순위를 두었고, 현모양처로 인정받기 위해 가정의 각종 대소사를 살피고, 봉제사의 역할을 충실하게 담당함으로써 '지위권력'을 확보하고자 노력했다(조혜정, 1992: 79–82). 현재에도 여성은 어머니, 아내, 주부로서 그들에게 기대되는 역할을 수행하기 위해 가정생활 유지에 필요한 수많은 도구적 역할, 즉 자녀 양육, 가사관리, 집안의 대소사, 가족관계 조정 등을 담당하고 있다. 더욱이 소수의 자녀를 낳아 최고로 기르는 것이 최상의 목표가 되어버린 오늘날의 한국 가정에서 자녀를 양육하고 교육시키는 데 있어 어머니 역할의 비중이 더욱 커졌으며, 어머니는 자녀교육의 전문가이자 가정에 꼭 필요한 존재로서 막대한 영향력을 획득하기에 이르렀다.

---

3) 여성 자신이 낳은 핏줄로 이루어진 가족으로 자녀들과 며느리가 포함되며, 남편은 별로 중요한 자리를 차지하지 않는 가족을 말한다(조혜정, 1992: 79).

그러나 남성의 경우는 아주 다르다. 남성은 과거부터 지금까지 공적인 영역에서 가장이자 생계부양자로서의 역할을 담당해왔을 뿐, 대다수의 남성은 사적인 영역인 가정사에서는 물러나 있었다. 오늘날에도 치열한 경쟁사회에서 살아남고 성공하기 위해 대부분의 시간을 일터에서 보내고 있으며 직장일에 몰두할 뿐, 가정사에 신경 쓰거나 자녀 양육에 시간을 할애하기 어려운 실정이다. 특히 오늘날 중년 남성의 대다수는 직장일에 매여, 가족과 대화를 나누거나 함께 시간을 보내며 가정에서 일어나는 일을 같이 해결해나가는 등 가정 내에서의 역할을 수행할 여력이 없다. 좋은 남편, 아빠가 되기 위해 일하는 데 전력을 다했지만, 마침내 사회에서 물러나 가정으로 돌아왔을 때, 남편이자 아버지로서 설 자리를 가족 속에서 발견하기 쉽지 않다.

사회경제적으로 우월한 지위를 점유한 남성들은 공적 영역인 사회에서는 우세한 '지위권력'을 누리므로 자신이 권력을 가졌다고 느끼지만, 막상 가정 내에서는 가족과 관계를 맺거나 가정사를 다루는 일에서는 무능하다고 느끼거나 힘을 지니지 못했다고 느낄 수도 있다. 남편 역할, 아버지 역할에 있어 남성은 무기력감을 경험할 수 있으며, 남성은 집안에서 중심이 아니라 주변적 존재로 느끼게 된다(Blanton & Vandergriff–Avery, 2001: 300). 이는 가정 내에서 담당하는 역할이 적을수록 남편들이 가정 내 지위권력을 획득하기 어렵기 때문이다. '사회적 지위권력'은 남성적인(masculine) 권력으로, '가정 내 지위권력'과 '개인적 권력'은 여성적인(feminine) 권력으로 사회문화적으로 성별화되어왔기 때문에(Blanton & Vandergriff–Avery, 2001: 299), 남성은 '가정 내 지위권력'을 획득하기 위해 노력할 기회가 없거나 그럴 필요성을 느끼지 못했을 수도 있다.

주어진 역할을 헌신적으로 충실히 수행함으로써 얻게 되는 가정 내 '지위권력'은 상대방에 대한 지배라기보다는, 자신의 잠재력을 실현할 수 있는 능력으로 볼 수 있다(Collins, 1990: 224). 자신의 잠재력을 개발하여 자아를 실현해나가는 과정에서 부인과 남편 모두 가정 내에서 가치 있게 여겨지는, 가족들이 필요로 하는 역할을 충실히 수행하고 책임짐으로써 가정 내에서 '지위권력'을 획득할 수 있게 된다. 취업하는 여성이 증가됨에 따라 공평한 가사분담과 자녀 공동양육이 요구되며, 이러한 사회적 변화 속에서 남성의 가정 내 지위권력도 점차 증진되리라 전망한다. '돈 버는 사람'으로만 인식되는 아버지에서, '친구같이 이야기할 수 있는 아버지', '밥도 잘하고 잘 챙겨주는 아버지'로 그 자리를 옮기게 될 것이다.

지금까지 권력의 토대(power base)를 중심으로 부부의 권력구조에 대해 살펴보았다. 부부의 권력구조는 일반적으로 '경제적 권력', '정의 내릴 수 있는 권력', '개인적 권력,' '가정 내 지위권력'으로 이루어져 있다. 남녀 모두 일에 참여함으로써 얻게 되는 '경제력'과 양성평등적 이데올로기의 확대는 가정에서의 역할과 지위를 변화시키고 부부관계에 변화를 가져오고 있다. 이러한 변화 속에서 과거와 같은 성별에 의한 권력의 양분화는 더 이상 지속될 수 없고 또한 지속되어서도 안 될 것이다. 남편과 부인 모두 이러한 네 가지 권력을 골고루 나눠가질 때, 부부 권력관계에 균형을 이룰 수 있고 동등한 위치에서 서로 사랑하고 건강한 가족을 만들어나갈 수 있을 것이다. 이제는 남편과 부인 모두 '경제력', '정의 내릴 수 있는 힘', '개인적 권력', '가정 내 지위권력'에 대한 접근을 필요로 한다.

5. 한국 중년 부부의 권력구조와 결혼생활

오늘 이 순간을 사는 한국 중년 부부는 어떠한 권력을 얼마나 지니고 있을까? 중년 부부의 권력구조를 이루는 네 가지 권력은 서로 어떤 관계를 지니고 있을까? 각기 다른 네 가지 권력과 권력행사 과정은 중년 부부의 결혼생활 또는 결혼의 질(가사분담, 의사결정, 결혼만족, 결혼소진 등)에 어떠한 영향을 미칠까?

이에 대한 답을 찾기 위해 경상대학교 여성연구소에서는 2014년 9~10월에 중년 부부를 대상으로 설문조사를 실시하였다. 경남지역 280쌍의 중년 부부에게 설문지를 배포하여 회수된 237부 가운데 부부 중 한 명이 응답하지 않거나 불성실하게 응답한 설문지를 제외한 후, 217쌍으로부터 수집된 자료를 분석하였다. 설문조사 결과를 토대로 중년 부부의 권력구조와 결혼생활, 결혼의 질에 대해 알아보았다.

1) 인구사회학적 특성

본 설문조사에 참여한 응답자의 인구사회학적 특성은 다음과 같다. 현재의 평균 연령은 남편은 49.52세, 부인은 47.05세로 나타나 40대 후반인 것으로 나타났다. 결혼 연령은 남편이 29.47

세, 부인이 26.66세였으며, 평균 결혼기간은 20.37년으로 결혼한 지 20년 이상이 된 부부가 대다수였다. 첫째 자녀의 평균 연령은 19.58세, 막내 자녀의 평균 연령은 16.56세로 자녀 대부분이 청년기와 청소년기에 해당하는 것으로 보인다. 가족 형태를 살펴볼 때 대다수(79.1%)는 자녀와 부부로 이루어진 핵가족이었으며, 배우자와 단둘이 사는 가족은 12.8%였다. 대가족인 경우는 단 4.9%에 불과했으며, 기타는 3.3%였다.

〈표 1-4〉 인구학적 특성

설문 내용 \ 설문 대상		남편	부인
현재 연령**		49.52세	47.05세
결혼 연령***		29.47세	26.66세
결혼 기간		427	20.37년
자녀 수		411	2명
첫째 자녀 연령		411	19.58세
막내 자녀 연령		358	16.56세
가족 형태	대가족	21	4.9%
	자녀와 부부	340	79.1%
	배우자와 둘만	55	12.8%
	기타	14	3.4%

* $p<.05$, ** $p<.01$, *** $p<.001$

응답자의 학력수준을 살펴볼 때, 절반 정도(49.3%)가 '대학교'를 졸업했으며, '대학원'을 졸업한 경우도 23.0%로 그다음으로 많았다. '고등학교'를 졸업한 경우는 20.9%였고, '중학교' 졸업자는 3.5%였고, '초등학교' 졸업자는 0.9%에 불과했다. 본 설문조사에 참여한 중년 부부의 72% 이상이 '대학교 이상'의 학력을 지니고 있어, 응답자 전반의 학력수준이 상당히 높은 것으로 보인다.

응답자의 직업을 살펴볼 때, '사무원'이 24.0%로 가장 많았으며, 그다음으로는 내용을 정확히 가늠하기 어려운 '기타'가 20.2%로 많았다. 그다음으로는 '자영업'이 15.8%, '기능직업직'이 12.0%로 많았다. 그리고 '교사와 간호사'는 9.4%였고, '판매서비스직'은 6.1%, '전문직'은 5.5%, '농어업종사자'는 4.4%였다. '경영관리직'은 2.6%로 가장 적었다.

직업에 있어 남녀 간 유의미한 차이점이 있는 것으로 보인다(p<.000). 내용을 정확히 알기 어려운 '기타' 직종에 종사하는 남편의 비율은 13.2%인데 비해, 부인의 경우 29.7%로 거의 1/3을 차지하는 것으로 나타났다. 이처럼 부인의 '기타' 비율이 높은 것은 부인이 공식적 범주에 들지 않는 직종에 많이 종사하기 때문인 것으로 보인다. 또한 '교사 · 간호사'는 부인의 18.6%로 남편의 경우(2.5%)보다 압도적으로 많았던 반면, 남편이 '사무직'(28.4%), '기능직업직'(16.2%), '전문직'(7.6%)에 종사하는 비율은 부인(각기 17.9%, 6.2%, 2.8%)보다 훨씬 높은 것으로 나타났다. '경영관리직'에 종사하는 남편은 2.5%였으나 부인이 '경영관리직'에 종사하는 비율은 0%였다.

전반적으로 '전문직', '경영관리직', '사무직' 등 사회적 지위가 높거나 전통적으로 남성의 영역이었던 '기능직업직'에서는 남편이 종사하는 비율이 높았던 반면, 전통적으로 여성의 영역이었던 '교사 · 간호사'와 공식 직종으로 범주화하기 어려운 '기타' 직종에 여성이 종사하는 비율이 높은 것으로 나타났다. 학력수준에서는 남녀 간 눈에 띄는 차이가 없었지만, 직업에 있어서는 남편의 사회적 지위가 부인보다 월등히 높은 것으로 보인다.

〈표 1-5〉 사회학적 특성

학력 및 직업	학교 및 직종	남	여	전체
학력	초등학교	1(0.5)	3(1.4)	4(0.9)
	중학교	3(1.4)	12(5.6)	15(3.5)
	고등학교	43(20.5)	46(21.3)	89(20.9)
	대학교	108(51.4)	102(47.2)	210(49.3)
	대학원	54(25.7)	44(20.4)	98(23.0)
	기타	1(0.5)	9(4.2)	10(2.3)
	계	210(49.3)	216(50.7)	426(100.0)
직업	농어업	10(5.1)	5(3.4)	15(4.4)
	기능직업직	32(16.2)	9(6.2)	41(12.0)
	판매서비스직	8(4.1)	13(9.0)	21(6.1)
	사무직 (회사원)	56(28.4)	26(17.9)	82(24.0)
	교사 · 간호사	5(2.5)	27(18.6)	32(9.4)
	경영관리직	9(4.6)	0(0.0)	9(2.6)
	전문직(교수 · 의사 · 변호사)	15(7.6)	4(2.8)	19(5.5)
	자영업	36(18.3)	18(12.4)	54(15.8)
	기타	26(13.2)	43(29.7)	69(20.2)
	계	197(57.6)	145(42.4)	342(100.0)

* 단위: 명(%)

2) 권력의 토대(power base)와 부부 권력구조(power structure)

(1) 경제력

① **취업률** : 중년 부부의 상대적 경제력을 살펴보기 위해, 우선적으로 중년 부부의 취업 여부를 조사하였다. 본인이 현재 취업하고 있다고 응답한 비율은 남편이 90.5%, 부인은 73.4%였다. 배우자가 취업 중이라고 응답한 비율은 남편은 66.5%, 부인은 89.2%였다. 부인과 남편의 응답에 다소 차이가 있지만 남편의 약 90%가 취업 중이며, 부인의 취업률은 70% 안팎인 것으로 보인다. 부인의 경우 남편보다 취업률이 약 20%정도 낮지만, 약 70% 정도가 현재 취업 중인 것으로 나타났다.

〈표 1-6〉 취업 여부

	취업여부	남	여	전체
본인***	예	181 (90.5)	157 (73.4)	338 (81.6)
	아니오	19 (9.5)	57 (26.6)	76 (18.4)
	계	200 (48.3)	214 (51.7)	414 (100.0)
배우자***	예	137 (66.5)	189 (89.2)	326 (78.0)
	아니오	69 (33.5)	23 (10.8)	92 (22.0)
	계	206 (49.3)	212 (50.7)	418 (100.0)

* $p<.05$, ** $p<.01$, *** $p<.001$

② **경제력** : 부부 모두 취업 중인 경우, 맞벌이 부부의 경제력은 본인의 소득 수준으로 측정할 수 있다. 우선적으로 중년 부부의 근로시간을 비교해본 결과, 남녀 간 유의미한 차이가 발견되었다($t=2.429$, $p=.016$). 남편의 평균 근로 시간은 41.6시간인

데 비해 부인은 37.1시간이었다. 중년 맞벌이 부부의 경제력을 비교해볼 때, 부부의 경제력(각자의 소득)에 있어 남녀 간 유의미한 차이가 있는 것으로 나타났다(t=6.789, p<.000). 남편의 평균소득은 약 400만 원인데 비해, 부인의 평균소득은 246만 원 정도였다. 근로시간은 단 4.5시간의 차이가 있지만, 남편과 부인의 평균소득에 있어 약 154만 원의 차이가 있다는 사실은 대다수의 부인이 남편보다 사회적 지위가 낮은 저임금 직종에 종사하고 있음을 시사한다. 한편, 가구 총소득에 있어서는 당연히 함께 생활하고 있는 남편과 부인 간 차이가 발견되지 않았다.

〈표 1-7〉 근로시간과 소득 비교

설문 대상 / 시간 및 소득	남		여		전체	
	N	평균	N	평균	N	평균
근로 시간*	152	41.63	119	37.11	271	39.65
본인 소득***	180	4,003,883	144	2,462,083	324	3,318,638
가구 총 소득	177	6,642,711	181	6,096,519	358	6,366,564

* p<.05, ** p<.01, *** p<.001

③ 소득 관리 방식

가. 맞벌이 부부

맞벌이 부부는 어떻게 소득을 관리하고 있을까? 맞벌이 부부의 64.8%는 '모든 돈(소득)을 함께 합쳐서 관리'하는 방식(pooled money)으로 소득을 관리하고 있었으며, '공동생활비를 내고 나머지는 따로 관리'하는 방식은 17.9%였다. '각자 자신의 돈(소득)을 따로 관리'하는 방식(separate purse)은 17.3%였다.

〈표 1-8〉 맞벌이 부부의 소득 관리 방식

소득 관리 방식	계
각자 자신의 돈(소득) 따로 관리	55 (17.3)
공동생활비를 내고 나머지는 따로 관리	57 (17.9)
모든 돈(소득)을 함께 합친다	206 (64.8)
계	318 (100.0)

* 단위: 명(%)

맞벌이 부부의 소득 관리 방식에 따른 본인의 소득 차이를 비교했을 때, 유의미한 차이가 발견되지 않았다. 본인의 소득이 가장 많을 때(3,118,664.7원) '모든 돈(소득)을 함께 합치는 방식'을 사용하며, 본인의 소득이 가장 적을 때(2,651,063.8원) '각자 자신의 돈(소득)을 따로 관리'하는 것으로 나타났다.

맞벌이 부부의 소득 관리 방식에 따른 가구 총소득을 비교했을 때, 유의미한 차이가 발견되지 않았다. 전체적으로는 '공동생활비를 내고 나머지는 따로 관리'하는 경우 가구 총소득 수준이 7,301,960.7원으로 가장 높았다. 그다음으로는 '모든 돈을 함께 합치는' 경우 가구 총소득 수준이 높았으며(5,765,517.2원), '각자의 돈을 따로 관리'하는 경우 가구 총소득 수준은 가장 낮았다(4,660,681.8원). 가구 총소득 수준이 높은 경우 '공동생활비만 내고 나머지는 따로 관리'하며, 가구 총소득 수준이 낮은 경우 '각자 자신의 소득을 따로 관리'하는 경향이 있는 것으로 보인다.

〈표 1-9〉 소득 관리방식에 따른 소득 비교

소득 관리 방식	N	본인 소득
각자 자신의 돈(소득) 따로 관리	47	2,651,063.8
공동생활비를 내고 나머지는 따로 관리	51	2,967,647.0
모든 돈(소득)을 함께 합친다	173	3,118,664.7
계	271	3,009,147.6
소득 관리 방식	**N**	**가구 총소득**
각자 자신의 돈(소득) 따로 관리	44	4,660,681.8
공동생활비를 내고, 나머지는 따로 관리	51	7,301,960.7
모든 돈(소득)을 함께 합친다	174	5,765,517.2
계	269	5,876,096.6

나. 홀벌이 부부

부부 중 한 명만 일하는 홀벌이 부부의 소득 관리 방식을 살펴본 결과, '소득을 모두 배우자에게 주고 생활비와 재산관리를 모두 배우자가 한다'라는 경우는 35.3%로 가장 많았고, 그다음으로는 '모두 배우자에게 주고, 생활비와 재산관리를 부부 공동으로 한다'라는 응답이 28.5%로 많았다. '생활비만 배우자에게 주고 나머지는 돈 버는 사람이 관리한다'라는 응답은 21.3%였고, '돈 버는 사람이 모든 돈을 관리한다'라는 응답은 14.9%로 가장 낮았다.

〈표 1-10〉 홀벌이 부부의 소득 관리방식

소득 관리 방식	계
돈 버는 사람이 모든 돈을 관리한다	33 (14.9)
생활비만 배우자에게 주고, 나머지는 돈 버는 사람이 관리한다	47 (21.3)
모두 배우자에게 주고, 생활비와 재산관리를 모두 배우자가 한다	78 (35.3)
모두 배우자에게 주고, 생활비와 재산관리를 부부 공동으로 한다	63 (28.5)
계	221 (100.0)

* 단위: 명(%)

홀벌이 부부의 소득 관리 방식에 따른 가구 총소득을 비교했을 때, 유의미한 차이가 있는 것으로 나타났다(t=3.478, p=.017). '생활비만 배우자에게 주고, 나머지는 돈 버는 사람이 관리'하는 경우 가구 총소득이 가장 높았다(12,157,804.8원). '모두 배우자에게 주고 생활비와 재산관리를 부부 공동으로 하거나 모두 배우자가 하는 경우'는 거의 비등한 것으로 보인다(5,327,777.7~5,517,575.7원). '돈 버는 사람이 모든 돈을 관리'하는 경우 가구 총 소득 수준이 가장 낮은 것으로 나타났다(4,025,000.0원). 가구 총소득이 높을수록 '생활비만 배우자에게 주고 돈 버는 사람이 관리'하는 것으로 보인다.

〈표 1-11〉 홀벌이 부부의 소득 관리방식에 따른 가구 총소득

소득관리 방식*	N	가구 총소득
돈 버는 사람이 모든 돈을 관리한다.	20	4,025,000.0
생활비만 배우자에게 주고, 나머지는 돈 버는 사람이 관리한다.	41	12,157,804.8
모두 배우자에게 주고, 생활비와 재산관리를 모두 배우자가 한다.	66	5,517,575.7
모두 배우자에게 주고, 생활비와 재산관리를 부부가 공동으로 한다.	54	5,327,777.7
계	181	6,800,165.7

* $p<.05$, ** $p<.01$, *** $p<.001$

(2) 정의 내릴 수 있는 권력

사회경제적 자원을 더 많이 지니고 있으며 사회적으로 더 높은 지위를 차지하고 있는 남성이 남녀의 지위와 역할에 대해 규정하는 사회문화적 정의는 문화와 시대에 따라 변화되고 있다. 한국

사회에서 성역할에 대한 '사회적 정의'(social definition of gender roles)의 변화는 '현재 진행 중'이다. 짧은 기간 동안 급격한 사회적 변동을 겪은 한국 중년 부부의 경우 그들이 지니고 있는 성역할에 대한 '사회적 정의'에는 전통적 성역할과 양성평등적 성역할이 혼재되어 있을 가능성이 높다. 이러한 점에서 사회적 정의를 성역할에 대한 '전통적 정의'와 '평등적 정의'로 나누어서 살펴보았다.

① **전통적 정의** : 전반적으로 볼 때 성역할에 대한 '전통적 정의(traditional definition of gender roles)'를 지닌 정도에 있어 남녀 간 유의미한 차이점이 발견되었다(t=2.163, p=.031). 세부적으로 살펴보면 '전통적 여성의 역할'에 있어 남녀 간 유의미한 차이가 있었다(t=2.756, p=.006). 남편이 여성의 역할을 전통적인 것으로 규정하고 이러한 전통적인 여성의 역할에 찬성하는 정도가 부인보다 훨씬 높은 것으로 나타났다. 그러나 '남편 중심의 가정생활' 그리고 '여성에게 일보다 가정이 중요'하다는 의견에 있어서는 성별에 따른 유의미한 차이는 없는 것으로 보인다. 다만, 두 경우 모두 남편이 이러한 전통적 정의에 찬성하는 비율이 부인보다 높았다. 전반적으로 남편이 여성의 역할에 대해 전통적 정의를 지닌 정도가 부인보다 더 높은 것으로 보인다.

〈표 1-12〉 성별에 따른 전통적 정의 비교

문 항			N	평균
전통적 성역할 정의*		남	213	19.446
		여	203	18.788
		전체	416	19.125
전통 여성 역할**	1. 여성이 아무리 능력이 뛰어나고 성공을 거둔다 해도 결혼하여 가정을 이루지 않는 한 여성의 진정한 행복을 알 수 없다. 2. 아이를 건강하고 원만하게 잘 기르는 것이 여성이 사회에 가장 기여할 수 있는 길이다. 3. 남편이 사회적으로 성공할 수 있도록 돕는 일이 아내 자신이 사회적으로 성공하는 것보다 중요하다.	남	215	7.637
		여	211	7.199
		전체	426	7.420
남편 중심 생활	4. 남편은 장기적인 인생계획을 세울 수 있는 반면, 아내는 집안일이나 육아 때문에 장기적인 인생계획을 세우기 어렵다. 5. 식사·취침시간, 휴가 등 가정의 일과표는 남편의 직장 일정에 맞춰 정해야 한다. 6. 아내는 남편의 생활방식에 자신을 맞춰야 한다.	남	214	6.677
		여	211	6.545
		전체	425	6.611
일보다 가정	7. 어린 자녀를 둔 어머니는 경제적으로 절실히 필요한 경우가 아니라면 직업을 가지지 않는 것이 좋다. 8. 만일 아내의 직장생활이 가정생활에 지장을 주는 경우라면, 아내는 직장생활을 그만두는 것이 좋다.	남	216	5.143
		여	214	5.065
		전체	430	5.104

* p<.05, ** p<.01, *** p<.001

② **평등적 정의** : 전반적으로 볼 때 성역할에 대한 '평등적 정의(egalitarian definition of gender roles)'에 있어 남녀 간 유의미한 차이가 발견되었다(t=–5.547, p<.000). 세부적으로도 의사결

정과 가정 내 책임의 '공평한 분담'($t=-6.119$, $p<.000$)과 '여성의 자아실현'($t=-2.484$, $p=.013$)에 있어 남녀 간 유의미한 차이가 있었으며, 이에 대해 부인이 찬성하는 비율이 남편보다 훨씬 높은 것으로 나타났다. 따라서 부인이 '평등적 정의'를 지닌 정도가 남편보다 훨씬 높은 것으로 보인다.

〈표 1-13〉 평등적 정의

문 항			N	평균
평등적 정의***		남	210	19.747
		여	213	21.103
		전체	423	20.430
공평분담***	1. 가정 내의 중대사를 결정하는 데 있어 아내의 의견 역시 남편의 의견과 마찬가지로 똑같이 반영되어야 한다. 2. 아내와 남편은 가족 부양의 경제적 책임을 함께 나누어야 한다. 3. 아내가 직장생활을 할 경우, 남편은 식사 준비, 청소, 빨래 등 집안일을 똑같이 분담하여야 한다. 4. 아내가 일할 경우 남편은 자녀 양육 책임을 똑같이 나누어야 한다.	남	213	11.657
		여	217	12.622
		전체	430	12.144
여성자아실현*	5. 아내는 설사 남편과 아이에게 일시적으로 불편을 겪게 하더라도, 일하는 것이 행복하다면 일을 해야 한다. 6. 아이를 갖는 것도 중요하지만 여성도 개인적 성취를 이룰 수 있는 일을 가져야 한다. 7. 아내가 아이를 갖는 것보다 직장생활하기를 더 원한다면 그 결정은 아내의 의사에 맡겨야 한다.	남	213	8.117
		여	213	8.469
		전체	426	8.293

* $p<.05$, ** $p<.01$, *** $p<.001$

종합해볼 때, 남편은 성역할에 대한 '전통적 정의', 부인은 '평등적 정의'를 고수하는 정도가 더 높은 것으로 나타나, 중년 부부가 각기 자신과 배우자에 대해 기대하는 바에 차이가 있는 것으로 보인다.

(3) 가정 내 지위권력

가정 내 지위권력은 가정 내 주어진 역할을 충실히 수행함으로써 획득하는 지위에서 나오는 권력으로 '중재 및 연결', '의사결정 및 문제해결', '자녀 양육 관여'를 위해 역할을 담당하는 정도로 측정하였다.

전반적으로 가정 내 '지위권력'에 있어 유의미한 차이가 발견되었으며(t=−6.196, p〈.000), 부인의 가정 내 '지위권력'이 남편보다 훨씬 높은 것으로 나타났다. 세부적으로 살펴볼 때, '중재 및 연결'(t=−7.178, p〈.000) 그리고 '자녀 양육 관여'(t=−7.463, p〈.000)의 역할에 있어서는 남녀 간 유의미한 차이가 있었으며, 부인이 이러한 역할을 담당하는 정도가 남편보다 훨씬 높은 것으로 나타났다. 다만 '의사결정 및 문제해결'에 있어서는 남녀 간 유의미한 차이가 없었으며 거의 비슷한 것으로 나타났다. 부인이 가정에서 '중재 및 연결'과 '자녀 양육' 역할을 충실히 함으로써 획득하게 되는 '가정 내 지위권력'의 정도가 남편보다 훨씬 높은 것으로 보인다.

〈표 1-14〉 가정 내 지위권력

<table>
<tr><th colspan="2">문 항</th><th>성별</th><th>N</th><th>평균</th></tr>
<tr><td colspan="2" rowspan="3">지위권력***</td><td>남</td><td>206</td><td>24.810</td></tr>
<tr><td>여</td><td>200</td><td>27.245</td></tr>
<tr><td>전체</td><td>406</td><td>26.009</td></tr>
<tr><td rowspan="3">중재 및 연결***</td><td rowspan="3">1. 가족끼리 함께하는 시간을 갖기 위해 내가 배우자와 아이들의 시간표를 챙기고 조절한다.
2. 배우자와 아이들 사이에 대화가 없거나 갈등이 있을 때 내가 중간에서 중재자 역할을 한다.
3. 친척 및 친지와의 관계를 원만하게 유지해 나가기 위해 배우자보다는 내가 자주 전화하거나 문자를 보낸다.</td><td>남</td><td>212</td><td>7.089</td></tr>
<tr><td>여</td><td>210</td><td>8.233</td></tr>
<tr><td>전체</td><td>422</td><td>7.658</td></tr>
<tr><td rowspan="3">결정 및 해결</td><td rowspan="3">4. 집안에 문제가 생길 때 배우자보다는 내가 가능한 해결책을 찾기 위해 노력한다.
5. 일이 생기면 무엇을 어떻게 해야 할지 내가 결정해서 가족들에게 할 일을 맡긴다.
6. 집안일을 처리하기 위해 배우자에게 해야 할 일을 지정하여 맡긴다.
7. 우리 가정이 위기에 처할 때 내가 나서서 이를 해결한다.</td><td>남</td><td>212</td><td>10.382</td></tr>
<tr><td>여</td><td>211</td><td>10.393</td></tr>
<tr><td>전체</td><td>423</td><td>10.387</td></tr>
<tr><td rowspan="3">자녀관여***</td><td rowspan="3">8. 나는 자녀가 학교에서 어떻게 생활하고 있는지 알고 있다.
9. 나는 자녀들이 무엇에 관심이 있는지 뭘 원하는지 알고 있다.
10. 나는 자녀가 성장하는 과정에서 겪는 육체적, 심리적 변화(예. 사춘기, 첫월경 등)에 잘 대처할 수 있도록 도와준다.</td><td>남</td><td>211</td><td>7.341</td></tr>
<tr><td>여</td><td>206</td><td>8.553</td></tr>
<tr><td>전체</td><td>417</td><td>7.940</td></tr>
</table>

* $p<.05$, ** $p<.01$, *** $p<.001$

(4) 개인적 권력

개인적 권력은 배우자로부터의 '이해 및 의견 존중을 받는 정도'와 '상호 애정을 필요로 하는 정도'로 측정하였다. 전반적으로 '개인적 권력'에 있어 남녀 간 유의미한 차이는 발견되지 않았다.

세부적으로 살펴볼 때, 배우자로부터 '의견 존중'과 '이해와 신뢰'를 받는다고 느끼는 정도에 있어서는 남녀 간 유의미한 차이는

〈표 1-15〉 개인적 권력

문 항		성별	N	평균
개인적 권력		남	205	35.529
		여	208	34.394
		전체	413	34.957
의견 존중	1. 배우자는 중요한 결정을 내리기 전에 먼저 내 의견을 구한다. 2. 배우자는 내가 무슨 일을 하든지 내 뜻에 따라준다. 3. 배우자는 내가 하고픈 일은 할 수 있도록 도와준다. 4. 서로 의견이 다를 때조차도 배우자는 내 의견을 존중해준다. 5. 내가 무슨 말을 하든지 배우자는 그 말을 중요하게 여긴다.	남	212	13.377
		여	213	13.061
		전체	425	13.218
이해신뢰	6. 서로에 대한 사랑과 신뢰 때문에 배우자는 내게 충실하다. 7. 서로에 대한 사랑과 신뢰 때문에 나는 배우자에게 충실하다. 8. 이 세상에서 날 가장 잘 알고 이해해주는 사람은 배우자이다. 9. 나는 배우자를 세상에서 가장 잘 알고 이해준다.	남	211	11.538
		여	215	11.288
		전체	426	11.412
애정*	10. 배우자는 내 사랑 없이는 살 수 없다고 늘 말한다. 11. 난 배우자의 사랑 없이는 살 수 없을 것 같다. 12. 내 배우자보다 나를 행복하게 해줄 남자/여자는 없다. 13. 나보다 내 배우자를 행복하게 해줄 남자/여자는 없다.	남	210	10.581
		여	212	10.009
		전체	422	10.293

* p〈.05, ** p〈.01, *** p〈.001

없었지만, 남편이 '의견을 존중'받고 '이해와 신뢰'를 받는다고 느끼는 정도가 부인의 경우보다 다소 높았다.

'배우자로부터의 애정, 배우자에 대한 애정'에 있어서는 남녀 간 유의미한 차이가 발견되었다(t=2.429, p=.016). 남편이 '배우자의 애정이 필요하고, 배우자도 자신의 애정을 필요로 한다'고 느끼는 정도가 부인보다 훨씬 높은 것으로 나타났다. 남편이 부인에 대한 애정의 필요도가 더 높은 것으로 보인다.

(5) 중년 부부의 권력구조

중년 부부가 지니는 권력 간의 상관관계를 살펴볼 때, 남편과 부인의 권력구조는 거의 동일한 것으로 보인다. 본인의 '경제력'이 높을수록 '개인적 권력'도 높은 것으로 나타났다. '전통적 정의'를 지닌 정도가 높을수록 '평등적 정의'를 지닌 정도는 낮았으며, '평등적 정의'를 지닌 정도가 높을수록 '지위권력'과 '개인적 권력'이 높은 것으로 나타났다. '지위권력'이 높을수록 '개인적 권력'도 높았다.

남편과 부인의 권력구조가 거의 동일하였으나, 단 하나의 차이점은 남편의 경우 '전통적 정의'를 지닌 정도가 높을수록 남편의 '개인적 권력'이 유의미하게 감소하였다. 남편이 성역할에 대해 '전통적 정의'를 고수할수록 부부관계에서 남편은 '개인적 권력'을 행사할 수 있는 정도가 낮아지는 것으로 보인다.

〈표 1-16〉 중년 부부의 권력구조

	변인	1	2	3	4	5
남편	1. 경제력	1				
	2. 전통적 정의	-.001	1			
	3. 평등적 정의	.022	-.448**	1		
	4. 지위권력	.050	-.096	.168*	1	
	5. 개인적 권력	.274**	-.206**	.237**	.393**	1
부인	1. 경제력	1				
	2. 전통적 정의	-.070	1			
	3. 평등적 정의	.124	-.310**	1		
	4. 지위권력	.085	.029	.199**	1	
	5. 개인적 권력	.277**	.066	.183**	.195**	1

주1. 1. 경제력(본인 소득), 2. 전통적 정의, 3. 평등적 정의, 4. 지위권력, 5. 개인적 권력
주2. *p〈.05, **p 〈.01

3) 권력이 행사되는 과정

부부의 권력구조는 네 가지 권력의 토대(power base)에서 나오는 권력으로 이루어져 있다. 그러나 이러한 권력을 지니고 있다고 하여 부부관계에서 이 권력이 모두 다 행사되는 것은 아니다. 사회문화적 영향력이 부부 개인이 가진 권력을 행사하는 과정(power process)에 영향을 미칠 것이다. 따라서 실제로 부부의 결혼생활에서 이러한 권력이 어떤 식으로 행사되는지 알아볼 필요가 있다. 우선적으로 중년 부부는 어떤 영역에 대해 불만을 느끼거나 변화가 필요하다고 생각하는지 알아보고, 이러한 영역에 있어 변화가 필요하다는 점을 부부관계에서 주장할 수 있는 정도를 살펴보도록 한다.

(1) 변화의 필요성

부부관계에서 불만을 느끼거나 변화가 필요하다고 생각하는 영역을 '부부관계 패턴', '부부 친밀도', '배우자 행동', '시댁, 친정 문제'로 나누어 살펴보았다. 전반적으로 불만이나 변화의 필요성을 느끼는 점에 있어 남녀 간 유의미한 차이가 발견되지는 않았다. 세부적으로도 '부부관계 패턴', '부부 친밀도', '시댁 친정 문제'

〈표 1-17〉 변화가 필요한 영역

문항		성별	N	평균
변화의 필요성		남	206	18.252
		여	199	18.175
		전체	405	18.214
부부 관계 패턴	의사결정 방식 문제해결 방식 부부의 대화 방식	남	211	5.981
		여	206	6.267
		전체	417	6.122
부부 친밀도	대화시간 함께 하는 부부만의 시간 애정, 관심의 표현 이해 및 공감 정도 걱정거리, 고민 상담 성관계	남	208	12.278
		여	202	12.014
		전체	410	12.148
배우자 행동***	배우자의 생활방식, 습관 배우자의 친구관계 배우자의 귀가 시간 배우자의 돈 관리(생활비 · 재산) 배우자의 카드 사용 · 과도한 소비 배우자의 일중독(직장 우선주의)	남	209	9.521
		여	208	11.206
		전체	417	10.362
시댁 친정 문제	시댁 · 처가에 대한 경제적 지원 원가족에 대한 경제적 지원 시댁 · 처가관련 문제해결 위한 대화 시댁 · 처가관련 문제해결 위한 대화	남	211	6.014
		여	204	6.107
		전체	415	6.060

* $p<.05$, ** $p<.01$, *** $p<.001$

에 있어서 변화가 필요하다고 느끼는 정도에 있어서는 남녀 간 유의미한 차이점이 발견되지 않았다. 그러나 '배우자 행동'에 대해 변화가 필요하다고 생각하는 정도에 있어 유의미한 차이가 발견되었으며(t=-4.825, p〈.000), '배우자의 행동'에 변화가 필요하다고 생각하는 정도는 부인(11.206)의 경우 남편(9.521)보다 훨씬 높았다.

남녀 간 유의미한 차이가 발견되지는 않았지만, '배우자의 행동', '부부관계 패턴', '시댁 및 친정 문제'가 변화되어야 한다고 생각하는 정도는 부인이 남편보다 높았고, '부부 친밀도'에 변화가 필요하다고 생각하는 정도는 남편이 부인보다 높게 나타났다.

(2) 변화를 주장할 수 있는 정도

부부관계에서 불만스러운 영역에 대해 실제로 변화를 주장할 수 있는 정도를 조사했을 때, 전반적으로 남녀 간 유의미한 차이점이 발견되었다(t=-2.082, p=.038). 세부적으로 살펴보았을 때는 '부부관계 패턴'(t=-2.040, p=.042), '배우자 행동'(t=-4.358, p〈.000), '시댁 및 친정 문제'(t=-3.992, p〈.000)의 변화 필요성을 주장할 수 있는 정도에 있어 남녀 간 유의미한 차이가 발견되었다. 이러한 영역에서 변화의 필요성을 주장할 수 있는 정도는 부인의 경우 남편보다 훨씬 높은 것으로 나타났다. '부부 친밀도'에 있어 변화가 필요하다고 주장할 수 있는 정도는 남녀 간 유의미한 차이는 없었으나, 부인이 '부부 친밀도'에 있어 변화가 필요하다고 주장할 수 있는 정도가 남편보다 다소 높았다.

부인이 이러한 모든 영역에 있어 변화가 필요하다고 주장하는 정도는 남편보다 훨씬 높았지만, 과연 부인의 이러한 주장이 실제 부부관계에서 관철되고 있는지에 대해서는 좀더 탐색해보아야 할 필요가 있다.

〈표 1-18〉 변화를 주장할 수 있는 정도

<table>
<tr><th colspan="2">문항</th><th>성별</th><th>N</th><th>평균</th></tr>
<tr><td colspan="2" rowspan="3">변화 주장 정도*</td><td>남</td><td>199</td><td>19.432</td></tr>
<tr><td>여</td><td>183</td><td>20.633</td></tr>
<tr><td>전체</td><td>382</td><td>20.007</td></tr>
<tr><td rowspan="3">부부
관계
패턴*</td><td rowspan="3">의사결정 방식
문제해결 방식
부부의 대화 방식</td><td>남</td><td>201</td><td>6.587</td></tr>
<tr><td>여</td><td>190</td><td>6.984</td></tr>
<tr><td>전체</td><td>391</td><td>6.780</td></tr>
<tr><td rowspan="3">부부
친밀도</td><td rowspan="3">대화시간
함께 하는 부부만의 시간
애정, 관심의 표현
이해 및 공감 정도
걱정거리, 고민 상담
성관계</td><td>남</td><td>201</td><td>12.840</td></tr>
<tr><td>여</td><td>185</td><td>13.643</td></tr>
<tr><td>전체</td><td>386</td><td>13.225</td></tr>
<tr><td rowspan="3">배우자
행동***</td><td rowspan="3">배우자의 생활방식, 습관
배우자의 친구관계
배우자의 귀가 시간
배우자의 돈 관리(생활비 · 재산)
배우자의 카드사용 · 과도한 소비
배우자의 일중독(직장 우선주의)</td><td>남</td><td>196</td><td>10.729</td></tr>
<tr><td>여</td><td>183</td><td>12.623</td></tr>
<tr><td>전체</td><td>379</td><td>11.643</td></tr>
<tr><td rowspan="3">시댁
친정
문제***</td><td rowspan="3">시댁 · 처가에 대한 경제적 지원
원가족에 대한 경제적 지원
시댁 · 처가관련 문제해결 위한 대화
시댁 · 처가관련 문제해결 위한 대화</td><td>남</td><td>198</td><td>6.737</td></tr>
<tr><td>여</td><td>183</td><td>7.994</td></tr>
<tr><td>전체</td><td>381</td><td>7.341</td></tr>
</table>

* p〈.05, ** p〈.01, *** p〈.001

4) 중년 부부의 결혼생활

(1) 중년 부부의 의사결정 및 가사분담 실태

중년 부부의 의사결정과 가사분담의 정도를 살펴본 결과,[4)] 의사결정(재산 결정, 생활비 결정, 가정사 결정)에 있어서는 남녀 간 유의미한 차이가 발견되지 않았다. 그러나 가사분담에 있어서는 '자녀 돌보기'(t=2.345, p=.019)와 '집안일'(t=2.699, p=.007)에서 남녀 간 유의미한 차이가 발견되었다. 남편이 이러한 가사를 담당한다고 응답한 정도가 부인보다 다소 높게 나타났다. '살림살이'와 '수리 및 정비'에 있어서 남녀 간 유의미한 차이는 없었으나, 남편이 이를 담당한다고 응답한 정도가 부인보다 높았다.

하지만 남편과 부인의 의사결정 및 가사분담 정도를 비교하기 위해 5점 척도로 환산했을 때, '재산 결정'은 부부가 똑같이 하고, '수리 및 정비'는 남편이 좀 더 많이 하는 것 같지만, 그 외의 모든 영역에서는 사실상 부인이 더 많이 담당하고 있는 것으로 보인다. 즉, '부부가 똑같이 한다'는 평균 3점 이하로 나타나 실제로 거의 모든 영역에서 부인이 의사결정과 가사를 더 많이 담당하고 있는 것으로 나타났다. 그러나 남편은 실제보다 자신이 이러한 의사결정과 가사를 더 많이 담당하고 있다고 인식하고 있는 것으로 보인다.

---

4) 의사결정 또는 가사분담의 정도는 '부인이 전적으로 한다'를 '1', '남편이 전적으로 한다'를 '5'로 5점 척도를 사용하여 측정하였다. 따라서 남편의 경우 점수가 높을수록 남편의 의사결정과 가사분담 정도가 높음을 의미하고, 부인의 경우 점수가 낮을수록 부인의 의사결정과 가사분담의 정도가 높음을 의미한다.

〈표 1-19〉 중년 부부의 의사결정과 가사분담

	문 항	성별	N	평균	5점평균
재산 결정	(투자 · 동산 등) 재산관련 결정 주택 매입매각 결정	남	215	6.07	3.03
		여	212	6.08	3.04
		전체	427	6.07	3.03
생활비 결정	생활비 책정 시부모님 생활비(용돈) 결정 친정부모님 생활비(용돈) 결정	남	211	7.30	2.43
		여	207	7.28	2.43
		전체	418	7.29	2.43
가정사 결정	자녀 진로 및 진학 결정 각종 대소사, 손님 초대 결정 가족 여행 및 여가 활동 결정	남	214	8.52	2.84
		여	208	8.20	2.73
		전체	422	8.36	2.79
살림 살이	(투자 · 부동산 등) 재산 관리 생활비 관리 및 가계부 쓰기 각종 세금 내기 시장 보기	남	206	9.50	2.37
		여	210	9.24	2.31
		전체	416	9.37	2.34
자녀 돌보기*	자녀 양육(돌보기) 자녀의 훈육 및 가정교육 자녀의 학습 지도 자녀의 과외활동 뒷바라지	남	210	10.75	2.69
		여	212	10.22	2.55
		전체	422	10.49	2.62
집안일**	빨래 하기 식사 준비 청소, 쓰레기 버리기	남	213	8.94	2.23
		여	206	8.17	2.04
		전체	419	8.56	2.14
수리 · 정비	집 안 수리 차량 관리	남	210	7.447	3.72
		여	205	7.356	3.67
		전체	415	7.402	3.70

주1. $^{*}p<.05$, $^{**}p<.01$

(2) 결혼만족도

중년 부부가 결혼에 대해 만족하는 정도를 비교한 결과, 남녀 간 유의미한 차이는 발견되지 않았다. 그러나 남편이 결혼에 만족하는 정도가 부인보다 다소 높게 나타났다.

〈표 1-20〉 결혼만족도

결혼만족도	성별	N	평균
1. 내 말에 귀 기울여 들어주는 정도			
2. 의견불일치할 때 합의점을 찾으려고 노력하는 정도	남	213	32.267
3. 내게 중요한 일을 할 수 있도록 격려하는 정도			
4. 내 상처, 슬픔, 기쁨을 진정으로 이해해주는 정도			
5. 내게 애정을 표현하는 정도	여	207	30.951
6. 내 개인적 문제점, 단점을 이해해주는 정도			
7. 배우자로부터 받는 사랑과 애정			
8. 인생의 동반자로서 친구처럼 느끼는 정도	전체	420	31.619
9. 결혼생활 전반에 만족하는 정도			

(3) 결혼소진

중년 부부가 결혼생활을 통해 소진하는 정도를 살펴본 결과, 남녀 간 유의미한 차이가 발견되었다(t=-4.573, p〈.000). 부인이 결혼생활에서 소진을 경험하는 정도(18.349)는 남편(15.516)보다 훨씬 높은 것으로 보인다.

〈표 1-21〉 결혼소진

결혼 소진***	성별	N	평균
1. 피곤한			
2. 실망스러운	남	209	15.516
3. 희망이 없는 듯			
4. 덫(올가미)에 걸린 듯			
5. 무기력한	여	212	18.349
6. 우울한			
7. 몸이 쇠약한, 아픈			
8. 실패자처럼 느껴진다			
9. 쉽게 잠들지 못한다	전체	421	16.943
10. 이제 끝장이다. 질렸다			

주1. *p〈.05, **p 〈.01

5) 부부 권력구조와 의사결정 및 가사분담

부부의 권력구조를 이루는 네 권력 간 상관관계는 〈표 1-17〉에 이미 제시되었다. 여기서는 부부 권력구조와 의사결정 및 가사분담 간 상관관계만 살펴보았다. 남편의 경우 네 가지 권력, 의사결정 및 가사분담 간 상관관계를 살펴보았을 때, 남편의 '경제력'이 높을수록 '가사'는 줄어들고, 반면 '자녀 돌보기'는 증가하는 것으로 나타났다. 남편의 '전통적 정의'가 높을수록 '가사'와 '자녀 돌보기'는 감소하는 것으로 나타났다. 남편의 '평등적 정의'가 높을수록 '의사결정'은 감소하며, 반면 '가사'가 증가하는 것으로 보인다. 남편의 '지위권력'이 높을수록 '의사결정'이 많아지며, 남편의 '개인적 권력'이 높을수록 '자녀 돌보기'의 정도가 높아지는 것으로 보인다. 남편의 '의사결정', '가사', '자녀 돌보기' 간에는 유의미한 상관관계가 없는 것으로 나타났다.

부인의 경우, 부인의 '경제력'이 높을수록 부인의 '자녀 돌보기'가 낮아지는 것으로 나타났다. 부인의 '전통적 정의'와 '평등적 정의'는 '의사결정' 및 '가사분담'과 아무런 상관관계도 없는 것으로 나타났다. 부인의 '지위권력'이 높을수록 '의사결정' 정도가 높고, '자녀 돌보기' 정도는 낮은 것으로 보인다. 부인의 '개인적 권력'이 높을수록 부인의 '가사'와 '자녀 돌보기'가 감소하는 것으로 나타났다.

〈표 1-22〉 권력구조, 의사결정 및 가사분담 간 상관관계

	변인	1	2	3	4	5	6	7
남편	1	1						
	2	-.001	1					
	3	.022	-.448**	1				
	4	.050	-.096	.168*	1			
	5	.274**	-.206**	.237**	.393**	1		
	6	-.056	.134	-.180**	.189**	.007	1	
	7	-.299**	-.274**	.357**	.124	.114	-.067	1
	8	.252**	-.184**	.092	.136	.832**	-.004	.119
부인	1	1						
	2	-.070	1					
	3	.124	-.310**	1				
	4	.085	.029	.199**	1			
	5	.277**	.066	.183**	.195**	1		
	6	-.074	-.121	-.115	-.291**	-.094	1	
	7	.098	-.071	.108	.113	.321**	-.161*	1
	8	.229**	.103	.116	.204**	.889**	-.012	.257**

주1. 1. 경제력(본인 소득), 2. 전통적 정의, 3. 평등적 정의, 4. 지위권력, 5. 개인적 권력, 6. 의사결정, 7. 가사, 8. 자녀 돌보기

주2. 부인이 '전적으로 담당'하는 경우가 1, 남편이 '전적으로 담당'하는 경우가 5로 코딩되었기 때문에, 부인의 의사결정, 가사, 자녀 돌보기의 상관계수가 낮을수록, 실제로는 부인이 이를 담당하는 정도가 높음을 의미함.

주3. *p〈.05, **p 〈.01

6) 결혼만족도와 결혼소진에 영향을 미치는 요인

(1) 결혼만족도에 영향을 미치는 요인

부부의 권력구조, 의사결정 및 가사분담, 불만스러운 영역에 대한 변화 필요, 변화 주장 정도가 결혼만족도에 미치는 영향력을 살펴보았다. 남편의 '결혼만족도'에는 '전통적 정의', '평등적

정의', '개인적 권력', '부부관계 변화 필요'의 네 가지 요인이 유의미한 영향력을 미치는 것으로 나타났다. 부인의 '결혼만족도'에는 '개인적 권력', '의사결정', '부부관계 변화 필요', '시댁 · 처가 변화 필요'의 네 가지 요인이 유의미한 영향력을 미치는 것으로 나타났다.

부부가 지닌 네 개의 '권력'이 '결혼만족도'에 미치는 영향을 살펴볼 때, 부부 모두에게 공통되는 점은 '개인적 권력'이 높을수록 '결혼만족도'가 증가한다는 점이다. 또 다른 공통점은 '부부관계의 변화 필요'를 적게 느낄수록 '결혼만족도'가 증가한다는 점이다. 부부 간 '개인적 권력'을 많이 지녔다고 느끼고 '부부관계의 변화 필요'를 적게 느낄수록 부부의 '결혼만족도'가 증가하는 것은 당연한 것으로 보인다. 한편, '경제력'과 '지위권력'은 남편과 부인의 '결혼만족도'에 아무런 영향력도 미치지 않는 것으로 나타났다.

반면 차별적인 점은 남편의 경우 '전통적 정의'와 '평등적 정의'가 '결혼만족도'에 유의미한 영향력을 행사하고 있다. 그러나 '전통적 정의'와 '평등적 정의'는 각기 상반된 영향력을 미치는 것으로 보인다. '전통적 정의'가 낮고 '평등적 정의'가 높을수록 남편의 '결혼만족도'가 증가한다. 부인의 '사회적 정의'는 결혼만족도에 아무런 영향도 미치지 않는 것으로 나타났다.

'의사결정 및 가사분담'은 남편의 경우 '결혼만족도'에 아무런 유의미한 영향력도 미치지 않는 것으로 나타난 반면, 부인의 경우 '의사결정'을 적게 할수록(남편이 '의사결정'을 많이 할수록) 부인의 '결혼만족도'가 증가하는 것으로 나타났다.

〈표 1-23〉 권력구조, 가사분담, 변화 필요, 변화 주장이 결혼만족도에 미치는 영향

변인	결혼만족도			
	남편		부인	
	β	p	β	p
경제력	.030	.618	-.027	.636
전통적 정의	-.129*	.038	-.033	.584
평등적 정의	.139*	.047	-.019	.771
지위권력	.004	.950	-.029	.632
개인적 권력	.696***	.000	.906***	.000
의사결정	.000	.999	.150*	.016
가사	-.025	.688	.016	.783
자녀 돌보기(양육 · 교육)	-.159	.125	-.167	.169
부부관계 변화 필요	-.176*	.028	-.265**	.007
배우자 변화 필요	.049	.583	-.061	.486
시댁 · 처가 변화 필요	-.169	.055	.165*	.034
부부관계 변화 주장	-.021	.799	.003	.969
배우자 변화 주장	-.011	.930	.103	.347
시댁 · 처가 변화 주장	.066	.574	-.129	.142
F(p)	18.881***	.000	21.377***	.000
R2	.690		.804	

주 1. 의사결정 및 가사분담은 부인이 '전적으로 담당'하는 경우가 '1', 남편이 '전적으로 담당'하는 경우가 '5'로 코딩되었기 때문에, 부인의 의사결정, 가사, 자녀 돌보기의 회귀계수가 낮을수록, 실제로는 부인이 이를 담당하는 정도가 높음을 의미함.

주2. *p〈.05, **p 〈.01

'변화 필요' 정도가 '결혼만족도'에 미치는 영향력을 살펴볼 때, '부부관계 변화 필요'는 남편과 부인의 결혼만족도에 유의미한 영향을 미치는 것으로 나타났다. '부부관계 변화 필요'를 많이 느낄수록 남편과 부인의 결혼만족도가 감소되는 것으로 나타났다. 반

면 '배우자 행동 변화 필요'는 남편과 부인의 '결혼만족도'에 아무런 유의미한 영향력을 미치지 않는 것으로 보인다. 그러나 '시댁 · 처가 변화 필요'는 부인의 '결혼만족도'를 증가시키는 것으로 나타났다.

'변화가 필요한 영역에 대해 변화를 주장할 수 있는 정도'가 '결혼만족도'에 미치는 영향력을 살펴볼 때, '변화 주장'의 세 요인은 중년 부부의 '결혼만족도'에 전혀 영향력을 미치지 않는 것으로 나타났다.

남편과 부인에게서 발견된 차별적인 점을 종합해보면, 남편의 경우 '전통적 정의력'이 낮고, '평등적 정의력'이 높을수록 남편의 '결혼만족도'가 증가하는 것으로 보인다. 즉, 남편이 전통적 정의를 적게 고수하고 평등적 정의를 많이 지닐수록 남편의 결혼만족도가 증가한다는 점에서 남편에게 양성평등적 가치에 토대를 둔 평등적 정의를 증진시킬 필요가 있다.

한편, 부인의 경우 예상과 달리 '시댁 · 처가 변화 필요'를 많이 느끼고, '의사결정'을 적게 할수록 '결혼만족도'가 증가하는 것으로 나타났다. 부인은 '의사결정'을 많이 하는 것에 대해 부담감을 느낄 수 있다고도 보인다. 그러나 '시댁 · 처가 문제에 대해 변화의 필요'를 많이 느낄수록 왜 부인의 '결혼만족도'가 증가하는지는 해석하기 어려운 문제로 남는다.

(2) 결혼소진에 영향을 미치는 요인

중년 부부의 '결혼소진'에 영향을 미치는 요인은 부인과 남편 간 많은 차이점이 있는 것으로 보인다. 단 하나의 공통점은 남편과 부인 모두 '부부관계 변화 필요'의 정도가 높을수록 '결혼소진'

이 증가한다는 점이다. 그 외에는 중년 부부의 '결혼소진'에 영향을 미치는 요인에 있어 단 하나의 공통요인도 발견되지 않았다. '변화 주장'의 세 요인은 남편과 부인의 '결혼소진'에 아무런 영향도 미치지 않았다.

〈표 1-24〉 권력구조, 가사분담, 변화 필요, 변화 주장이 결혼소진에 미치는 영향

변인	결혼소진			
	남편		부인	
	β	p	β	p
경제력	-.038	.635	-.050	.579
전통적 정의	.041	.615	.009	.923
평등적 정의	.041	.653	-.150	.141
지위권력	.124	.113	.074	.449
개인적 권력	-.443**	.004	-.309	.128
의사결정	.056	.466	.023	.812
가사	.004	.963	.036	.697
자녀 돌보기(양육 · 교육)	.272*	.047	.059	.755
부부관계 변화 필요	.238*	.025	.323*	.036
배우자 변화 필요	.274*	.023	.072	.607
시댁 · 처가 변화 필요	.056	.629	.180	.141
부부관계 변화 주장	.152	.169	-.135	.327
배우자 변화 주장	-.319	.051	.201	.244
시댁 · 처가 변화 주장	.231	.136	-.040	.771
F(p)	7.074***	.000	5.311***	.000
R2	.454		.498	

주 1. 의사결정 및 가사분담은 부인이 '전적으로 담당'하는 경우가 '1', 남편이 '전적으로 담당'하는 경우가 '5'로 코딩되었기 때문에, 부인의 의사결정, 가사, 자녀 돌보기의 회귀계수가 낮을수록, 실제로는 부인이 이를 담당하는 정도가 높음을 의미함.

주2. *p〈.05, **p 〈.01

남편의 경우, '개인적 권력'이 높을수록 '결혼소진'이 감소하며, '자녀 돌보기'를 많이 할수록, 그리고 '배우자 행동에 대한 변화 필요'를 많이 느낄수록 '결혼소진'이 증가하는 것으로 나타났다. 부인의 경우에는 '부부관계 변화 필요' 외에 다른 요인들은 '결혼소진'에 아무런 영향력도 미치지 않는 것으로 나타났다.

6. 결론

1) 부부 권력구조

(1) 성별에 따른 권력의 차이

'경제력'을 직장일을 통해 얻는 소득으로 측정할 때, 중년 맞벌이 부부의 경제력에 있어서 남녀 간 유의미한 차이가 있는 것으로 나타났다. 주 평균 근로시간은 남편이 41.6시간, 부인은 37.1시간으로 약 4.5시간의 차이가 있었지만, 월 평균소득은 남편이 부인보다 약 154만 원 정도 많은 것으로 나타났다. 이는 중년 부인은 남편에 비해 낮은 경제력을 지니고 있을 뿐 아니라, 상대적으로 사회적 지위가 낮은 저임금 직종에 종사하고 있음을 시사한다.

'사회적 정의'에 있어서 '전통적 정의'를 지닌 정도는 대체로 남편이 높고, '평등적 정의'를 지닌 정도는 부인이 훨씬 높았다. '가정 내 지위권력'은 전반적으로 부인이 남편보다 높게 나타났으나, 세부적으로 볼 때, '중재 및 연결'과 '자녀 관여'에 있어서는 부인의 '지위권력'이 남편보다 높았다. 다만 '결정 및 문제해결'로 인한 '지위권력'에 있어서는 남녀 간 유의미한 차이를 보이지 않았다. '개인적 권력'에 있어서도 남녀 간 유의미한 차이가 발견되지 않았다. 세부적으로 볼 때, '배우자의 애정이 필요하고 배우자도 자신의 애정을 필요로 한다'고 느끼는 정도에 있어서 남편의 '애정 필요도'가 부인보다 높게 나타났다. 유의미한 차이는 없었지만 '의견 존중'과 '이해 및 신뢰'로 인한 '개인적 권력'에 있어 남편이 부인보다 높은 것으로 나타났다.

요약하자면, '경제력'과 '개인적 권력'은 남편이 부인보다 높았으며, '지위권력'은 부인이 남편보다 높았다. '사회적 정의'에 있어서 '전통적 정의'를 고수하는 정도는 남편이, '평등적 정의'를 지닌 정도는 부인이 배우자보다 높은 것으로 나타났다.

(2) 부부 권력구조

중년 남편과 부인의 권력구조는 거의 동일한 것으로 보인다. '경제력'이 높을수록 '개인적 권력'도 높은 것으로 나타났다. '전통적 정의'가 높을수록 '평등적 정의'가 낮았으며, '평등적 정의'가 높을수록 '지위권력'과 '개인적 권력'이 높았다. '지위권력'이 높을수록 '개인적 권력'도 높게 나타났다. 단 하나의 차이점은 남편의 경우 '전통적 정의'를 고수하는 정도가 높을수록 남편의 '개인적 권력'이 감소된다는 점이다.

본 연구 결과, 중년 부부의 권력구조와 관련된 흥미로운 결과는 다음과 같다.

첫째, 중년 남편은 '경제력', '전통적 정의' 등 사회경제적 권력을 많이 지니고 있으며 게다가 '개인적 권력'을 부인보다 많이 지니고 있다. 부인은 가정 내 역할 수행과 관련된 '지위권력'과 성역할에 대한 '평등적 정의'를 지닌 것으로 나타났다. 이러한 결과는 여전히 성별에 따른 권력의 양분화가 이루어지고 있음을 시사한다.

둘째, 한 가지 흥미로운 점은 부인에 대한 필요도와 의존성이 높아질수록 부인의 '개인적 권력'이 증가하리라는 예상과 달리, 본 연구에서는 남편의 '개인적 권력'이 더 높은 것으로 나타났다는 점이다. 이는 남편이 실제로 '개인적 권력'을 많이 가지고 있다기보다는, 남편이 부부관계에서 자신이 더 많은 '개인적 권력'을 지니고 있다고 인지하고 있음을 알 수 있다.

셋째, 과거에는 사회경제적 자원에 접근이 어려운 여성에게 사적 영역에서의 '개인적 권력'이 남성의 사회경제적 자원과 거래를 할 수 있는 '관계적 자원'으로 간주되었다. 중년기 이후 부인은 남편의 사회경제적 권력에 맞먹는 '개인적 권력'을 지니리라 예견되었으나, '경제력'이 높을수록 남편과 부인 모두 '개인적 권력'이 높을 것으로 나타났다. 여성의 취업률이 높아짐에 따라 '경제력'은 남성만이 지닌 권력이 아니며, 자신의 '경제력'이 높을수록 상대방과의 관계에서 자신이 '개인적 권력'을 많이 지녔다고 느끼는 것으로 보인다.

넷째, 본 연구에서는 부부의 '경제력'은 '개인적 권력' 외의 다른 권력과 유의미한 상관관계를 지니지 않는 것으로 나타났다. 즉 '경제력'은 다른 권력에 미치는 영향력이 거의 없는 것으로 보인다.

다섯째, '경제력', 즉 경제적 자원을 더 많이 지닐수록 사회경제적으로 우월한 위치를 점유하게 되고, 자신에게 유리하고 기득권을 옹호하는 '사회적 정의'를 부여하게 된다는 샤페즈(Chafetz)의 설명과 달리, 본 연구에서는 '경제력'과 '사회적 정의' 사이에 아무런 상관관계도 발견되지 않았다.

여섯째, '전통적 정의'는 부인의 '지위권력'과 '개인적 권력'에 유의미한 상관이 없었으나, 남편의 경우 '전통적 정의'가 높을수록 남편의 '개인적 권력'이 낮은 것으로 나타났다. 남편이 '전통적' 성역할을 고수하고 이와 같은 역할을 기대할수록, 부부관계에서 남편이 '개인적 권력'을 지니거나 행사할 수 있는 정도가 낮은 것으로 보인다.

일곱째, '평등적 정의'가 높을수록 부부 모두의 '지위권력'과 '개인적 권력'이 높아지고, '지위권력'이 높을수록 '개인적 권력'이 높은 것으로 나타났다. 이러한 사실은 '양성평등적 이념'에 토대를 둔 '동반자적 결혼'을 지향하는 현대에는 남편과 부인 모두의 가정 내 역할과 부부관계에서의 친밀한 관계에 대한 욕구가 증가하고 있음을 시사한다.

2) 중년 부부의 결혼생활

중년 부부의 결혼생활을 알아보기 위해 '의사결정' 및 '가사분담' 실태, '결혼만족도'와 '결혼소진'을 살펴보았다. 재산 결정, 생활비 결정, 가정사 결정에 대한 '의사결정'에 있어 남녀 간 유의미한 차이가 없는 것으로 나타났다. 한편 '가사분담' 중 '자녀 돌보기'와 '집안일'에 있어서 남녀 간 유의미한 차이가 있는 것으로 나타났다. '가사분담' 중 '살림살이'와 '수리 및 정비'에 있어서는 차이가 없는 것으로 나타났다. '재산 결정' 외 의사결정과 가사분담의 모든 영역에서 남편이 담당하는 정도가 부인보다 더 높게 나타났다. 그러나 5점 척도로 환산했을 때 '재산결정'은 부부가 '똑같이' 하고 있으며, '수리 및 정비'는 '남편이 더 많이' 하는 것으로 보인다. 그러나 그 외의 의사결정 및 가사분담에 있어서는 실제로는 '부인이 더 많이' 하고 있는 것으로 보인다. 그러나 남편은 실제와 상관없이 자신이 이러한 의사결정과 가사를 더 많이 담당하고 있다고 인식하는 것으로 보인다.

'결혼만족도'에 있어서는 남녀 간 유의미한 차이가 발견되지 않았다. 그러나 남편의 '결혼만족도'가 부인보다 더 높은 것으로 보인다. '결혼소진'에 있어서는 남녀 간 유의미한 차이가 발견되었는데 부인의 '결혼소진' 정도가 남편보다 훨씬 높은 것으로 나타났다.

3) 부부 권력구조와 의사결정 및 가사분담

중년 부부의 권력구조를 이루는 네 가지 권력이 의사결정 및 가사분담에 미치는 영향력을 살펴볼 때, 남녀 간 많은 차이점이 있는 것으로 보인다. '경제력'은 남편과 부인의 '의사결정'에는 유의미한 상관관계를 지니지 않는 것으로 나타났다. '경제력'이 높을수록 남편은 '가사'를 적게 하는 반면, '자녀 돌보기'를 많이 했다. 부인의 경우에는 '경제력'이 높을수록 '자녀 돌보기'를 적게 하는 것으로 나타났다. '경제력'은 남편의 '가사'을 줄이며, 남편의 '자녀 돌보기'는 증가시키는 반면, 부인의 '자녀 돌보기'는 감소시키는 것으로 드러났다.

'전통적 정의'가 높을수록 남편이 '가사'와 '자녀 돌보기'를 하는 정도가 감소한다. '평등적 정의'는 남편의 '의사결정'을 감소시키며, 남편의 '가사'를 증가시킨다. 남편이 '전통적 정의'를 고수할수록 '가사분담'의 정도가 낮고, '평등적 정의'를 지닐수록 동등한 의사결정을 추구하며 '가사'를 많이 담당하는 것으로 나타나, 남편의 가사분담에 있어 남편이 견지하는 '사회적 정의'가 중요한 것으로 보인다.

그러나 부인의 경우 '전통적 정의'와 '평등적 정의'는 부인의 의사결정과 가사분담에 전혀 영향력을 미치지 못하는 것으로 나타났다. 놀랍게도 이러한 '사회적 정의'는 부인의 가사분담과 전혀 상관이 없는 것으로 보인다.

'지위권력'이 높을수록 남편의 '의사결정'은 증가하는 반면, 부인의 '의사결정'도 증가한다. 반면, '지위권력'이 높을수록 부인의 '자녀 돌보기'는 줄어든다. '개인적 권력'이 높을수록 남편의 '자녀 돌보기'는 증가하는 반면, 부인의 '가사'와 '자녀 돌보기'는 감소하는 것으로 나타났다.

남편의 경우 '지위권력'과 '개인적 권력'이 높을수록 '의사결정'과 '가사분담'을 많이 담당하는 반면, 부인의 경우에는 '의사결정'은 증가하고, 다른 '가사분담'은 감소하는 것으로 보인다. 중년 부부의 '지위권력'과 '개인적 권력'은 전통적 성별 분업에 변화를 가져올 수 있는 요인이 되고 있다. 남편이 '지위권력'과 '개인적 권력'을 많이 가질수록 이러한 권력은 남편으로 하여금 의사결정과 가사분담을 더 많이 담당하게 하는 요인으로 작용하는 반면, 여성에게는 이를 줄이는 요인으로 작용하는 것으로 보인다.

4) 결혼만족도와 결혼소진에 영향을 미치는 요인

(1) 결혼만족도에 영향을 미치는 요인

중년 부부의 '결혼만족도'에 영향을 미치는 요인을 살펴본 결과, 남편과 부인에게 공통적인 점은 '개인적 권력'이 높고, '부부관계 변화 필요'를 적게 느낄수록 '결혼만족도'가 증가한다는 점이다. 부부 간에 '개인적 권력'을 많이 지녔다고 느끼고 '부부관계의 변화 필요'를 적게 느낄수록 부부의 '결혼만족도'가 증가하는 것은 당연하게 보인다.

차별적인 점은 남편의 경우 '전통적 정의'가 낮고 '평등적 정의'가 높을수록 '결혼만족도'가 증가하는 반면, 부인의 '사회적 정의'는 부인의 결혼만족도에 아무런 영향도 미치지 않는 것으로 나타났다. '의사결정 및 가사분담'은 남편의 '결혼만족도'에 아무런 유의미한 영향력도 미치지 않는 반면, 부인은 스스로 '의사결정'을 적게 하고 남편이 '의사결정'을 많이 할수록 부인의 '결혼만족도'가 증가하는 것으로 나타났다. 부인의 경우 자신이 '의사결정'을 많이 하는 것에 대해 부담감을 느낀다고 볼 수도 있다. 또한 부인이 '시댁 · 처가 변화 필요'를 많이 느낄수록 '결혼만족도'가 증가하는 것으로 나타났다. '시댁 · 처가 문제에 대해 변화의 필요'를 많이 느낄수록 부인의 '결혼만족도'가 증가하는 이유가 무엇인지는 해석하기 어려운 문제로 남는다. 아울러, '배우자 행동 변화 필요'와 '변화 주장'의 세 변인은 남편과 부인의 '결혼만족도'에 아무런 유의미한 영향력을 미치지 않는 것으로 나타났다.

(2) 결혼소진에 영향을 미치는 요인

중년 부부의 '결혼소진'에 영향을 미치는 요인은 부인과 남편 간 많은 차이점이 있는 것으로 보인다. 단, 하나의 공통점은 남편과 부인 모두 '부부관계 변화 필요'의 정도가 높을수록 '결혼소진'이 증가한다는 점이다. 남편의 경우, '개인적 권력'이 높을수록 '결혼소진'이 감소하며, '자녀 돌보기'를 많이 하고 '배우자 행동에 대한 변화 필요'를 많이 느낄수록 '결혼소진'이 증가하는 것으로 나타났다. 부인의 경우에는 '부부관계 변화 필요' 외에 다른 요인들은 '결혼소진'에 아무런 영향력도 미치지 않는 것으로 나타났다. '변화 주장'의 세 요인은 남편과 부인의 '결혼소진'에 아무런 영향도 미치지 않는 것으로 나타났다.

종합해볼 때, '개인적 권력'이 중년 부부의 '결혼만족도'를 증가시키고 '결혼소진'을 감소시키는 가장 중요한 요인임을 알 수 있다. 남편의 '결혼만족도'는 '사회적 정의'에 많은 영향을 받지만, 부인의 경우에는 '변화 필요'가 '결혼만족도'에 많은 영향을 미치는 것으로 나타났다. '부부관계 변화 필요'는 중년 부부의 '결혼소진'에 영향을 미치는 공통 요인인 것으로 보인다.

부부의 권력구조는 남편의 '결혼만족도'에 영향을 미치지만, 권력을 행사하는 과정에서 '변화를 주장하는 정도'는 중년 부부의 '결혼만족도'와 '결혼소진'에 전혀 아무런 영향을 미치지 않는 것으로 해석된다.

중년 남편과 부인은 각기 다른 권력의 토대를 지니며, 남편은 사회경제적 권력과 개인적 권력, 부인은 지위권력과 평등적 정의를 더 많이 지니는 양상을 보인다는 점에서 여전히 성별에 따른 권력의 양분화가 이루어지고 있는 것으로 나타났다. 즉, 남편과 부인은 각기 다른 권력의 토대로부터 각기 다른 정도의 권력을 얻고 있는 것으로 보인다. 이러한 부부의 권력구조는 남편과 부인이 권력을 실제로 행사하는 과정에 영향을 미칠 뿐 아니라, 의사결정 및 가사분담, 결혼만족도와 결혼소진에 각기 다른 영향력을 미치고 있는 것을 알 수 있다. 중년 부부의 경우 '경제력'보다는 '개인적 권력'이 결혼생활 및 결혼의 질에 더 많은 영향력을 미치는 것으로 보인다. 그리고 남편에게는 '사회적 정의력'이 여전히 많은 영향을 미치고 있는 것으로 보인다.

본 연구에서 경험적 자료를 통해 밝혀진 한국 중년 부부의 권력구조는 문헌에서 제시된 일반적 부부 권력구조와 다소 차이를 보이는 것으로 나타났다. 이러한 차이점은 한국 가족의 문화역사적 특성뿐 아니라, 현재를 살아가는 한국의 중년 부부가 처한 사회경제적 환경의 차이 때문으로 볼 수 있다. 오늘 이 순간도 부부의 권력구조는 개인적, 사회문화적, 역사적 요인과 상호작용을 하며 변화하고 있다. 그리고 그 변화는 '현재 진행 중'이다.

제2장

중년 여성의 가족관계_최정혜

제2장에서는 가정을 삶의 중심으로 결혼과 모성을 통해 사회적 정체성을 얻어왔던 중년 여성이 현대에 이르러 가족 속에서 어떤 모습으로 살아가는지, 또 부부관계의 역동성은 어떠한지 등 중년 여성의 삶을 구체적으로 살펴본다. 따라서 인생의 중반기에 서 있는 중년 여성의 가족관계를 탐색하기 위하여 자녀와의 관계, 부부관계, 노부모와의 관계 등으로 나누어 중년 여성에 대한 탐구를 시도하고자 한다.

1. 중년기 여성의 삶과 관계의 역동성

흔히 중년이 되면 자신에 대한 충격을 경험한다. 중년에 들어서면 자신이 더는 젊지 않다는 것을 느끼고, 꿈을 성취할 수 있는 시간이 얼마 남지 않았다는 사실을 깨닫는다. 그래서 중년기는 때때로 '젊음의 마법을 잃어버린 시기'라는 부정적 이미지로 표현되기도 한다. 반면에 중년을 성숙의 측면에서 '불혹의 나이', '지천명의 나이'로 긍정적인 표현을 하기도 한다. 이런 중년기에 있어 여성의 삶은 과연 어떠할까?

최근에 의학의 발달로 평균수명이 길어지면서 인생의 후반기가 상당히 길어지는 등 가족생활주기와 가족생활 패턴이 바뀌고 있다. 특히 2010년 베이비붐 세대의 본격적인 은퇴가 시작되면서 베이비붐 세대는 높은 학력과 경제력을 보유하고 있다는 이유로 미래의 노년기 모습에 대해 긍정적인 전망을 가능하게 한다. 베이비붐 세대는 한국전쟁 후 1955년에서 1963년 사이에 출생한 사람을 의미하는데 이 기간에 810만 명에 달하는 아이가 태어났고, 2010년 기준으로 현재 712만 5천여 명(전체 인구의 14.6%)의 베이비부머가 살고 있다(통계청, 2010). 그래서 사오십 대의 중년층이 사회의 중심으로 자리 잡게 되었으며, 중년은 사회 각 분야에서 결정권을 지닌 핵심세대라고도 한다.

중년기는 개인에게 있어 생애의 절정에 해당되는 시기이기도 하다. 그러면서 중년기는 노년학에서 '팬(fan) 현상'이라고 일컫는다. 즉 '연령증가에 따르는 개인차의 증가 현상'이 극대화되는 시점이다. 이는 중년기에 속한 개인이 각자 그동안 어떤 직장에서 무슨 일을 해왔는지, 가정생활은 어떠했는지, 어떤 생애사건을 경험하였는지 등의 개인차에 따라 중년기 발달이 다양성을 가지는 것을 의미한다.

우리는 일반적으로 중년기는 언제이며 중년기의 시기적 특징은 무엇인지, 또한 중년기에는 어떤 고민을 하고, 어떻게 자신의 삶에 대해 평가하고 있으며, 어떻게 삶에 대처하고 있는지에 대해 많은 궁금증을 가진다. 중년기는 연령으로 볼 때 40세에서 60세에 해당하는 시기로 볼 수 있으며, 가족생활주기상으로는 첫 자녀의 사춘기 시작부터 막내 자녀의 결혼 또는 본인이 직장생활에서의 은퇴할 때까지의 시기로 잡고 있다. 흔히 사람의 일생을 사계절에 비유해서 이야기할 때, 봄은 꽃을 피우는 계절인 유년기, 여름은 성숙의 계절인 청년기, 가을은 추수와 절정의 계절로서 중년기, 겨울은 정지된 죽음의 계절인 노년기로 이야기한다.

한국의 중년을 연구하는 과제로서 제주도를 제외한 전국 16개 광역시, 도에 거주하는 30세 이상 59세 이하의 성인 남녀 1,700명을 모집단으로 조사한 연구(한경혜 · 이정화, 2012)에서 '중년'의 시기를 평균 44세로 응답하여 우리나라 중년 여성들이 생각하는 중년은 40대 중반임을 보고하였다. 이 연구에서 재미있는 사실은 50대 중년 여성들은 중년의 범위를 40대 중반보다 높은 시기로 응답했는데 이는 50대가 자신들을 중년기와 가깝게 지각했기 때문이다. 중년은 보통 지혜로운 시기라 일컬어진다. 이때는 젊은 날에 품었던 주관적 확신성을 넘어서는 보편적 기준을 가지고 세상을 바라본다고 생각하기 때문이다.

중년 여성에 대한 논의를 살펴볼 때, 남성의 중년기가 성인 초기의 과업과 책임이 성취되는 시기라면, 여성의 중년기는 사회가 여성에게 부과한 신체적, 생물학적 인식으로 불안감을 느끼는 시기이며, 가족 내에서 자녀와 점차 분리되는 시기이다. 특히 전업주부로 일했던 중년 여성의 경우 가정에서 사회로 돌아서기에는 너무 멀리와버려 다시 사회생활을 시작하는 데 확신을 갖기 어려운 시기이다. 이른바 경력단절의 시기로 이러지도 저러지도 못하는 어중간한 시기인 것이다. 그러나 다른 한편으로는 자녀도 성장했고 집안일도 한결 줄어들어, 그동안 내버려두었던 자신의 욕구와 미래에 대해 처음으로 주의를 기울일 수 있는 시기이기도 하다.

중년기를 표현하는 용어는 매우 다양하다. 가족생활에서 위로는 부양해야 하는 노부모님을 모시고, 아래로는 청소년기 또는 대학생 자녀를 돌보면서 자신의 욕구도 돌아보아야 하는 책임 사이에 서 있어 '샌드위치 세대', '낀세대', 또는 '협공받는 세대' 등으로 표현된다. 또한 자녀의 독립으로 부모의 역할이 줄어들면서 '빈 둥지 시기'라 표현되기도 하고, 생산성을 높이 평가하는 현대사회에서 상대적으로 생산성이 낮다는 의미에서 '상실감의 시기'로 표현되기도 한다. 다른 한편으로는 지나온 삶을 되돌아보며 흘러간 청춘을 안타까워하면서 청춘의 부활을 꿈꾸는 '제2의 사춘기'라고도 하고, '나는 누구인가, 나의 가치는 무엇인가, 내 삶에서 내가 하고자 하는 것은 무엇인가?' 하는 질문을 끊임없이 제기하는 '제2의 정체성 위기의 시기'라고도 한다. 청소년이 미래를 향해 자신의 정체성에 의문을 갖는 데 비해 중년은 미래뿐 아니라 과거를 돌아보며 자신의 정체성에 의문을 갖는 시기이기 때문이다.

중년기는 비록 젊음의 힘은 감퇴하지만 자신의 능력으로 사회에 공헌하고 있기도 하다. 따라서 이러한 중년기에 대해 에릭슨(Erikson)은 생산성으로 인생의 절정기를 보여주거나 아니면 침체성으로 인생의 부정적인 면을 보이는 양면성을 가진 시기로 언급했다. 그런데 여성은 가정을 삶의 중심으로 살아왔고 결혼과 모성을 통해 사회적 정체성을 얻어왔기 때문에 그동안 중년기 논의에서 소외되었다가 최근 관심의 대상이 되고 있다. 특히 전업주부인 여성은 자신이 아니라 남편과 자녀를 통해서 간접적으로 성취를 경험하기 때문에 자녀가 독립해 나가는 중년기가 되면 자신의 정체성에 대해 더 흔들릴 수밖에 없고 이는 최근 중년 여성의 화두가 되고 있다.

우리나라에서 가족은 가족구성원들의 심리적 안정을 이루는 기초가 될 뿐만 아니라 행복감에 가장 중요한 영향을 미치는 존재이다. 전통적으로 중년기의 가족을 떠올릴 때, 보통 위로는 연로한 부모, 옆에는 갖은 삶의 풍랑을 함께 헤쳐 온 배우자, 그리고 아래로는 살뜰히 돌보아야 할 자녀들을 두고 있는 모습이 그려진다. 그러면 오늘날 한국 사회에서 살아가는 중년 여성은 가족 속에서 과연 어떤 모습으로 살아가는지, 또 중년기 부부관계의 역동성은 어떠한지 등 중년 여성의 삶을 구체적으로 살펴볼 필요가 있겠다.

따라서 이 글에서는 인생의 중반기에 서 있는 중년 여성의 가족관계를 탐색하기 위하여 자녀와의 관계, 배우자와의 관계, 노부모와의 관계 등으로 나누어 가족 안에서의 관계를 중심으로, 중년 여성에 대한 탐구를 시도하고자 한다.

2. 중년기 가족 안에서의 어머니

에피소드 2-1. 중년기 우울증과 행복도

어제 신문에서 최근 5년 새 우울증 치료약의 소비가 52%나 증가하였다는 놀라운 기사를 보았다. 우리나라에 우울증 환자가 늘어나면서 우울증 치료제인 '항우울제' 소비량이 50% 이상 증가하였으며, 여성이 남성보다 항우울제 소비량이 2배가량 많고, 노년층의 항우울제 복용도 매년 늘고 있다는 분석이다. 특히 항우울제를 가장 많이 복용하는 연령층은 50대로 밝혀졌다. 왜 이렇게 50대에 우울증이 가장 많은 것일까? 물론 전문가들의 말처럼 50대는 사교육비 등으로 경제적 부담이 큰 데다 직장에서도 정년퇴직을 맞는 시기여서 이 연령대에 정신적 스트레스로 인한 우울증 환자가 많이 발생한다는 것도 맞는 말이다. 하지만 필자는 50대의 우울증 증가현상을 가족적인 측면에서 살펴보고자 한다.

올해 발표한 어느 연구에서 2008년도 중년기 성인들을 대상으로 행복도를 조사한 결과, 행복도에 가장 큰 영향을 미치는 요인이 가족생활인 것으로 나타났다는 보고결과를 읽은 적이 있다. 그 결과를 보면서 중년기 성인들의 삶에서 차지하는 가족의 중요성을 느꼈는데, 오늘 이 기사를 보면서 중년기의 우울증을 제공하는 요인이기도 하면서, 동시에 중년기의 우울증을 치료해주는 역할을 할 수 있는 가족의 중요성을 생각해보게 된다.

50대는 에릭슨의 발달단계상 중년기로서 인생의 위기 또는 전환기를 맞는 시기이다. 중년기는 여러 가지 변화, 즉 자녀의 독립, 직업 적응, 노화로 인한 생리적·심리적 변화에 직면하게 되는 시기로서 위기에 부딪히게 될 수도 있고, 잘 적응할 경우 새로운 전환기를 맞이할 수도 있다. 중년기 성인들은 인생의 절정에 있으면서도 그들의 시대가 얼마 남지 않았고, 젊은 시절의 모든 꿈을 다 이룰 수 없다는 것을, 또 그 꿈을 이루었다 해도 기대한 만큼의 만족을 얻지 못했다는 것을 깨달으면서 우울한 기분이 들게 된다. 또한 자녀들이 부모의 슬하를 떠나는 이른바 '빈 둥지 시기' 때문에 더욱 중년기 부부들은 위기를 느끼게 되고 이에 대한 부적응은 우울증을 동반하기도 한다.

20년 이상을 부모로서의 역할과 의무감 속에서 바쁘게 살아온 중년기 부부는 자녀들이 독립하고 나면 부부관계에 대해 재평가를 하게 된다. 다시 말해서 자녀의 성장으로 인해 시간의 흐름을 절감하면서 결혼의 의미를 다시 생각하게 되는 것이다. 결혼만족도는 가족생활주기 즉 결혼시작에서부터 배우자 한 사람이 죽으면서 가족이 소멸할 때까지의 각 단계에 따라 달라지는데, 일반적으로 U자 곡선을 그리는 것으로 알려져 있다. 즉 결혼초기에는 결혼만족도가 높고, 자녀 양육기에는 만족도가 낮아지며, 자녀가 독립한 이후에는 다시 높아진다는 것이다. 중년기에는 결혼기간이 길어지면서 부부 당사자 간의 활력과 만족도가 떨어지기 때문에 결혼만족도가 비교적 낮은 편이지만 부부가 어떻게 서로를 관리하느냐에 따라 결혼만족도가 달라질 수 있다.

중년기 부부는 자녀들이 독립하면서 부모의 의무로부터 해방되어 그동안 제대로 누리지 못했던 자유를 만끽하고, 부부는 시간을 더 많이 가질 수 있게 되어 서로를 개인적으로 더 잘 알게 되는 새로운 기회 즉 '제2의 신혼기'를 맞이한다. 지금까지 잘 지내온 부부는 중년기의 위기도 잘 넘기면서 동반자적 사랑이 더욱 깊어지지만, 그동안 위태로운 결혼관계를 유지해왔던 부부는 막내가 독립해서 떠나는 빈 둥지 시기가 되면 개인적 위기와 함께 오히려 결혼의 위기가 될 수 있다. 즉 자녀들이 독립함으로써 부부는 그들에게 더 이상 공통되는 점이 없다는 것을 깨닫게 되면서 결혼생활의 위기를 맞이하게 되고 만약 이런 상황에 처한 중년기 부부라면 남자든 여자든 우울증에 노출되지 않을 수 없기 때문이다.

중년기의 결혼생활이 얼마나 행복한가는 지금까지 결혼의 질에 달려 있으며, 중년기 성인들의 우울증 역시 결혼생활과 무관하지 않다고 본다. 따라서 중년기 성인들의 우울증을 감소시키고 행복하게 살기 위해서는 무엇보다도 중년기 성인들의 가족생활, 특히 부부관계가 건강하고 행복해야 할 것이다. 부부가 행복하게 생활할 때, 부부의 우울증도 없어질 것이며, 특히 자녀들도 행복한 생활을 할수 있다. 따라서 중년기 부부는 자신들의 행복도를 점검해보고 '제2의 인생전환기'를 준비해야겠다.

(출처: 최정혜(2014), 《결혼생활 탐구》, pp. 32-34)

윗글에서 살펴본 것처럼 중년기에 자녀들이 부모 슬하를 떠나는 '빈 둥지 시기' 때문에 중년 어머니들은 더욱 위기를 느끼는데 이에 적응하지 못할 경우 우울증을 겪기도 한다. 중년 어머니에게 있어 자녀는 그동안 시간과 정력의 대부분을 투자해온 자녀는 자신의 자아와 인생에 가장 의미 있는 대상이다. 레빈슨(Levinson)은 이를 인생구조(life structure)의 중심요소라고 표현했다. 자녀의 성장은 중년의 어머니에게 자신을 뒤돌아보는 기회를 주면서 자녀와의 관계를 변화시키고, 중년기 어머니의 인생구조를 변화시키는 요인이 된다. 리프 등(Ryff et al, 1994)에 따르면 이 시기에 자녀가 얼마나 잘 자랐다고 지각하는지에 따라 중년의 어머니가 이를 자신의 삶에 대한 성공여부의 잣대로 활용함으로써 심리적 복지에 결정적인 영향을 미치게 된다는 연구 결과도 있다(Ryff et al, 1994).

가족은 우리 대부분에게 전통과 계승의 강력한 상징이다. 특히 어머니는 가족을 통해 자녀를 기르고 가족이라는 세계 속에서 헌신하며 자신의 위치를 확립해왔다. 그런데 자녀들이 성장하면서 둥지를 떠나고 부모가 중년기로 들어가면 가족 양상은 극적으로 변하게 된다. 예를 들어 40대 중반의 중년 여성은 그동안 어머니로서의 자아정체성을 가지고 자녀에게 헌신하며, 희생적으로 살아왔기 때문에 자녀의 독립으로 인해 허탈감을 느낀다. 이런 배경 때문에 부모역할의 상실로 인한 중년기 위기는 어머니가 아버지보다 더 클 수 있다.

최근 성별에 따른 중년의 관심거리를 조사한 연구 결과(한경혜 · 윤성은, 2003)를 보면, 모든 항목에서 중년 여성이 중년 남성보다 관심거리도 많고 고민도 많았다. 특히 중년 여성이 가장 많은 고민으로 지적한 부분은 남편의 실직 또는 퇴직이었는데 5점 만점에 평균 4.75를 차지할 정도로 비중이 높았다. 그다음이 은퇴 시기나 은퇴 후의 일, 노부모의 질병과 부양문제 순이었다. 이처럼 중년 여성이 중년 남성보다 고민거리가 많고 고민하는 수위도 높은 이유는 여성이 자신의 일보다는 남편의 퇴직이나 노부모 부양, 그리고 자녀의 진학문제 등 가족을 중심으로 생활해왔기 때문이다.

위의 연구 결과에서 보여주는 바와 같이 중년 여성은 중년기 가족 안에서 어머니로서 많은 고민거리를 안고 살고 있음을 알 수 있다. 또한 중년의 어머니는 가족 안에서 역할변화로 인해 위기를 겪는다. 즉 가족 안에서 중년의 어머니는 청소년이 된 자녀들과의 관계가 민감하게 변하는 것을 자각하게 되는데, 이는 가족이라는 둥지가 비어가기 시작하면서 정서적 상실과 긴장을 경험하게 되기 때문이다. 이른바 회자되고 있는 '빈 둥지 시기' 이다. 중년기 가족 안에서 어머니의 위치를 보면, 청소년 자녀들은 이제 어머니에게 품안의 자식이 아닌 성인으로 대해주기를 요구하는가 하면, 반대로 부모와 친척 등의 윗 세대들은 중년의 어머니에게 보호의 손길을 바라며 부양의 책임을 요구한다. 이런 와중에 중년의 어머니는 자신의 신체적·생물학적 노화를 느끼며 인생의 유한성에 직면하여 자신의 본질적 자아에 대한 성찰에 고민하게 된다.

가족 안에서 중년 어머니의 삶을 살펴보면, 첫 번째 중요한 사건은 40대에 일어난다. 막내아이까지 학교로 떠나고 나면 집안은 갑자기 적막해지고 '나는 누구인가?, 나는 중요한 일을 하고 있는가' 등의 의문이 적막한 둥지에 찾아온다. 삶이 덧없이 흘러가고 있음을 자주 느끼는데, 남편은 직장에서 한창 활동하느라 바쁘고, 아이들은 학교에 다니며 스스로의 삶을 향해 분주하다. 이때 중년의 어머니는 자신이 그동안 정신없이 가족을 위해 달려온 역할의 결과는 무엇인가, 이제부터 무엇을 하며 살아갈 것인가 등으로 고민하며, 자신의 삶을 재평가하게 된다.

중년 여성은 가족 안에서 어머니로서 가장 중요한 자녀 교육의 임무가 웬만큼 이루어진 터라, 관심의 대상을 가족 안에서 찾을 수 없으면 스스로 위기감이 고개를 든다. 다시 말해서 중년의 어머니는 청소년으로 성장한 자녀들이 부모의 간섭이나 통제에서 벗어나므로 자녀를 통제하는 데 한계를 느낀다. 청소년 자녀들은 학교생활에 빠져 있고, 휴일이라고 해도 또래 집단이 모이는 곳을 더 좋아하며 부모와 함께 외출하기를 더 이상 원하지 않는다. 어쩌다 자녀와 마주쳐도 다정하게 이야기를 하며 시간을 보내기가 부담스럽게 느껴지고, 기껏해야 “밥 먹었니?”, “씻고 자렴.” 정도의 대화가 고작이다. 남편은 회사에 일찍 출근하고 늦게 퇴근하며 틈이 나도 집에 있기 보다는 바깥활동에 심혈을 기울인다. 이런 상황 아래 중년기 어머니는 고독과 위기감을 느끼게 되는 것이다.

전통적으로 우리 사회는 여성과 모성을 동일하게 취급하여 어머니가 되는 것은 여성의 운명이며 신성한 의무이자 자아충족의 유일한 길이라는 견해가 지배적이었다. 대부분의 중년 여성은 여성의 생물학적 운명이 자녀출산과 양육이라고 여기고 자신의 성취능력이나 자아실현의 욕구를 억눌러왔다. 때문에 자녀가 성장하여 어머니로서의 역할 상실에 직면하게 되면 그동안의 역할을 잃지 않기 위해 매우 연연해하는 경향을 보이며, 자녀가 독립할 즈음에 상실감과 실망 등을 경험한다. 따라서 이는 보편적인 중년기 어머니의 상태로 볼 수 있다.

중년 여성에게 가장 큰 소망이 무엇인지 물으면 대개 두 가지를 든다. 자식이 잘되는 것과 건강하게 사는 것이다. 또한 그들에게 스스로를 소개하라고 요구하면 대체로 자기 이름보다 먼저 ‘아무개 엄마’라고 대답한다. 중년 여성에게 ‘아무개 어머니’라는 호칭이나 어머니의 역할은 매력적이다. 자신의 이름으로 불릴 때와는 또 다른, 자기 삶의 이유와 존재의 가치를 공인받는 것 같은 안정감을 주기 때문이다. 그래서 자식을 낳은 뒤부터는 정작 자신의 이름은 없어지고 주위 사람들에게 '아무개 엄마'로 불린다. 자녀가 학교교육을 받으면서부터는 공식적으로 '아무개 어머니'로 불리며 그로 인해 자신의 정체성을 확인받는다. 따라서 중년 여성끼리의 모임 역시 자녀를 기준으로 만들어지는 경향이 많은데, 대개 5~6세 터울은 친구처럼 스스럼없이 지낸다. 자녀끼리 친구가 되면 곧 어머니끼리도 또래 모임이 형성되기 때문이다. 이렇듯 '어머니'의 정체성은 자녀와의 관계를 통해서만 이름을 가질 수 있는 비주체적 개념이다. 어머니로서의 역할은 커다란 보람을 느낄 수도 있지만 또 가장 힘들고 어려운 경험을 선사하기도 한다. 이런 이율배반적인 감정 속에서 중년 여성은 '이상적인 어머니', '장한 어머니', '영원한 어머니'라는 신화의 함정에 빠질 수 있다.

중년기 가족 안에서 어머니는 자녀가 학교라는 제도 교육에 들어가면, 그동안 자녀와 누렸던 사적이고 고유한 양육의 체험이 매몰되는 괴리감을 느끼고, 또한 능동적으로 어머니 노릇을 해오던 상태에서 수동적이고 나약한 위치로 전락하게 된다. 자녀는 가정의 울타리를 벗어나 학교사회와 접촉하면서 어머니에게 사회의 여러 가지 문제를 실어온다. 따라서 중년의 어머니는 굳이 사회활동을 하지 않아도 자녀를 통해 경쟁적인 사회와 만나게 되며, 정해진 정책 등을 수행하는 수동적 교육자로 바뀐다. 결국 중년 어머니의 역할은 자녀의 준비물을 챙겨주고 도시락을 싸주는 등 그저 단순한 보조역할만을 할 뿐이며, 자녀의 교육이 제대로 굴러가기 위해 필요한 그림자 노동을 하는 것이다.

다른 한편으로는 자녀교육이 어머니의 책임으로 부여되며, 어머니의 현명하고 탁월한 선택과 추진력을 필요로 한다는 미사여구적 교육지침에 얽매이게 된다. 이렇듯 중년의 어머니는 현실적으로는 가장 수동적이면서 신화적으로는 가장 능동적인 두 얼굴을 지니고 있다.

중년의 어머니가 가장 서글프게 되는 것은 그동안 애써서 돌봐온 자녀에게 무시당할 때이다. 자기 자신은 돌보지 않고 오로지 자녀교육만이 가치 있고 보람 있는 일이라 여기며 헌신해온 어머니 역할을 자녀들이 사회적 잣대를 들이밀며 하찮게 여길 때 중년의 어머니는 하늘이 무너지는 절망감과 배신감을 느낀다.

에피소드 2-2

> 아이들이 '엄마가 아는 게 뭐 있어?', '엄만 몰라도 돼' 할 때는, 무시당하는 것 같은 기분이 든다. 남편과 합세해서 그럴 때는 더 더욱 울화가 치민다. '못 배운 한'이 되살아나는 한편 모르는 남들한테 무시당하면 모를까, 그저 저희만 믿고 의지하는 어미를 몰라주는 듯하여 배은망덕하게 생각되고 속이 상한다.(46세 여성)

어머니의 헌신적 행위는 '고맙다'는 자식의 말 한마디에 그간의 고생한 기억이 봄눈 녹듯 사라지며 보답을 받는데, 만일 자녀에게서 마음으로부터의 보상이 없으면 어머니는 자괴감과 허전함을 깊이 느낀다. 자녀가 자라면서 교육 뒷바라지는 어머니에게 더욱 무거운 짐이 된다. 최근에 갈수록 교육의 역할이 커지고 사춘기의 중요성이 대두되면서 30대 취업여성이 퇴직하던 과거와 달리 중년기에 들어선 취업주부가 퇴직하는 사례가 늘고 있다. 그렇게 자식 교육을 통해 세상의 경쟁원리에 휩싸여 끊임없이 휘둘렸던 어머니는 자녀가 대학에 진학하면서 잠깐 성취감을 만끽하지만, 곧 자녀가 "이제 대학생이 됐으니까 엄마한테서 자유로워지고 싶다."고 할 때 소외감과 배신감을 느끼며 다시 한번 허탈해진다. 어차피 자녀의 성공은 어머니 자신이 직접 얻은 것이 아니므로 어머니는 잠시 성취한 듯한 환상만을 맛보았던 셈이다. '눈먼 자식 교육'이 막을 내리면서 중년의 어머니는 떨어져 나가려는 자녀를 붙잡기 위해, 자녀는 여전히 어머니를 삶의 발판으로 삼기 위해, '어머니와 자식은 한 몸'이라는 신화에 서로 기대게 되는 것이 중년기 어머니가 사는 인생의 한 단면이기도 하다.

중년기 어머니와 자녀의 관계를 실증적으로 조사한 최근의 연구 결과(한경혜 · 이정화, 2012)를 보면, 자녀와의 관계에서 30대는 자녀와의 관계가 '좋다'고 지각한 사람이 전체의 약 95%를 차지한 반면 50대는 '보통이다', '별로 좋지 않은 편이다'에 상대적으로 많은 사람들이 응답해 50대 중년 어머니의 자녀와의 관계가 그다지 긍정적이 지 않음을 보여준다. 이는 중년 여성과 자녀 사이에 존재하는 갈등을 시사한다고도 볼 수 있다.

한편 부모됨의 의미를 보면, 중년 어머니는 전반적으로 부모로서 자신들의 경험과 그에 대한 평가, 자녀의 의무 등을 긍정적으로 인지했다. 중년 여성은 중년 남성보다 부모로서의 긍정적 경험이 조금 많았는데, 연령별로는 30대 여성이 부모됨의 긍정적 경험 인식이 가장 높고, 50대 여성은 상대적으로 부모됨의 경험을 부정적으로 인식하고 있었다. 즉 '자녀문제가 때때로 나를 당황스럽고 창피하게 만든다'와 '자녀와 대화를 많이 하는 편이다'

라는 문항에서 중년 여성의 응답이 중년 남성의 응답보다 높게 나타나 중년 여성은 자녀와의 경험에서 양가적 감정을 가지고 있는 것으로 나타났다. 다시 말해서 중년 어머니는 자녀에 대한 애증의 정서가 교차하는 것으로 이는 중년 어머니가 자녀와 그만큼 밀착되어 있음을 보여준다고 하겠다.

또한 연령별 차이에서 중년 어머니는 30대 어머니에 비해 자녀와의 관계에서 부정적인 경험을 많이 한 것으로 나타나, 50대 중년의 어머니는 이제 '품안의 자식'이 아닌 자녀와의 상호작용을 부담스럽게 여기는 맥락이라고 하겠다. 그러면서도 중년 어머니가 자녀에게 경제적으로 지원하는 데 대한 태도를 살펴보면 아들에 대해서는 전체의 28.9%가 '대학교 졸업까지'로 가장 많고 다음으로 '취직할 때까지(27.8%)', '결혼할 때까지(24.9%)' 순이고, 딸에 대해서는 '결혼할 때까지'가 37.8%로서 가장 높고 다음으로 '대학 졸업까지', '취직할 때까지' 순으로 응답해 중년 어머니의 자녀에 대한 경제적 부담이 크다는 사실과 그럼에도 이를 기꺼이 받아들이고 있음을 알 수 있다.

이를 통해 볼 때 중년의 어머니는 경제력이 있는 한 자녀를 도와주려고 생각하며, 자녀가 취직할 때까지는 물론, 심지어 취업을 미루고 학업을 계속해도 뒷바라지할 준비가 되어 있다. 즉 가족 안에서 중년의 어머니는 성인자녀가 사회적 기반을 잡을 때까지 끊임없이 헌신적으로 계속 지원하려고 생각하는 존재임을 알 수 있다.

3. 중년기 부부관계에서의 아내

에피소드 2-3 부부 삶의 질과 대화

유엔개발계획(UNDP)이 4일 발표한 '2010년 인간개발지수(HDI)' 순위에서 한국이 전년보다 14계단이나 상승해 12위에 올랐다는 반가운 보도가 있었다. 이 지수는 유엔개발계획이 각국의 국민소득과 교육수준, 평균수명, 유아사망률 등을 평가해 측정하는 '삶의 질' 지표다. 매년 발표되는 HDI 순위에서 우리나라는 2006년부터 지난해까지 연속 26위를 유지했는데 한 해만에 14계단이 상승한 것이다. 우리나라의 급상승은 유럽국가들이 금융, 채무 위기 등으로 순위가 대폭 하락한 데 따른 것이라고도 볼 수 있지만 어쨌든 삶의 질이 대폭 향상되었다는 것은 무척 고무적인 결과이다.

한국인 삶의 질이 껑충 뛰어올라 12위가 되었는데, 그렇다면 우리나라 부부의 삶의 질은 과연 어느 정도일까 하는 궁금증이 생긴다. 부부 간의 삶의 질을 논한다면 단연코 첫 번째로 떠오르는 조건이 대화이다. 부부 간에 대화가 얼마나 잘 이루어지고 있느냐는 부부가 얼마나 좋은 삶의 질을 영위하고 있는가로 연결된다. 많은 사례에서 보면 부부들은 서로 대화하고 있다고 생각하지만 상대방에게 메시지는 제대로 전달되지 않는다. 의사소통의 문제는 부부싸움의 첫 번째 원인이다. 그래서 부부가 "우리는 의사소통이 안돼요."라고 한숨을 내쉬기 마련인데, 부부는 말하고자 하는 것을 말하고, 말한 내용을 분명히 할 필요가 있다.

많은 사례에서 부부 간 대화 문제는 먼저 남녀 간의 서로 다른 대화 형태에서 비롯됨을 알 수 있다. 이에 대한 구체적인 예로 놀이터에서 남녀 아이들이 노는 것을 관찰해보면 여자아이들은 서로 친구가 되거나 가까운 사이가 되려면 비밀을 얘기하고 서로 함께 공유하는 것을 중시하는 반면에 남자아이들은 운동을 통해 친구가 된다. 요컨대 성장한 여성인 아내는 이야기와 공감을 중시하는 데 비해 성장한 남성인 남편들은 행동을 원하는 차이가 있다는 것이다. 따라서 아내가 바깥일이나 집안문제를 얘기하면 남편은 재빨리 해결책을 제시하면서 이야기 자체를 방해한다. 뒤이어 나오게 되는 아내들의 불평은 "그는 내 이야기에 관심이 없어요.", "그는 날 사랑하지 않아요.", "그는 늘 나를 무시해요." 등이다.

부부 간 대화가 통하지 않는 또 다른 이유는 이른바 '독심술사 증후군'이라는 것인데 이는 결혼한 지 오래된 사람들뿐만 아니라 신혼부부에게도 적용된다. '그가 정말로 날 사랑했다면, 내가 원하는 것이 무엇인지 알고 있었을 것이다.' 라는 것이 아내가 남편에 대해 전형적으로 쏟아내는 전형적인 불평이라면 '만약 아내가 내가 알아주길 원한다면 내게 말하겠지.'라고 생각하는 것이 남편들의 입장이다. 이런 상황 때문에 부부 간에 대화가 잘 이루어지지 않게 된다. 부부 간 대화문제는 부부들이 정말 말하고자 하는 것과 원하는 것을 말하지 못하고 서로를 비방하기만 할 때 발생한다. 그러므로 대화를 잘할 수 있는 방법으로 '나-전달법'이라는 기법을 사용하면, 자신의 감정에 초점을 맞출 수 있고, 그 책임감을 받아들이는 데 도움이 된다. 예를 들어 "당신은 항상 늦어, 당신은 당신 어머니랑 똑같아……." 등의 비난 내용 전달을 하지 말고, "당신이 그렇게 말할 때 난 마음이 아파.", "…… 에 대해 난 당황했어." 등으로 말하면 상대방에게 방어적이지 않게 되므로 대화가 이루어진다. 또한 부부 간의 대화에서 적절한 타이밍을 맞추는 것이 메시지를 전달하는 데 결정적일 수 있다. 지친 아내가 몹시 잠자고 싶어하는데 사무실 문제를 얘기하려고 하는 남편이나, 혹은 지친 남편이 집에 들어서자마자 쏘아대는 아내는 대화를 시작할 적절한 시간과 장소를 선택하는 것이 얼마나 중요한지를 모르는 것이다. 또 중요한 것은 한번에 한 문제를 토의하는 것이다. 많은 부부들의 대화가 극단적이고 사실적이어서 어떤 문제에 관해서 대화를 시작하다가 다른 얘기로 결론을 짓고 만다. 대화문제는 듣기도 중요한데 이는 성의 차이와 관련이 있을 수 있다. 남자들은 조용히 듣고 있는 경향이며, 동의하는 의미로 고개를 끄덕이거나 음성 신호를 별로 하지 않는 데 비해 아내는 이와 반대다. 이러한 차이로 아내들은 남편들에게 스스로 무시당하고 있다고 느끼는 것이다.

대화가 잘되는 부부들은 서로의 말을 잘 들어준다. 만족하면서가 아니라 집중하면서 듣고, 그 말 속에 숨어 있는 감정을 듣고자 하기 때문에 서로 대화가 된다. 한국인의 삶의 질이 대폭 상승했듯이 부부 간 삶의 질도 대화를 통해 껑충 뛰어오르기를 기대한다.

(출처 : 최정혜(2014), 《결혼생활 탐구》, pp. 19-21)

현재 중년의 부부들은 평균수명이 길어지고 자녀 수가 줄면서 부부가 중년 이후를 함께 지낼 수 있는 기간이 늘고 있다. 이는 중년기 부부관계가 더 중요해졌음을 의미하는 동시에 부부관계가 좋지 않은 경우 가족이 해체될 개연성도 높아졌음을 의미한다. 우리나라 이혼율을 살펴보면, 국제통화기금(IMF) 사태 직후인 2000년대에는 조이혼율(15세 이상 인구 1000명당 이혼 수)이 2.66, 2001년 2.94, 2002년 3.12에 이어 2003년 3.54로 역대 최고를 기록했다가 2008년 2.36, 2009년 2.50으로 증가했다. 현재 세계 각국의 이혼율 순위는 1위 미국, 2위 스웨덴, 3위 한국의 순으로 우리나라 이혼율은 심각한 수준이다.

우리나라 이혼율 상승 요인으로 최근 중년기 부부의 이혼이 크게 증가하는 것을 들 수 있다. 2014년 통계청 발표자료에 의하면 2013년 우리나라 이혼부부들의 연령은 남자 평균 46.2세, 여자 평균 42.4세이며, 결혼생활 평균 14.1년 만에 이혼하는 것으로 보고되었다. 최근 증가하는 중년기 이혼의 사유가 과거에는 부부의 외도, 폭력과 같이 부부관계의 근본을 해치는 심각한 문제행동이었다면, 요즘은 이른바 '성격차이'라는 부부 간 의사소통이나 이해의 부족 같은 정서적 문제가 이혼사유가 되고 있다. 따라서 이런 배경을 감안한다면 중년기 부부관계는 매우 중요하다고 하겠다. 여기서는 중년기 부부관계를 중년 여성의 관점에서 살펴보기로 한다.

중년기 부부관계의 질과 관련한 최근의 연구에서 전체의 72.9%가 '대체로 좋은 편이다'와 '매우 좋다'로서 부부관계를 긍정적으로 평가했다(한경혜 · 이정화, 2012). 그런데 중년 남성의 긍정 응답이 74.9%인 데 비해 중년 여성의 긍정 응답은 70.9%여서 중년 여성의 부부관계 만족도가 남성보다 낮게 나타났다. 이를 연령별로 보면 30대의 긍정 응답이 30대가 82.4%로 가장 높고, 다음으로 40대가 71.5%, 50대는 59.6%로서 50대 중년아내의 긍정적 응답이 세 집단 중 가장 낮은 것으로 나타났다. 이는 중년 여성의 부부관계에 대한 긍정정도가 다른 연령층에 비해 상대적으로 낮다는 것으로 중년 여성의 부부관계 만족도가 낮음을 시사한다고 하겠다.

중년 여성의 부부 간 대화 정도를 보면 '비교적 대화를 많이 한다'고 응답한 비율이 전체 74% 정도로 중년 아내의 남편과의 대화는 원활한 것으로 보이나 '부부 간 대화를 거의 하지 않는다'

는 응답도 약 26%로 나타나, 중년 여성의 부부 간의 대화결핍이나 단절을 보여주고 있다. 부부갈등에 대한 다른 연구에서(이희백, 2009) 부부갈등이 성격문제, 가사관리, 의사소통, 자녀문제 때문에 일어난다고 보고된 반면 베이비부머를 대상으로 한 연구(한경혜 외, 2011)에서는 경제문제로 부부갈등을 겪었다는 비율이 가장 높고 성격차이, 자녀문제, 부부 성관계 순으로 나타나 일반 부부와 중년기 부부의 부부갈등 요인이 서로 다르게 나타났다. 중년 여성의 경우 부부문제에서 경제문제로 인한 갈등이 가장 크다는 점이 흥미롭다.

'이혼을 고려해본 적이 있느냐'는 질문에 전체 응답자 1,502명 가운데 131명이 이혼에 대해 자주 생각해보았다고 응답해(여성 13.1%, 남성 4.6%) 아내가 남편에 비해 더 자주 이혼을 생각했으며, 연령대로 보면 30대 7.3%, 40대 10.9%, 50대 8.2%로 40대 이상 중년 여성의 이혼 생각이 높음을 알 수 있다. 한편 이혼을 자주 생각해본 중년 여성이 왜 이혼하지 않고 결혼을 유지하는지 그 이유를 살펴본 결과 '자녀 때문'이라는 응답이 있었다. 즉 중년의 아내가 돌봐야 할 자녀가 있는 경우는 불만스러운 부부관계를 참고 버티다가 자녀독립기 이후 자녀양육 부담이 줄어드는 시기가 되면 부부관계를 청산하는 경향으로 나타났다. 이는 최근 결혼 지속기간이 20년이 넘는 부부들이 자녀에 대한 부양책임이 거의 완료되는 시점에서 이혼하는 이른바 '황혼 이혼'이 증가하는 배경이기도 하다. 실제로 2013년 이혼율을 보면 2011년~2012년 주춤하던 이혼이 다시 증가해 2013년에 11만 5천3백 건을 기록했는데, 특히 60대 이상 이혼이 남자가 8.5%인 데 비해 여자가

14.3% 늘어나 중년기 아내의 황혼 이혼이 많이 늘고 있음을 보여준다(중앙일보, 2014년 4월 22일자 기사).

에피소드 2-4 베이비부머의 가족생활주기

남자와 여자가 결혼을 해서 가족을 이루면 이때부터 가족생활주기가 시작된다. 즉 가족생활주기는 결혼, 첫 자녀 출산, 막내자녀 출산, 첫 자녀 초등교육기, 첫 자녀 중등교육기, 첫 자녀 고등교육기 등 결혼과 자녀 성장을 중심지표로 단계가 구분된다.

현재 중년기에 속하는 베이비부머 여성들은 평균적으로 25세에 결혼했고, 결혼한 지 1년 후 첫아이를 낳았다. 평균 2자녀(1.92명) 정도 출산했기 때문에 첫아이를 낳고 막내를 출산하기까지 3년 내외가 소요되었고, 이때 나이는 30세 내외가 되었다. 30대 중반에 첫아이를 초등학교에 입학시키고 40대 초반에는 중학생, 40대 중반에는 고등학생, 대학생 자녀를 두게 되었다. 베이비부머 여성들은 이전 세대에 비해 자녀를 적게 출산해 자녀출산기가 부모 세대와 비교했을 때 약 3분의 1정도의 기간이 줄었고, 자녀 양육기가 짧아졌다. 또 평균수명이 길어지면서 자녀 독립 후 부부만 생활하는 빈 둥우리기가 19.4년으로 부모 세대의 1.4년에 비해 무려 14배 정도 증가할 것으로 전망된다. 즉 부부만 남게 되는 기간이 대폭 증가하면서 중년기 부부관계의 중요성이 커진 것이 중년기 이후의 증가와 연관된다는 지적이다.

(출처: 한경혜 외(2011), 《한국베이비부머들의 삶의 지평》)

한편 중년기 아내로서 성(性)과 관련된 측면을 살펴보면, 중년 여성의 성적 이미지는 크게 두 가지로 나뉜다. 〈국화 옆에서〉 처럼 청춘의 모든 방황과 성욕을 초월한 석녀(石女)이거나, 항간에 떠도는 'XX부인 시리즈'에서처럼 부도덕한 성욕의 화신, 이 두 가지 모습으로 그려진다. 이러한 이분법에는 여성의 성을 대하는 우리 사회의 모순적인 시선이 숨어 있다. 미혼 여성의 성행위는 우리 사회의 윤리적인 면에서 자유롭지 못하므로 스스로 자신의 성에 대해 말하는 것이 부분적으로 금기시되어 있다. 그럼에도 불구하고 미혼 여성에게 '섹시하다'는 말은 칭찬이 된다. 반면 기혼 여성은 구체적으로 성을 이야기할 수 있는 존재이다. 하지만 정작 중년 여성을 성과 결부시켜 말하는 것은 칭찬이 아니라 비난이 된다. 그들에게 어머니이기만을 요구하기 때문이다. 신사임당 같은 어머니 이미지를 중시하는 우리 사회에서 어머니의 애정이나 성욕은 불결하고 이기적인 것으로 치부된다.

똑같은 성행위가 표현에 따라 숭고해지기도 하고 불결해지기도 한다. 어머니의 성은 입에 담아서는 안 되는 금기이며 모성의 숭고함으로 가려져 있다. 그 때문에 어머니의 성, 즉 중년 여성의 성은 언급되었다 하면 철저히 조롱거리로 전락하여 부정적이고 퇴폐적인 담론이 되어버린다. 흔히 중년 남자들이 동료와 함께 농담하는 '의무방어전 치르기에 고달프다', '밤이 무섭다', '아내가 잘 때 몰래 들어간다', '아내가 샤워하면 무섭다' 등 술자리의 안주거리나 우스갯소리로 도마에 오르는가 하면, '젖소 부인'시리즈로 이어지는 에로물의 단골주제가 되기도 한다.

중년 여성의 성과 사랑에는 왜 이런 퇴폐적 이야기로 구성되어 있는 걸까? 남성에게 성은 남성으로서의 존재로 의미를 확인시키고 나아가 남성 능력을 증명할 수 있는 일이라고들 말한다. 그러면서 유독 중년 여성의 성에 대한 담론은 비판적이고 조소적이다. 이런 사고와 연관하여 먼저 중년 여성의 성에 대한 세 가지 편견에 대해 살펴보자.

첫째, 중년 여성은 성을 밝힌다는 것이다. 중년 여성은 성적으로 순결 이데올로기에 묶인 처녀시절과는 눈에 띄게 달라진다. 중년 여성이 되면서 성에 대해서도 훨씬 솔직하고 당당해지는데 이에 대해 남편들은 아내의 솔직하고 능동적인 성을 당혹스럽게 느낀다. 남성들은 여성은 성에 대해 무지하고 수동적이어야 한다는 편견에 젖어 있어서 여성의 욕망을 금기시한다.

둘째, 중년 여성의 공허는 성적 공허라는 것이다. 중년 여성의 모든 갈등을 성적 공허로 이해하는 것은 원인과 결과를 바꾸어 말하는 것이다. 중년 여성들은 성이 모든 문제를 해결해줄 수 있다고는 생각하지는 않는다. 서로에 대한 배려나 관심, 책임감 등 부부 간의 문제가 섹스에 영향을 미친다고 말한다. 즉 결혼과 가족을 둘러싼 경제적, 심리적, 문화적 요인들과 부부의 성이 밀접하게 연관되어 있는데 이를 무시하는 것이다.

셋째, 중년 여성은 애인을 원한다는 것이다. 90년대 인기를 끌었던, 〈매디슨 카운티의 다리〉에서는 마흔다섯 살의 유부녀인 프란체스카가 현모양처로 살다가 갑자기 자신의 집을 방문한 사진작가와 우연히 만나게 된다. 그리고 권태로운 일상에서 탈출하고 싶고 어머니나 아내가 아닌 한 여성이기를 바라는 마음에서 며칠 간의 일탈을 꿈꾸다가 다시 가정으로 돌아가는 이야기이다. 한때 프란체스카 신드롬을 일으킨 중년 여성의 삶과 의식은 중년 여성이 그들만의 성과 사랑의 역사를 대변해줄 통로가 필요했던 것이지도 모른다.

에피소드 2-5

> 남자들은 나가면 여자도 많이 만나고 그것이 아무렇지도 않은데, 왜 여자들이 다른 남자와 밥이라도 먹으면 외간 남자 운운하며 신드롬까지 나오는지 모르겠다(41세 여성).
>
> 애인을 가지고 싶다는 것이 반드시 다른 남자랑 자보고 싶어서가 아니예요. 단지 일상에서 탈출하고 싶다는 바람에서 나온 것이겠죠. 가끔 아이들 문제나 생활비 문제가 아닌 다른 이야기를 해보고 싶을 때가 있잖아요(45세 여성).

또한 90년대 후반 중년 여성을 둘러싼 '애인 신드롬'이라 불렸던 드라마 〈애인〉 역시 중년 여성의 외도에 대한 비난과 이로 인한 가정 위기에 대한 우려에 초점을 두었다.

중년 여성이 애인을 원한다는 말도 실상은 중년 여성은 애인을 원하는 것이 아니라 아주 가까이 있는 남편이 애인과 같이 다정다감하게 대해주고 관심을 보여주기를 원하는 것이 아닐까? 많은 드라마나 영화가 남편의 성적 무관심이나 불성실로 인한 아내의 불만을 그리고 있는데, 중년 여성들은 제한된 세계에 불만을 드러내고, 어머니나 아내로서의 의무에서 잠시나마 해방될 수 있는 공간을 확보하는 행위로 이러한 대중문화를 통해 카타르시스를 가지기도 한다. 요컨대 중년 여성의 성과 사랑에 대한 편견이 지니는 공통점은 여성을 성과 관련시켜서만 보려는 기존의 고정관념에서 중년 여성도 예외는 아니라는 점이다.

50대 중년 여성이 아내로서 겪는 또 하나의 위기는 폐경 전후로 나타나는 갱년기 증상이다. 폐경은 대부분 48세에서 52세에 일어나며 갱년기는 수태 능력의 감소, 신체 노화, 폐경 등을 의미한다. 이때 여성은 불안, 우울, 허무감을 경험하고 주변 자극에 과민해져 사소한 일에도 쉽게 마음이 상한다. 이밖에 두통, 근육통, 성욕 감퇴 등도 일어나며 안면홍조와 함께 불면증이 생기기도 한다. 갱년기 증상은 개인차가 심해 정상적인 생활을 할 수 없는 경우가 있는가 하면, 전혀 자각증상이 없는 경우도 있다. 그래서 단순히 폐경 등 생리적 요인보다는 자녀의 입시 및 출가, 경제적 문제, 가정 안에서의 자신의 역할 변화나 심리적 요인 등이 정신적 압박감을 일으키는 원인으로 밝혀지고 있다.

중년의 부부에게 성생활의 만족이란 총체적인 결혼생활의 만족도에 비례하며 충분한 인격적 교감을 통해 얻을 수 있기 때문에, 성은 삶의 일부분일 뿐이며 신기루는 없다는 것을 우리 모두 인식해야 할 것이다.

4. 노부모-성인자녀 관계에서의 중년 며느리

에피소드 2-6 장수(長壽)사회의 양면성

며칠 전 '한국의 100세인과 21세기의 장수문화'란 학술 및 문화 행사 프로그램이 보건복지부 후원으로 서울대학교 의과대학 대강당에서 개최되었다. 그야말로 우리나라 노인들의 평균수명 연장이 실감나게 느껴지는 행사였다. 과학자들은 인간의 수명을 연장시키는 방법을 계속해서 연구하고 있고 그 결과 인간의 평균수명은 놀랄 만큼 증대되어 노인이 특별한 질병이 없으면 평균수명 100년도 꿈이 아닌 곧 이루어질 과학의 성과라 보고 있다. 우리나라 평균수명이 1910년에 24세, 1936년에 37세였던 것에 비하면 기적과 같은 일이 일어나고 있는 것이다. 2000년 기준 우리나라 평균수명 75세와 비교해도 불과 한 세기 동안 평균수명이 50년 이상 늘어났다.

그러나 이러한 인간의 수명연장을 그저 기쁘게만 생각할 수는 없다. 다시 말해서 장수사회는 양면성을 가지므로 이에 대한 문제를 고려해야 한다. 그 구체적인 상황을 살펴보면 고령화사회가 되었을 때의 사회적 환경을 생각해보자. 65세 이상 노인인구가 전체 인구의 7%를 넘어서면 고령화사회(aging society)라고 하는데 우리는 지난해에 노인인구가 7.3%를 기록하면서 예상보다 빨리 고령화사회로 진입하였다. 현재 우리나라는 평균수명이 75세 정도이며, 100세 이상의 노인이 2221명이나 된다고 한다. 즉 장수사회가 눈앞에 다가오고 있는데 고령화사회가 되면 가장 큰 문제 중의 하나가 노인 부양문제이다. 요즈음 뉴스나 신문기사를 통해 자녀로부터 부양받지 못하고 홀로 사는 독거 노인의 비관적인 자살이나 굶주림, 또는 노부모를 여행지에 갖다 버리거나 병원에 버려두는 등 차마 동방예의지국이라 자처하는 나라에서 일어날 수 없는 많은 일들이 자행되고 있다. 성인자녀들의 노인부양 의식 및 행동은 약화되는 반면 노인들의 평균수명은 점점 더 늘어나 장수노인들의 삶을 책임지는 문제가 예전에 비해 더욱 심각해지고 있다. 또한 국가의 노인부양정책도 '선가정 후국가' 정책을 지향하고 있기 때문에 노부모를 모시고 있는 가족들 역시 무거운 부담을 안고 있다. 앞으로 50년 후면 전체 인구의 약 1/3이 노인인구가 될 것이라고 한다. 누가 노인을 부양할 것인가, 또한 어떻게 부양할 것인가 등에 대한 대책이 마련되지 않으면 안 될 것이다.

또 하나는 건강과 관련된 노인문제이다. 오래 살고 싶은 것은 모든 인간의 욕구이다. 그러나 건강하게 오래 살아야지 건강하지 못한 상태에서 오래 사는 것은 별 의미가 없다. 장수사회의 특성을 노인생활에서 중요한 건강, 경제적 생활안정, 사회적 역할수행, 가족 간의 정의적 관계 유지, 심리적 안정 등 다섯 가지 측면에서 살펴보면 긍정적인 모습과 부정적인 모습으로 나타난다. 즉 장수사회에서의 긍정적인 모습은 건강이 양호하고, 경제적으로 자립할 수 있으며, 사회적으로도 계속 활동하고, 가족 간의 화목과 심리적인 안정으로 자아통합을 꿈꾸며 장수하는 사람들이다. 이런 모습으로 100세까지 장수한다면 그야말로 축복받은 삶이다. 그러나 다른 한편 장수사회의 부정적인 모습을 보면 건강에 문제가 생겨 언제나 질병을 앓고 있으며 경제적으로 전혀 독립적이지 못하고 자녀에게 의존해서 살고 있으며, 사회적 역할수행을 제대로 하지 못하고 가족관계에서도 불화로 갈등이 많고 심리적으로도 자신에 대한 긍정심이 없는 자아해체 상태 등을 들 수 있다. 아무리 장수를 한다해도 이런 부정적인 모습으로 삶을 산다는 것은 결코 바람직한 일이 아니다.

따라서 노인들이 건강하면서 행복하게 살 수 있는 장수사회가 되어야 할 것이다. 특히 우리나라는 노부모와 성인자녀 간의 가족관계가 노인의 행복감에 커다란 영향 요인이 되고 있다. 최근 노인을 대상으로 한 임상연구에서 노인들이 가장 힘들어 하는 원인 중의 하나가 가족들과의 불화문제로서, 자식에 대한 과도한 집착과 기대 때문에 많은 갈등이 일어나고 있음을 보고한 바 있다. 노인의 장수는 인류 모두가 원하는 바이지만 건강한 노인으로서 생산적인 삶을 살 수 있는 방안이 먼저 모색되어야 할 것이다. 우리 모두 장수사회의 부정적인 모습을 최소화하고 긍정적인 모습을 최대화하도록 노력해야 할 것이며 특히 국가와 사회에서 가족과 함께 노인부양의 새로운 가치모형을 정립하지 않으면 안 되겠다.

(출처: 최정혜(2014), 《결혼생활 탐구》, pp. 215-217)

가족 안에서 중년 여성의 큰 역할 중 하나가 노부모 부양문제이다. 특히 중년 여성은 위로는 노부모에 대한 효사상을 가지고 부양을 하는 한편 아래로는 성장하는 청소년 세대를 격려해야 하는 샌드위치 세대이다. 세대 간 부양의식이 감소하는 추세인 요즈음 중년 여성인 며느리의 노부모 부양은 더 힘들다. 이러한 사회 경향을 반영하고자 최근 들어 세대 간 교환관계가 노부모와 성인자녀의 삶의 질에 미치는 영향을 탐색하는 연구가 늘고 있다. 가족 안에서 노부모-성인자녀 세대관계에 대한 규범이 변하면서, 세대 간 접촉과 지원교환이 노인세대나 자녀세대에게 반드시 긍정적인 효과만 주는 것이 아니라고 보기 시작한 것이다. 또 수명이 길어지면서 성인자녀에 대한 의존성이 커지는 노년기가 길어지므로 이러한 맥락에서 세대 간 지원교환이 성인자녀, 즉 중년 며느리의 삶의 질에 어떤 영향을 미치는지, 그리고 심리적

복지와 어떤 관계가 있는지 탐색하는 연구 또한 활발해지고 있다. 이에 중년의 며느리인 성인자녀와 노부모와의 세대관계에 대해서 살펴보자.

최근 우리나라에서 중년기 남녀의 세대 간 지원 교환의 유형을 알아보기 위해 부모 중 한 분이 살아있는 1,106명을 대상으로 조사분석을 한 결과(한경혜 · 한민아, 2004), 조사대상자 중 30대가 51.2%, 40대가 33.3%, 50대가 15.6%였다. 이 연구 결과 경제적 지원 교환에서 자녀가 일방적으로 노부모에게 지원을 제공하는 '자녀지원형'이 가장 많아서 여전히 노부모의 경제생활에 대한 성인자녀의 지원기능이 강한 것으로 나타났다. 특히 노후 경제생활을 위한 공적인 지원체계가 부족한 우리나라 상황에서 노부모에 대한 자녀의 경제적 지원은 여전히 중요한 역할을 수행하는 것이다. 다시 말하면 중년 여성이 며느리로서 노부모를 부양하는 책임이 여전히 존재하면서 부담이 되고 있는 상황임을 알 수 있다.

세대 간 지원교환 유형과 관련해서는 여성이 남성보다 노부모에게 더 많이 지원하고 있으며(최정혜, 2009), 교환되는 지원 영역에도 남녀 차이가 있어서 남성은 경제적 지원, 여성은 정서적 지원을 노부모에게 제공한다. 노부모의 연령 증가와 관련해 노부모는 나이가 들수록 경제적 · 정서적 · 도구적 의존도가 높아지기 때문에 중년 자녀의 경우 부모를 더 많이 지원한다. 건강한 부모는 자녀에게 의존하지 않고 일상생활을 할 수 있어서 성인자녀의 지원부담 정도가 낮지만 반대로 건강이 좋지 않는 부모일수록 자녀에게 의존하기 때문에 성인자녀에게서 도움을 받는 정도가 늘어난다.

이 연구에 참여한 중년 남녀의 약 74%가 부모다 양쪽 모두 살아있거나 한 명이라도 살아있는 것으로 나타나 중년 세대는 미혼의 자녀가 있고, 부양할 부모 또한 생존해 있는 '샌드위치 세대'라는 것을 보여준다. 이는 노부모에 대한 경제적 부양이라는 부계 중심적 의무관계가 여전히 우리나라 가족 내 세대관계의 모습이기 때문이다. 한편 노부모에 대한 정서적 지원 영역에서는 여성이 남성보다 정서적으로 지원을 주고받는 비율이 높았는데, 이는 중년 여성이 딸로서 친정부모에게 정서적 지원을 하고 또한 시부모에게도 며느리로서 정서적 지원을 한다는 의미로서 양쪽으로 정서적 지원을 담당해야 하는 부담이 있다는 뜻이기도 하다. 도구적 지원에 있어서는 남성이 여성보다 더 많이 지원하는 것으로 나타났는데 남성이 노부모에게 도구적 지원을 제공했다고 해도 실제 이 일을 수행한 사람은 남편의 아내인 며느리이므로 중년 여성이 시부모를 부양하는 도구적 지원 역시 부담이 된다 하겠다.

5. 결론

중년 여성을 가족관계 안에서 살펴본 결과 크게 세 부분으로 나누어 볼 수 있었다. 중년기 가족 안에서 중년 여성으로서의 어머니, 중년기 부부관계에서의 중년 여성으로서의 아내, 노부모와의 관계에서의 중년 여성으로서의 며느리와 딸의 역할 등으로 대별해볼 수 있었다.

첫째, 가족 안에서 중년 여성으로서의 어머니는 중년 남성인 남편보다 고민거리가 많고 고민하는 수위도 높았는데, 이는 여성이 자신의 일보다는 남편의 퇴직이나 자녀의 진학문제 같이 중요한 가족구성원의 사안 때문인 것으로 보인다. 결국 중년 여성은 가족구성원의 고민을 함께 하느라 고민이나 걱정거리가 많은 것으로 드러났다. 중년기가 되면 어머니는 가족 안에서 역할변화로 인해 위기를 겪는다. 즉 가족 안에서 중년의 어머니는 청소년이 된 자녀들과의 관계가 민감하게 변하게 되는데, 이는 가족이라는 둥지가 비어가기 시작하면서 정서적 상실과 긴장을 경험하기 때문이다. 중년 여성은 가족 안에서 가장 중요한 자녀 교육의 임무가 웬만큼 이루어진 뒤라 관심의 대상을 안에서 찾을 수 없을 때 위기감이 고개를 든다. 중년이 되면, 청소년으로 성장한 자녀들이 부모의 간섭이나 통제에서 벗어나므로 어머니는 자녀를 통제하는 데 한계를 느낀다. 중년기 가족 안에서 어머니의 위치를 보면, 청소년 자녀들은 품안의 자식이 아닌 성인으로 대해주기를 요구하는가 하면, 부모와 친척, 윗 세대들은 반대로 보호의 손길을 바라며 부양할 책임을 요구한다. 이런 와중에 중년의 어머니는 자신의 신체적 · 생물학적 노화를 느끼며 인생의 유한성에 직면하여 자신의 본질적 자아에 대한 성찰에 관심을 갖는 시기이기도 하다.

둘째, 중년기 부부관계의 관점으로 중년 아내를 살펴보면, 여성을 성과 관련시켜서만 보려는 기존의 고정관념에서 중년 여성도 예외는 아니라는 점이다. 중년 여성이 겪는 또 하나의 위기는 갱년기 증상이다. 수태 능력의 감소, 신체 노화, 폐경을 의미하는 갱년기를 겪으며 여성은 불안, 우울, 허무감을 경험하고 주변 자극에 과민해진다. 단 갱년기 증상은 개인차가 있기 때문에 전혀 자각증상이 없는 경우도 있다.

또한 중년의 부부에게 있어 성생활의 만족도는 총체적인 결혼생활의 만족도에 비례하며, 충분한 인격적 교감을 통해 얻을 수 있다는 것을 유념할 필요가 있다.

셋째, 노부모와의 관계에 있어서 중년 여성에게 주목할 만한 것은 며느리와 딸로서 부양 부담의 역할을 갖고 있다는 점이다. 단 지금까지 중년 여성이 노부모 부양을 절대적으로 중요시해왔다면, 현재는 점차 노부모 부양의식이 가족부양에서 사회나 국가 부양으로 옮겨가야 한다는 입장으로 사회적인 의식이 변화하고 있다. 여기서 샌드위치 세대로서의 중년 여성은 노부모 부양에 가중치를 두고 있음을 볼 수 있었다.

이상에서 살펴본 것처럼 가족 안에서의 중년 여성은 세 가지 측면에서 가족을 지켜나가야 하는 부담을 안고 있다. 그럼에도 불구하고 중년은 과거와 달리 새로운 도약으로서의 제2의 청춘, 즉 '꽃중년'으로도 볼 수 있다. 중년 여성들의 내면에는 다시 샘솟는 열정과 에너지가 있어서 가슴 뛰는 삶을 살아간다. 이를 뒷받침하는 하나의 증거로서 최근 '중년의 뇌는 최고의 절정기'라는 연구 결과가 발표된 일이 있다(브레인월드, 2014년 4월 17일자 기사).

뇌 과학 연구자들은 중년의 뇌가 가끔은 깜빡깜빡해도 가장 뛰어나고 똑똑하다는 새로운 사실을 알아냈다. 또한 인지기술 측정 검사에서 평균적으로 40~65세 사이의 중년이 '지각속도'와 '계산능력'을 제외하고 '어휘', '언어 기억', '공간 정향', '귀납적 추리'에서 최고의 수행능력을 보였다는 것이다. 즉 나이가 들면서 속도가 느려지는 것은 사실이지만, 패턴을 인지하고 핵심을 꿰뚫어보는 능력은 중년의 뇌가 탁월한 것으로 나왔다고 밝혔다. 중년 뇌의 다른 특징은 편도체가 긍정적인 자극에 더 반응해서, 상대적으로 다른 세대보다 부정적인 것에 덜 반응하는 것으로 나타났다. 그래서 중년은 더 긍정적이고 쾌활하고 낙관적이라는 것이다.

중년 여성의 뇌와 관련하여 중요한 또 하나의 사실은 '뇌의 양측편재화'로서 사람들이 젊었을 때는 좌뇌, 우뇌 중 한쪽을 주로 사용했지만 중년이 되면 좌뇌와 우뇌를 모두 사용한다. 양쪽 뇌를 같이 사용한다는 것은 더 활발하게 뇌를 써서 과제를 수행한다는 것을 의미한다. 즉 신속하게 문제를 인식해서 더 빨리 해결책을 찾아내는 중년의 뇌는 그래서 더 침착하고 뛰어나다는 것이다. 물론 중년이 되면 어떤 사실을 알고 있긴 한데 혀끝에서 맴돌며 밖으로 표현되지 않는 '설단현상'을 겪기도 하지만 이는 생의 전환기를 준비하는 뇌의 휴식기로 보기도 한다.

결론적으로 중년의 뇌는 노화의 늪에 빠지는 것이 아니라 계속 재조직되고 있다. 또한 여러 가지 면에서 젊은이들에 비해 무르익은 능력을 보유하고 있다. 과거에는 중년이라면 30대부터라는 인식이 많았지만, 이제는 평균연령이 길어져서 중년은 거의 40대에서 60대까지 이른다, 중년 이후의 삶은 이제 새로운 삶의 시작이므로 중년을 어떻게 살아가느냐에 따라 나머지 반평생의 삶이 결정된다고 하겠다.

마지막으로 필자가 신문에 기고한 '중년기의 위기와 대안'이라는 칼럼을 소개하면서 이 글을 마무리하려고 한다.

중년기의 위기와 대안

5월은 가정의 달이다. 가족의 중요성이 그 어느 때보다 강조되는 시기이다. 인간은 직장과 가족이라는 양대 축을 중심으로 삶을 살아간다고 생각하는데 흔히 직장생활은 열심히 최선을 다해 노력하지만 가족에 대해서는 그냥 가만히 있어도 저절로 굴러간다고 생각하고 별로 노력하지 않는다. 그러다가 삐걱거리며 나타나는 것이 균열된 가족의 모습이다. 때늦은 후회로 금이 간 것을 원래 상태로 만들려고 노력하지만 생각보다 쉽지 않으며, 이러한 삶의 모습 가운데 대표적인 것 중의 하나가 바로 중년기 위기의 모습이다. 최근 우리 사회에 많이 회자되고 있는 용어 중의 하나가 '중년기 위기'로 위기의 남자 또는 위기의 여자가 종종 드라마나 연극의 주제가 되고 있다.

중년기는 젊은 세대와 노인 세대의 중간에 위치하는 세대이다. 왜 중년은 위기의 시기일까? 이는 중년기의 특성과 관련이 있다. 융(Jung)은 인생의 전반기에는 사람들이 그의 외부세계와 밀접한 관계를 맺으면서 살아온 것에 비해 인생의 후반기에는 그들의 내면세계에 귀를 기울이며 삶의 방향을 전환한다고 했다. 또한 레빈슨은 중년기를 자기 자신에 대한 재평가와 자아비난의 시기로 보았다(Levinson, 1980). 자신을 돌아보며 지금까지 내가 무엇을 해왔나, 40년 가까이 살아온 인생의 목표와 야망은 어떻게 되었나, 우리의 결혼생활은 어떠했나 등등의 질문을 제기하면서, 나이 먹는 것에 대한 아쉬움과 자신에 대한 갈등과 혼돈, 심리적 허탈감 등으로 자아정체감의 위기가 발생하며 이로 인해 부부관계와 자녀관계도 영향을 받을 수 있다.

이러한 중년기 위기는 크게 세 측면으로 볼 수 있다. 첫째, 중년기 부부관계의 위기는 20년 이상을 부모로서의 역할과 의무감 속에서 바삐 살아온 중년 부부가 자녀들이 독립해 나간 뒤 다시금 진실하게 서로를 바라볼 수 있게 되면서 그들의 관계에 대해 재평가를 하게 된다. 이때, 성공한 남편들은 지금까지 자신이 걸어온 분야에서 쌓은 전문적인 지식과 기술로 마음껏 자신의 기량을 발휘하며 자기성취로 인한 생의 만족감이 최고 정점에 이룰 수 있는 시기이다. 반면에 전업주부인 아내들은 남편의 일 몰두 성향으로 부부가 함께하는 시간이 줄고 대화부족으로 심리적 허탈감을 느껴 삶의 만족도나 결혼생활의 만족도가 최하의 수준에 있어 부부 간 친밀감의 간격이 가장 크게 벌어질 수 있다. 둘째, 신체와 관련된 위기로서 중년기 여성들은 '갱년기 증상'과 같은 신체적 변화가 뚜렷하게 드러나면서 무력감을 느끼고, 남성들의 경우 역시 신체의 점진적 쇠퇴와 함께 만성적인 성인병이 증가하여 남성다움의 상실에 대한 두려움과 우울증에 빠지는 심리적 불안감을 나타내기도 한다. 셋째, 중년기는 자녀들의 독립을 통해 상실감도 있지만 동시에 자유를 느끼게 되어 시간과 에너지를 새로운 취미생활이나 부부들만의 여가계획에 투자하기도 한다. 그러나 이러한 자유와 함께 연로한 부모를 모셔야 하는 또 다른 부양의 의무를 인식해야 하는 시기이기도 하다. 특히 별거하여 살던 부모님이 건강이 악화될 경우 새롭게 생활을 조절해야 하는 문제가 발생하게 된다.

이상과 같이 중년기 위기의 필연성에 관련된 몇 가지 요인을 살펴보았다. 그러면 중년기는 누구에게나 꼭 위기로만 오는가 하면 그렇지는 않다. 각 개인의 주어진 환경이나 여건에 따라 다르게 나타날 수 있다. '위기(危機)'라는 한자 말 그대로 중년기는 위험할 수도 있고 동시에 새로운 기회가 될 수도 있다.

그러면 중년기를 성공적으로 보내기 위해서는 어떻게 해야 할까? 중년기를 성공적으로 이끌어가기 위해서는 무엇보다 개인적인 성장과 함께 부부관계를 새롭게 재생시키는 것이 필요하다. 개인적인 과제로는 중년기에 대한 사고의 전환으로 결혼생활에 대한 회의 역시 정상적인 삶의 한 과정임을 인식하고 그것을 극복하려는 노력이 필요하다. 또한 부부관계의 성장을 위해서는 부부가 상대방에 대한 지나친 기대를 수정하고, 서로에게 정서적 지지를 보내며, 부부 공동의 취미나 관심사를 개발하여야 한다. 이처럼 부부가 삶의 새로운 탐색에 적극적으로 참여하고 함께 노력할 때 중년의 위기는 성공으로 갈 수 있을 것이다.

(출처: 최정혜(2014), 《결혼생활 탐구》, pp. 40-42)

제3장

가정주부 담론과 중년 여성의 정체성_이혜숙

제3장에서는 근대 이후 가정생활과 노동시장의 분리는 가족 내 남성의 역할을 생계부양자로 축소시키고, 여성은 가사와 자녀양육을 전적으로 담당하며 역할을 강화하게 된다는 점에서 주부의 역할을 이데올로기화하고 가정주부 담론을 만들어낸다고 보았다. 이러한 맥락에서 가정주부 담론을 '현모양처와 내조자', '합리적 가정관리자', '강한 어머니와 희생하는 어머니', '프로주부와 주부전문가' 등으로 살펴본다. 또한 중년 여성의 정체성을 다루며, 여성의 정체성에 대한 통념을 깨는 대안적인 담론도 고민해본다.

1. 가정주부는 어떻게 탄생했나?

참고자료 3-1

당신은 언제나 내게 친절했어요, 하지만 우리 집은 그저 놀이방에 지나지 않았어요. 나는 당신의 인형 아내였어요. 친정에서 아버지의 인형 아기였던 것이나 마찬가지로요…… 먼저 해결해야 하는 다른 과제가 있어요. 나는 나 자신부터 교육해야 해요. 그런데 당신은 그 일을 도와줄 만한 사람이 아니에요. 내가 혼자 해야 해요, 그러니까 나는 당신을 떠날 거예요…… 나는 나 자신과 바깥일을 모두 깨우치기 위해 온전히 독립해야 해요. 그래서 더 이상 당신 집에 있을 수가 없어요.

(출처: 헨리크 입센, 1879: 116–117)

그녀의 집은 일종의 안전한 포로수용소가 아닌가? 여성의 신비라는 관념 속에 사는 여성들은 자신을 가정이라는 좁은 벽 속에 가두어 놓지 않았는가? 그들은 생물학적인 역할에 '적응'하도록 배웠다. 그들은 의존적이며 수동적이 됐고 어린아이같이 됐다. 즉 그들은 음식이나 물건과 같은 낮은 수준에서 살기 위해서 인간으로서의 삶의 틀을 포기했다. 그들이 하는 일은 성인으로서의 능력을 필요로 하지 않는다. 그것은 끊임없고 지루한 것이고 보상이 없는 것이다.

(출처: 베티 프리단, 1997 : 503)

가정주부의 현실과 정체성을 다루고 있는 〈참고자료 3-1〉의 첫 번째 글은 헨리크 입센(Henrik Ibsen)의 《인형의 집》(1879)에서 주인공 노라가 그동안의 자신의 결혼이 어떤 것이었는지를 깨달으면서 한 말이다. 자신이 남편에게는 장난감이었을 뿐 인간으로서 가치 있는 존재가 아니었음을 깨닫게 된 노라는 자신의 '거룩한 의무'로 부여되었던 아내로서의 역할은 인간으로서의 '자신에 대한 책임'과 일치하지 않는 것이었음을 인식하고 자기 자신을 찾고자 한다.

두 번째 글은 미국의 여성운동을 크게 일으킨 베티 프리단(Betty Fridan)의 《여성의 신비》[1](1997)에 나온 글이다. 프리단은 자신의 결혼생활을 돌아보면서 자신과 비슷한 처지의 여성들은 어떻게 살고 자신의 삶에 대해 어떻게 느끼고 있는지를 스미스 여대 졸업생에 대한 설문조사를 통해 살펴보았다. 그럼으로써 중년 주부들의 "이름 붙일 수 없는 문제들"(베티 프리단, 1997: 53)과 정체성 위기 문제를 심층적으로 다루었다. 《여성의 신비》는 여성에게 주부로 살아가길 강요하는 사회적 이데올로기와 여성의 체화한 강박을 가리킨다.

오늘날 여성들은 다양한 방식으로 살아가고 있지만 그들이 가정과 가사노동의 일차적 책임을 지고 있는 가정주부의 역할을 수행하고 있다는 점에서는 상당한 유사성을 갖는다. 전업주부는 남편의 소득에 경제적으로 의존하고 생산에서 분리된 가사를 담당

---

1) 초판은 1963년에 나왔지만 여기서는 1997년도 개정판 번역을 참조했다. 최근에는 원작 제목(Feminine Mystique)의 의미를 살려 《여성성 신화》, (한정숙, 2012)로 번역하기도 한다.

하는 여성을 말한다. 여성이 '주부화' 된 것은 근대의 산물이며 오크레이(Oakley)는 산업혁명이 불러일으킨 가장 극적인 결과로 여성들 대다수가 전업주부가 된 것을 꼽고 있다(다니자키 아쯔코, 2001: 4).

한국에서 사적 공간으로서의 핵가족과 전업주부의 탄생은 일제 강점기부터라고 할 수 있지만 '제도로서의 주부'(김현주, 2007)의 탄생은 한국전쟁이 끝난 후 남성들이 사회와 가족으로 복귀하자 가부장적 질서가 재질서화 되면서 진행되었다. 이것이 사회의 보편적 현상으로 가시화되고 전업주부가 집단적으로 중산층으로 형성된 것은 1960년대가 되어서이다. 1950년대에도 가난과 전쟁, 정치사회적 혼란 속에서 여성들은 빈 가장의 자리를 대신하며 생산노동에 광범위하게 참여하고 있었지만 자본주의가 진행됨에 따라 점차 더 이상 생산노동에 종사하지 않아도 되는 중산층 여성 집단이 형성된 것이다. 이처럼 산업화 시기는 중산층이 형성되고 사적 영역으로서의 가정과 전업주부의 탄생이 이루어진 시기라고 할 수 있다.

이처럼 전업주부라는 범주와 개념은 20세기 초의 인구변화와 근대화, 산업화 과정을 거치면서 등장한 사회적 산물이며 전업주부의 역할과 규모, 이에 대한 사회적 평가는 지속적으로 변화되어왔다. 이렇게 본다면 한 개인이 전업주부가 된다는 것은 개인이나 가족 단위의 선호나 취향보다는 사회구조적 조건이나 문화적 환경의 결과라 할 수 있다. 주부는 역사적 맥락에 따라 '만들어진' 역할을 해온 것이다.

사람은 살아가는 동안 자신이 누구인가에 대한 의식을 가지고 있으며 사회 안에서 자신의 위치를 파악하고 일상생활에서 자신에게 기대되는 역할이나 행동에 대한 인식을 하고 있다. 일상생활에서 사람이 하는 말과 행위는 인간의 자기 인식, 즉 자신의 정체성에 바탕을 두고 있는 것이다. 정체성을 갖는다는 것은 나를 둘러싼 사회적 환경 속에서 나의 지위와 그 지위에 결부된 역할을 내면화하고 동일시한다는 것이다.

가부장적 사회는 생물학적 성에 입각해서 '여성'과 '남성'을 구분하고 이를 인간 자아정체성의 기본으로 내면화시키는 젠더 체계를 구축한다. 여성의 역할, 남성의 역할로 이분화하는 성역할 체계나 여성성과 남성성으로 이분화한 상징 질서와 문화적 규정은 인간을 바로 젠더에 따라 각기 다른 집합적 정체성을 구성하도록 사회화시킨다. 그리고 이러한 이분법은 남성을 중심으로 하는 위계적인 가족 질서와 사회관계, 조직과 권위, 권력 체계와 가치 체계 등을 형성해왔다.

여성적 자아에 대한 전통적 정의는 여성으로 하여금 자아 개념, 자신의 가치에 대한 확신을 심어 주는 것보다는 자기 희생과 선을 도덕적으로 여기게 하였다. 따라서 무조건적인 보살핌과 순응, 자기 희생이 여성의 선행으로 간주되어왔다. 주부의 역할은 여성의 임금노동에의 참여여부와 관계없이 여타의 사회관계에서 우선하여 중요성이 부여된다. 결혼을 하여 자녀를 가진 기혼 여성은 가족 내에서 자신을 권리를 갖는 주체로서 자각하기보다는 언제나 가족들의 요구에 헌신적으로 반응하는 순응자로서 자기 자신을 인식하게 된다. 그러나 여성의 정체성은 고정적이지 않으며 다중적이다(이재경, 2003: 133). 정체성은 성찰적 주체의 능동적 개입을 통해 구성되고 변화된다. 여기서 성찰적 주체는 현실적 상황에 놓여 있는 대상이 아닌 그 상황을 능동적으로 해석하고 개입하는 주체이다.

개인 중심적인 성취나 활동이 강조되는 현대 사회에서 가시적인 성취나 발전의 관점에 포착되지 않는 주부의 활동은 긍정적으로 해석되기 어렵다. 가정주부는 어떻게 형성되고 어떤 논리와 가치 속에서 재생산되고 유지, 변형되었는가? 오늘날의 한국 중년 전업주부의 현실과 정체성은 어떠한가? 사회적으로는 성평등을 주창하며 성별분업의 약화를 내세우면서 전업주부 영역에서는 여전히 성역할이 강조되는 것은 왜 그럴까?

2. 가정주부 담론에 나타나는 여성의 모습은?

담론은 어떤 특정한 주제를 말하고 생각하며 재현하는 방식으로서 그 주제에 대한 의미 있는 지식을 생산하고 실천하는 데 영향을 미친다. 푸코는 담론을 사회를 움직이는 지식으로서 주체를 형성하고 구성하는 권력의 방식으로 보았다(미셸 푸코, 1976: 35-53).

근대 이후 가정생활과 노동시장의 분리는 가족 내 남성의 역할을 생계부양자로 축소시키고 가사와 자녀양육을 전적으로 담당하는 여성의 역할을 강화시켰다. 여성을 가정과 가사노동에 우선적 책임을 지는 존재로 규정하고 남성을 공적 세계, 임금노동을 하는 존재로 등치시키는 성별분업이 강조된 것이다. 이러한 근대적 성별분업은 '주부'의 역할을 이데올로기화하고(김연주 · 이재경, 2013: 33) 가정주부 담론을 만들어낸다.

1) '현모양처'와 내조자

근대적 주부의 모습이 한국에 도입된 시기는 일제강점기였다. 어린이와 가정을 계몽의 대상으로 삼아 그 속에 '규율', '위생', '합리화' 등 근대적 시스템을 도입하였는데 이때 여성은 도덕화와 규범화의 담당자로 인식되었다(김혜경, 1997: 223). 여성이 기존의 며느리 역할에서 어머니 역할을 가장 중요한 역할이라고 인식하기 시작한 것이다.

해방과 한국전쟁을 거치면서 여성들은 어떤 형태로든 경제활동에 종사하였지만 전후 사회적 혼란이 어느 정도 수습되면서 여성은 가정주부로서 자녀양육과 가사노동을 책임져야 한다는 현모양처론이 부상했다. 한국전쟁 이후 혼란한 사회에서 유일한 안식처는 가정이며 어머니, 아내로서의 의무에 충실한 현모양처야말로 여성의 본분이라고 강조하였다. 이 현모양처 이념은 여성교육의 지도이념으로 자리매김 되는데 전국 여자중·고등학교 교장회의에서 현모양처의 교육 방안이 진지하고 검토되고(김현주, 2007: 387), 각 여학교에 현모양처의 부덕을 닦도록 하는 생활관이 설치되었다.

현모양처에 근거한 주부상은 여성의 삶의 영역을 가정에 한정했고 자수, 기계편물, 양재, 꽃꽂이 등 현명한 어머니와 어진 아내가 되기 위한 취미나 기술을 익히는 것이 권장되었다. 이는 주부를 가정과 독립된 개인 주체나 사회적 주체보다는 남편과 자녀, 가족 구성원을 돕는 가정 내 주체로 한정 짓는 효과를 낳는다. 현모양처 이념은 "'제도로서의 주부'를 구축하고 이것이 구심력을 갖기 위해 '가정의 신성화'"(김현주, 2007: 407)를 기획하게 되었다.

더불어 여성의 직장 참여와 관련한 부정적 담론이 번성했는데 사회활동에 참여하는 여성들은 주부의 책임을 망각한 '불성실한 주부'일 뿐만 아니라 '비정상적인 여성'으로서 사회에서 배제되는 존재가 되었다.

참고자료 3-2

명랑한 가족을 위한 제언 : 주부는 곡예사의 단장

1) 남편을 영웅인 동시에 어린아이라고 생각하라.
2) 밖에서 지낸 이야기를 집에 들어와 이야기할 때 가장 진실한 청취자가 되라.
3) 돈 이야기를 아침이나 식사 때는 금물이고, 하지 않으면 안 될 궁극적인 때 가서 간단히 해라.
4) 주부는 집 안에서도 깨끗한 몸매와 너그러운 웃음을 언제나 갖고 있으라.
5) 주부는 화제를 충분히 준비하라.

(출처 : 《여원》, 1961. 8)

한 사람의 기혼 여성으로서 직장을 갖는다는 것은 생활난의 해결을 위해서는 어떨지 모른다. 그러나 가정에 미치는 영향은 나빴으면 나빴지 좋은 면을 발견하기가 힘들 것이다. 아들, 딸을 가진 부모로서 직장을 갖는다 함은 자녀교육상으로 막대한 지장을 일으키지 않을 수 없는 것도 사실이다. 되도록이면 가정주부는 직업을 갖지 않는 것이 자기 자신을 위해서나 가정의 평화를 위해서나 이가 있을망정 해되는 일은 없을 것이다.

(출처 : 《여원》, 1960. 12: 99)

따라서 내조자로서의 여성이 강조되었는데 여성들의 희생과 헌신은 가부장적 가족주의에 의해 당연한 것으로 간주되었고, 부업과 같은 바깥에서의 약간의 경제활동은 '집안일'의 일부로 취급되어 비가시화 되었다. 이는 "'남성생계부양자와 전업주부 모델' 기반을 둔 근대 핵가족의 정상화를 구축하는 기제"(김연주 · 이재경, 2013: 31)로 작동하였으며 여성들의 이상적 자아상은 도시 중산층으로 대표되는 전업주부로 형상화되었다.

2) 합리적 가정관리자

1960년대에는 어머니이자 아내인 '주부'의 역할과 핵가족적 가치가 점차 정착되어가는 과정을 보여준다. 이러한 현실은 여성의 정체성이 근대적 개인에 대한 인식에 기반을 두기보다 전통적으로 여성에게 부과되어온 가족역할을 재생산해 왔다는 점에서 핵가족화의 한국적 특성을 보여준다. 주부들이 가정관리에 관심을 가지고 합리적, 효율적으로 가사노동을 진행시킬 수 있도록 기존의 전근대적인 주택 공간구조를 개량하고 주부들이 보다 근면해지도록 권장하였다(다니자키 아쯔코, 2001: 32). 산업화와 경제성장을 중시하던 시절 가사에서 '합리적 가계관리', 즉 낭비하지 않고 근검절약하는 것이 매우 중요하게 여겨진 것이다.

당시 근대 '가정주부'의 역할에 대한 신문 기사에서는 합리적 가사관리, 남편에 대한 정서적 지지 등 근대적 성역할에 대한 계몽적 차원의 내용들이 등장했다. '주부의 가사노동'이라는 제목의 기사(동아일보, 1958. 5. 23)에서는 과학적 가정관리, 가사의 합리화, 칼로리를 고려한 음식준비 등을 소개하고 생활과 부엌의 합리화가 필요하다는 가족생활의 근대적 개선의 필요성을 이야기하고 있다. 낭비를 최대한 억제하고 계획적, 합리적으로 가계를 운영하는 것이 당시 주부의 가장 중요한 역할로 인식되어 있었던 것이다. 주부가 합리적으로 가계운영을 하는 데 있어 중요한 수단으로써 등장한 것이 가계부이다. 여성잡지에서는 가계부의 자세한 기입방법까지 설명하면서 그 대중화에 앞장섰다.

이때부터 주부에게는 가정관리 전반의 과학화에 대한 요구가 급속도로 증가되었다. 가정을 과학적으로 관리할 수 있는 주부는 '과학주부'라고 불리며 새로운 모범적 주부상으로 등장하게 되었다(다니자키 아쯔코, 2001: 34). "근대적 젠더질서의 형성에 기여한 이데올로기적 장치"(기무라 료코, 2010)라고 할 수 있는 여성잡지들은 여성성의 담론 구성에 큰 영향을 주었는데 이러한 일상 생활의 과학화와 합리화의 맥락에서 당시의 잡지들은 '가정관리'와 '자녀양육'에 대한 특집기사를 집중적으로 게재하였다. 당시의 잡지 광고에 나타나는 것처럼 어머니의 가사노동은 즐거움과 행복으로 미화되었다.

또한 주부에게 기대되는 내조 역할의 핵심은 남편의 '휴식처' 마련이었다. 1960년대 내조가 남편의 마음에 동요를 주지 않는 잔잔한 협조의 성격을 지녔다면 1970년대의 내조는 남편의 가정에서의 휴식을 돕는 정도가 아니라 남편의 직장 성공을 위한 적극적인 관리자로서의 성격을 갖는다(장미경, 2007: 157-158). 내조는 남편의 출세와 직접적 연관성을 가지게 되었으며 남편의 건강관리를 위한 주부역할의 중요성이 부각되었다.

반면 댄스홀에 출입하는 여성이나 '전후파 여성(아프레 걸)'으로 불린 자유부인, 양공주, 일부 여대생들은 전통과 윤리를 파괴하고 가정 비극을 불러일으키는 방종한 여성으로 간주되었다(김은하, 2006: 주창윤, 2009).

참고자료 3-3

능숙한 조타수가 되는 비법을 가져야

첫째, 안해가 되어야겠다. 그 두 글자를 쓸 때마다 느끼는 것이 있다. 안에 있는 해(太陽)가 되어야겠다. 모든 면에서 밝아야겠고 해야겠다. 성격적으로나 일 처리해나가는 데나 그리고 자기 외모를 다스리는 데까지 밝아야겠다.

둘째, 아내는 자기 몸을 아끼지 않고 일할 줄 알아야 한다. 부부가 합심해서 경제적인 여유를 만들도록 노력을 해야 한다.

셋째, 여성적이어야겠다. 사업에 성공하고 입지전적의 여걸을 우리는 존경한다. …… 결혼한 여인은 어디까지나 유순과 청정과 그리고 내적인 총명으로 부창부수적인 가도가 필요하다. 이것은 여자를 영어의 생활에 못지않게 유가적 여성관인 이조풍을 재연하고 싶어서 하는 말은 아니다.

넷째, 아내는 항상 정돈성이 있어야겠다. 몸차림, 살림, 그리고 사고에 이르기까지 정돈이 있어야 어떤 경우에 부닥쳐도 명석한 판가름을 할 수 있으리라 본다.

(출처 : 《여원》, 1968. 9: 262)

3) 강한 어머니, 희생하는 어머니

전업주부의 중요한 역할은 어머니의 역할이다. 오랫동안 어머니의 역할은 우리 가족문화에서 절대적이었고 어머니는 자식을 위해서 고통을 감내하고 자신의 모든 것을 다 바치는 존재로 그려져 왔다. 1955년 '어머니날'의 제정은 모성에 대한 은덕을 널리 찬양하는 기념일이었는데 오랫동안 어머니날 행사는 "여성의 삶의 목표이자 지향점이 어머니이고 끊임없는 희생과 인내가 어머니의 미덕임"(이임하, 2004: 39)을 국가 차원에서 각인시키는 계기가 되었다

모성의 이상화는 끊임없이 여성에게 어머니로서의 정체성을 가진 이상적인 여성상을 주입시킨다. 또한 이는 생물학적으로 모성을 타고난 여성이 사적인 가사와 자녀양육, 돌봄 노동에 더 적합하다는 성별분업 논리를 정당화시켜왔다. 현실에서 모성경험은 여성들에게 다양하게 나타나고 모든 어머니들이 헌신적이며 희생적이기만 할 수는 없는 데도 헌신과 희생이 어머니의 이름으로 재생산되고 모성담론이 사회적으로 구성되어온 것이다.

참고자료 3-4

모성이데올로기

1) 엄마됨은 여성의 성취와 만족의 주된 근원.
2) 어머니는 자녀 양육의 최적자.
3) 이상적인 어머니는 자기희생을 하는 어머니.
4) 어머니일 수행에 대한 찬미.
5) 아이를 기르는 것은 어머니의 일생에 걸친 '직업'.

(출처 : 권희완, 2001: 178-185)

희생적인 어머니상은 미화되고, 희생적이지 않은 여성은 이기적인 여성으로 매도된다. 완벽한 어머니에 대한 환상은 완벽하지 못한 어머니에 대한 비난으로 이어진다. 자녀에게 문제가 생기면 그 비난의 화살은 주로 어머니에게 날아간다. 평상시에는 '아줌마'로 비하하지만 사회의 위기가 심화되면 더욱 '어머니'를 부른다.

외환위기 이후에는 '위기의 가정', '가족이 희망이다', '남편(가장) 기 살리기' 등을 중심으로 한 담론과 함께 여성들로 하여금 가정을 지켜야 한다고 인식시키는 가부장적 성별화가 더욱 나타났으며(김선미, 2011: 27) 드라마 '6남매'를 비롯한 가족드라마들이 속속 나오기 시작하였다. 이 드라마들 속에서 주목받은 인물은 바로 가난한 시절을 꿋꿋하게 이겨내는 희생적이고 강한 어머니였다.

이러한 사회적 분위기와 모성담론이 강한 상황에서 여성들은 자신의 삶 전체를 자녀에게 투자하는 어머니, 직장생활로 누군가에게 자녀를 맡긴 채 끊임없이 불안해하거나 심지어 죄책감을 느끼는 어머니, 일과 가정을 완벽하게 하고자 하는 슈퍼우먼 어머니, 평생을 자녀 주위를 맴돌며 과잉보호하는 헬리콥터 어머니, 자녀가 다 자란 후 인생의 무상함에 빠져버린 어머니 등의 모습으로 나타나기도 한다. 그러나 "만들어진 모성"(엘리자베트 바댕테르, 1980)이 거론된 지는 오래되었다. 모성신화와 모성담론은 사회적으로 재생산되어온 측면이 많으며 시대적 상황과 국가적 필요에 의해서 구성되기도 한다.

4) 프로주부 또는 주부전문가

소비문화는 여성적, 남성적 취향을 다양화, 정교화, 특화하는 방식으로 젠더 정체성을 개인적 취향으로서 수용하게 만들고 이러한 취향을 통해 젠더 정체성을 확대 재생산한다. 소비문화는 여성의 주체적인 자아 정체성에 호소하는 방식으로 젠더 정체성을 선택하도록 만든다. '개성적인 여자가 되어라'고 부추기는 소비문화는 성별 문화의 차이를 개성의 차이로 전환시키고 포장하는 것이라고 할 수 있다. 이것은 현대 여성의 자아개념이나 자의식이 높아지고 주체성에 대한 욕구가 강해지는 추세에 편승하려는 소비전략이다.

이러한 소비문화의 대표적인 예로 프로주부의 소비유행을 들 수 있다. 주부도 또 하나의 전문인이라는 자아 정체성을 갖도록 부추기면서 젠더 정체성을 좀 더 주체적이고 적극적으로 수용하게 만드는 것이라고 할 수 있다. 이는 가족의 성공이 곧 주부의 가사전문 능력에 비례한다는 인식과 함께 젠더 정체성에 더욱 철저하게 예속된 자아 정체성을 좀 더 능동적으로 추구하도록 만드는 것이다.

이러한 주부 전문가 담론은 1990년대 중반 무렵부터 확산되었다. 가족생활 경영자로서 가족의 건강관리와 다이어트 등 신체관리에서부터 시간관리, 재테크 등을 통해서 가족의 부를 늘리고 자녀를 경쟁에서 성공으로 이끄는 지도자로서의 주부의 행위를 정당화하고 새로운 성별분업을 재구조화한다.

또한 신세대 주부담론과 관련된 '미시족' 담론도 있었다[2)](박혜경, 2010: 139). 대중매체에서 자주 거론되었던 '미시족'만 하더라도 아이는 낳았으되 미혼 여성과 같은 외모를 유지하면서 시간과 에너지를 효율적으로 사용할 줄 알고 동시에 소비와 여가생활을 적극적으로 즐기는 슈퍼우먼으로서의 가정주부 이미지가 강조되고 있다. 여성의 외모 관리는 여성들에게 젠더 정체성을 획득하기 위한 노력으로 간주되는데 여성의 주체적인 자기 표현이나 자기 해방의 의미를 지니는 것으로 인지되기도 한다. 이는 소비문화에서 몸이 여성성을 상징하고 구현하는 최상의 자원으로서 또는 젠더 정체성의 절대적 지표로서 미화되는 것과 관련이 있다. 외모 가꾸기는 여성의 젠더 정체성을 강요된 규범에 의해서가 아니라 자발적인 선택이었다고 내면화시킨다.

이러한 '주부 전문가 담론' 또는 '신자유주의적 주부 주체화 담론'(박혜경, 2010)에서 전업주부는 지식과 능력과 권력에서 취업주부를 앞지르는 것으로 재현된다. 이러한 주부상에 비추어 취업주부는 오히려 자녀교육 정보를 잘 모르고 제대로 대처하지 못하는 무능하고 불행한 어머니로 묘사된다(박혜경, 2009). 이러한 담론들에서 전업주부는 성별분업 구조에 의해 강제된 단순반복 노동의 수행자가 아니라 자신의 선택에 의한 위치이자 자기계발의 주체이자 전문성을 가진 존재이다.

신자유주의 체제는 자기계발과 선택의 담론을 확산시키고 새로운 주체를 만들어내면서 개인과 일상을 지배한다(강상구, 2000; 서동진, 2006). '주부 전문가 담론'은 이러한 자기 계발과 선택,

2) 미시족 담론이 가사 전담로서의 주부의 위치를 재생산하는 담론이었다면 '사회주부' 담론은 기혼 여성에게 가사노동보다 공적 역할을 강조하고 있다(김종미, 1999; 박혜경, 2010: 140-141).

능력 담론들이 결합되어 있는 것으로서 신자유주의적 주체화 담론의 여성 판형이자 가족 판형이라고 할 수 있는데(박혜경, 2010: 130) 이러한 담론은 단지 전업주부의 정체성을 강화시키는 데서 끝나지 않고 주부의 일과 책임을 강화시킨다.

'주부 전문가 담론'이 본격화되는 것은 2005년 무렵이다. 주부 전문가 담론에서 그 전문성의 근거는 요리 솜씨, 살림 솜씨, 경제관리, 자녀양육 등으로 주장된다. 특히 자녀양육과 교육지원은 신자유주의적 경쟁풍토 속에서 더욱 중요해진다. 이러한 담론들 속에서 어머니 역할은 강조되고 전업주부의 정체성은 강화된다.

참고자료 3-5

사장이 한 회사의 최고경영자(CEO)라면 주부는 한 가정의 CEO이다. 이제는 기업들도 프로 주부를 전문가로 인정해주는 시대다. CJ는 최근 5명의 마케팅 담당 직원을 채용하면서 결혼 7~10년차에 직장 경험이 없고 자녀가 있어야 한다는 '자격 요건'을 내걸었다. 이 정도가 되어야만 소비자들의 생활 패턴과 취향을 읽어내고 기업에 조언을 해줄 만한 주부로서의 경험이 '축적'돼 있다고 본 것이다.

(출처 : 조선일보, 2003. 4. 25, 박혜경, 2010: 144-145) 재인용)

이들은 주부 지위에 대한 만족과 자부심을 가지고 있으며 유능함과 전문가 정체성을 지닌 존재로 묘사된다. 이러한 전문적인 주체로서의 주부가 가족생활을 이끌어가는 방식은 재테크와 시테크 등 온갖 관리의 기술을 필요로 하는 것으로 재현된다(박혜경,

2010: 151–152).

이처럼 '주부 전문가 담론'은 전업주부의 위치를 강화시킴으로써 가정은 여성의 책임 영역이라는 전통적 관념을 재생산한다. 여성의 경제활동 참여의 증가로 사회 여러 방면에서 성별분업의 약화가 관찰되는 상황에 견주어 보면 '주부 전문가 담론'은 젠더 관계 변화에 대한 반격이라 할 만하다. 더욱이 이 담론은 전업주부의 위치를 여성의 선택에 의한 위치로 묘사하는데 이러한 선택 담론은 성별분업을 사회구조의 문제가 아니라 개인의 선택 문제로 만드는 담론, 즉 개인화 담론이다(박혜경, 2010: 152). 이러한 담론은 개인을 자유로운 주체로 인식하게 하여 가부장적 사회구조가 기혼 여성을 가사책임자로 재생산하는 것에 대한 비판적 사고를 방해한다.

전업주부의 자녀 돌봄에 대한 사회적 기대와 평가가 높아지는 만큼 '좋은 어머니'에 대한 이상과 자녀에 대한 헌신이 강조되면서 일과 가정을 양립해야 하는 취업여성들의 어려움은 훨씬 더 가중되고 있다. "예전에는 살림을 잘하는 것이 주부로서 최고였지만 지금은 애 키우는 것이 최고가 되었으며"(심영희, 1999: 361) 어머니들은 의식주 가정관리활동보다 자녀양육 및 교육관련 활동에 더 많은 관심을 쏟고 있다

이처럼 가정주부 담론은 시기별 흐름에 따라 변화해왔다. 근대적 산업화 이후 가정은 휴식과 소비의 장소가 되었으며 여성은 이 영역의 전담 주체가 된 것인데 시기별 강조점은 다르더라도 남성생계부양자와 전업주부라는 성별 역할 분담에 기초한 가족 모델을 강조한다는 점에서는 같다. 따라서 주부는 자신의 정체성

을 개인이 아니라 가정과 일치시켜 형성하도록 기대하게 된다. 주부에게 기대되는 역할은 시기에 따라 변화였지만 '가정에 근거한 정체성'이라는 주부의 정체성 담론은 그대로 유지되었으며 주부에게 진정한 개인으로서의 정체성은 인정되지 않았다.

3. 중년 여성의 정체성과 중년 전업주부의 현실은 어떠한가?

사회의 발전과 함께 여성의 경제활동 참여가 증가하면서 가족의 요구에 헌신적으로 자신을 희생하는 여성상보다는 자기 자신의 영역을 가진 일하는 여성상이 부각되었고 이는 여성들의 자아실현이라는 측면에서 바람직한 현상으로 여겨졌다. 따라서 여성들의 정체성도 자기 희생보다는 자아실현, 자아 정체성 확립으로 그 내용이 변화되어야 한다는 주장이 나오게 되었다. 실제로 결혼과 가족 내에서 여성의 자아 정체성은 역사적, 사회적 조건에서 여성이 경험하는 갈등 속에서 구성된다. 여성의 정체성은 본질적으로 주어진 어떤 것이거나 어떤 심리학적 특성에 의해서 형성되기보다는 변화하는 역사적, 사회적 맥락 속에서 구성되고 재구성된다. 정체성은 고정되지 않고 다양하고 유동적인 것이다(이혜숙, 2003: 120). 특히 자녀 양육의 책무에서 벗어나 사회적으로나 경제적으로 안정된 위치에 서게 되는 중년기는 위기를 맞기도 한다. 여기에서는 중년 여성의 정체성과 전업주부의 현실[3)]을 살펴보기로 한다.

---

3) 이하 인용문은 김선미(2011)의 글에 나타난 사례와 필자가 몇 명의 가정주부를 대상으로 설문지 조사(2014년 4월에 실시함)를 한 자료이다.

1) 가부장적 여성 정체성의 내면화

여성에게 결혼은 이전까지의 삶과의 단절을 의미하여 자신의 핵가족뿐 아니라 시댁에서의 역할을 비롯하여 많은 새로운 역할과 관련된 정체성의 형성과 변화를 불러일으킨다. 주부로서의 역할들과 더불어서 여성들이 구체적인 삶의 현장 속에서 경험하는 중년 여성의 정체성의 실체는 어떠한가?

모성과 현모양처를 강조하는 가부장적 이데올로기는 여성의 정체성에 영향을 주는데 가부장적 이데올로기는 결혼제도를 통해 실현되고 있다. 결혼 안에 있는 여성에게는 아내, 어머니로서의 전통적 역할을 충실히 수행할 것을 부추기고 결혼 밖에 있는 여성에게는 노동시장의 차별성을 통해 결혼을 선택하게 한다. 이로 인해 남성에 대한 여성의 경제적, 정서적 의존이 강화되며 여성은 결혼을 통해 형성된 가정이라는 사적 영역 안에서 주어진 역할을 수행하면서 삶의 의미를 찾고자 한다(이혜숙, 2011: 50). 즉 여성은 사회적인 일을 통해서 자신의 정체성을 획득하기보다는 젠더 정체성을 중심으로 자아를 구성하게 된다.

이처럼 정체성을 형성하는 데는 직업과 가부장제적 가족관계, 그리고 성차별적 사회화가 영향을 미친다. 여성들은 직장과 가정에서의 두 가지 역할을 동시에 수행하더라도 자신보다 가족들을 우선시하고 있고 여전히 자신의 주된 임무는 아내와 어머니의 역할이라고 생각한다. 또한 그들 자신이 가정에 기여하는 바를 절대적이라고 평가한다. 이는 기혼 취업여성들도 가부장제적 영향, 전통적인 여성성의 인습, 모성적 보살핌의 원리로부터 벗어나지 못하고 있다는 것을 의미한다.

특히 현모양처 정체성은 여성의 자아와 삶에 매우 중요한 영향을 미친다. 지난 반세기 동안 이루어진 여성의 삶의 변화와 의식 변화의 속도를 사회제도나 여건이 따라가지 못하고 있으며 여성들을 현모양처 정체성에 재연결시키는 힘과 장치가 여전히 유지되고 있다. 현모양처 정체성이 여성에게 유의미한 자아 정체성으로 구축되어 있을 때 여성은 이 정체성을 의미틀 내지 준거틀로 삼아서 자신의 일상생활과 삶의 여러 가지 과제를 설계하고 구성하는 '현모양처 살기'를 선택한다(문소정, 2002: 251-252, 261).

현모양처 정체성과 더불어 모성도 여성 정체성과 관련된 논의에서 중심이 되는 개념이다. 여성의 정체성을 어머니로서 규정하는 '모성 이데올로기'는 여성의 위치는 가정이며 가정에서 여성의 임무는 가족 구성원을 돌보고 이들에게 정서적 안정을 제공하는 것이라는 사회적 통념을 강화하고 있다(이연정, 1999). 가정 내에서 여성의 역할을 '자연스러운 것'으로 보게 하는 것이다. 이는 여성들로 하여금 자신들이 어머니로서, 아내로서의 역할을 스스로 선택하는 것이라고 믿게끔 한다.

> 내가 만일 홀몸이었으며 그냥 결혼 안 한 상태고 나 혼자였으며 나 혼자 생각이라면 진짜 어디라도 어디든지 우선 취직해보겠다. 인턴이든, 비정규직이든, 좀 안 좋은 회사라도 우선은 취직을 해서 거기서 경력을 쌓을 생각을 했을 텐데, 우선은 딱 그 앞에서 '그래도 이 정도는 되어야 직장 다닐 수 있지 않냐, 전문직, 공무원 이 정도는 그러면 집에 있는 게 돈이 덜 들지, 여자가 집에 나가서 일하는 게 이익이 아니다. 오히려 손해다' 이런 게 딱 박혀 있으니까 저도 모르게 그게 매몰 돼 가지고 시도조차도 하기가 어려웠던 것 같아요(사례 1, 김선미, 2011: 42-43).

전업주부의 삶과 생활은 본인의 의지에 따라 다른 것 같다, 사실 가사, 육아 같은 것들이 눈에 띄는 결과가 없다. 또한 요새는 가정주부의 생활을 의미가 없다고 생각하는 것 같다. 나는 대체로 만족하면서 사는 편이다. 내가 가정주부로 있어서 가장 좋은 점은 아이의 정서적인 안정이다. 가사, 육아 이외의 시간을 내가 배우고 싶은 것들을 배우고 나를 위해 사용한다. 나태하지 않고 시간을 관리하려고 노력한다(사례 2, 설문지 조사: 2014).

아이 보육에 대한 '위협적인 담론'(김선미, 2011: 38)도 여성들로 하여금 어머니나 아내로서의 역할을 선택하게 한다. 매스컴에서는 맞벌이 하는 부모가 부재한 사이에 집에 혼자 있던 아이들이 사고를 당하는 뉴스와 보육 기관에서의 학대, 위생문제 등이 보도되고 주변에서 끊임없이 들려주는 아이들의 사고 이야기는 여성이 전업주부의 삶을 선택하는 데 일조한다. 이처럼 가정과 사회에서 돌봄과 가사노동을 여성의 책임으로 돌리는 것과 함께 노동시장 내 여성들의 불안정성이 여성을 가정에 머물게 한다. 자녀의 돌봄과 가사노동은 여성의 몫이라는 가부장적 성별분업 이데올로기와 불안정한 노동시장이 중년 여성들을 바로 전업주부로 포섭하는 것이다.

2) 중년 여성의 전업주부 경험, 기대와 갈등

한국 사회에서 전업주부로 산다는 것은 개인의 고유한 가치를 확인하고 자아의 지속을 어렵게 만드는 측면이 있다. '살림도 하고 돈도 버는' 취업주부에 비해 전업주부는 '능력이 없어 놀고 먹는 존재'로 치부되기 때문에 전업주부는 자신의 존재 가치를 개인적으로 확인할 필요가 생기게 된다(김선미, 2004: 2). 어머니 역할 중심의 중년 전업주부로서의 삶은 자녀양육이 끝나는 시기에 이르러 또 한번 단절을 겪으며 그로 인하여 정체성의 위기를 경험하게 된다. 릴리언 루빈은 "중년기 주부들이 자녀를 떠나보내면서 새로운 시작을 맞으며 이러한 새로운 시작은 성공하기도 하지만 실패하기도 하는데 그 실패의 원인은 대체로 여성의 삶에 대한 사회적 제약 때문"(릴리언 루빈, 1990: 59)이라고 보았다. 자녀출산과 양육이 평생의 중심 과제였던 전업주부는 '앞으로 남은 30년 동안 누구로 무엇을 하며 어떻게 살아갈 것인가'라는 새로운 물음에 직면하는 것이다.

실제로 우리 사회에서 대부분의 성인 여성들은 예전의 여성들처럼 결혼을 계획하고 있거나 결혼생활을 하면서 주부로서의 역할을 받아들이고는 있으나 그 역할의 의미와 그러한 역할을 통한 여성들의 정체성은 변하고 있다(김명혜, 1997). 현대 사회에서 여성의 정체성은 다양한 요소로 구성된다. 이는 전통사회에서 여성을 가정의 책임자로만 규정하는 것과는 달리, 현대 사회에서 여성들에게 요구하는 역할이 다양해졌다는 것을 반영하고 있다. 여성들에게 교육확대, 취업기회 확대 등의 다양한 사회참여 증가와 페미니즘의 확산 등은 여성들이 가정의 책임자만이 아니라 사회에서 자아실현을 하고자 하는 욕구를 증대시키고 있다.

그러므로 중산층 전업주부로서 여성은 스스로에 대한 만족감이 많지 않다. 이들은 전업주부로 머물러 있는 자신들의 위치에 대해 "때로는 갈등하고 때로는 전업주부에서의 탈출을 꿈꾸며 '기대'와 '갈등' 사이를 각축"(김선미, 2011: 43)하고 있다.

중산층 주부의 고민은 대체로 가족과의 관계에서 비롯되는 문제들과 더불어 사회로부터의 단절과 무기력에서 비롯되는 문제들이다. 사회로부터의 단절은 사회적 자아로서의 여성들의 존재성을 지울 뿐만 아니라 가정에서의 그들의 존재성 또한 무기력하게 만든다. 사회에서 잊혀지고 배제된 존재로서의 주부는 결국 가정 내 다른 구성원들로부터도 '무기력한 존재'로 인식되고 이는 주부의 자존감을 추락시켜버린다(장미경, 2007: 164). 실제로 이들은 낮은 자존감과 역할 만족도를 지니고 있는데 중년 여성들에게 많이 나타나는 '홧병'도 같은 맥락에서 이해될 수 있다.

현모양처 정체성에서 가정과 직업은 대립적이며 분절화되어 있어서 여성은 두 가지 이분법적 선택에서 끊임없이 동요하는 정체성을 갖고 있다. 직업 세계에 진출하더라도 여성이 직업과 가정을 병행할 수 있는 사회적 시스템 구축이 지체되어 있기 때문에 여성은 가족과 직업의 역할 갈등을 사회적, 합리적으로 조정하지 못하여 개인적으로 비용을 치르거나 갈등을 겪거나 위기를 체험하지 않을 수 없다. 여성에게 가정과 직업에 대한 딜레마, 긴장을 해결할 통로와 방법이 주어지지 않기 때문이다. 이러한 상황에서 여성이 현모양처 정체성에 강박적으로 집착하거나 부분적으로라도 자유롭지 않을 경우 슈퍼우먼 콤플렉스나 두 가지 역할을 부실하게 수행하는 것에 대한 끊임없는 죄책감에 시달려야 한다. 따라서 현모양처 정체성은 여성이 직업 욕구를 추구하게 될 때 여성이 안정된 자아상을 확립하는 것을 힘들게 한다.

주부라는 것에 대한 자부심도 떨어지고, 기본적으로 주부를 직업으로 인정을 안 하잖아. 하도 쨍쨍거리니까 그래, 가사노동 너네 이 정도는 인정해줄게 이렇게 이야기를 하지. 정말로 주부라는 직업은 제일 지저분한 거부터 제일 어려운 거까지 해야 되잖아. 화장실 쓰레기통 비우는 거부터 해서 그거를 다 해야 되는 직업인데, 내가 볼 때는 직업이라는 것도 아닌 것 같고……(사례 3, 김선미, 2011: 46).

저는 진짜 전업주부 안 하고 같이 일하고 싶거든요, 주부의 위상이 나쁘다는 게 아니라…… 진짜 꼭 필요한 인력이 일을 안 하고 집에서 노는 것 같은 느낌을 받아요, 집에서 바닥 몇 번 더 닦고 밥하고 이런 거 회사 다니면서도 할 수 있거든요. 그런데 제가 회사 다니면서 할 때랑 집에서만 할 때랑…… 솔직히 집에만 하는 게 너무 힘들어요(사례 4, 김선미, 2011: 46-47).

"남편이 내가 한 음식을 맛있게 먹어줄 생각을 하면 기쁘기도 하고 정말 맛있게 먹는 모습을 볼 때나 잘 정리된 집 안을 보면서 고마워하며 뿌듯하긴 하지만 그런 집안일이 나에게 만족감을 주지는 않습니다. 저는 보통 음식준비와 집을 치워놓고 얼른 옷을 갖춰 입고 화장을 하고 출근준비를 하고 나옵니다. 그러면 비로소 정말 내가 되는 것 같습니다. 저는 전업주부로 살지 못할 것 같습니다. 만약 하루 종일 집안일만 한다면 내가 아닌 집안일 하는 기계가 된 것 같은 기분이 들 것 같습니다(사례 5, 설문지 조사, 2014).

현모양처 정체성은 여성의 직업 활동을 역할 내용으로 확정하지 않아서 경제영역에 대한 여성의 참여 자체를 봉쇄하거나 여성의 경제 영역에 대한 불평등한 참여를 여성에게 집중적으로 비용과 희생을 전가하며 불안정하게 진행시키고 있다(문소정, 2002:

273). 가정주부들의 생애주기별 주관심 영역 또는 정체성의 변화는 입시생 자녀를 둔 어머니 모임의 성격과 토픽이 바뀌는 데서 잘 드러난다(심영희, 1999: 380-382). 대입 이전에는 입시관련 정보나 입시 뒷바라지 이야기가 주를 이루었던 것에 비해 대입 이후에는 자녀결혼이나, 건강, 여가, 애완동물, 집 꾸미기 등으로 주제가 바뀐다.

중년 전업주부들은 전업주부직에 대한 정당화를 하며 교육적 성취와 재테크의 성공을 꿈꾸고 있다. 이런 점에서 전업주부가 단지 가부장제의 희생물로서 사회가 부여한 각본에 의해 획일적인 삶을 피동적으로 살아가는 것은 아니다(김선미, 2004: 737-738). 그러나 현모양처 정체성으로 살 때 여성의 직업 욕구는 왜곡되거나 주변화되며 직업에 대한 자유로운 접근은 제한 당하기 쉽다. 이는 근대적 성별분업의 일환인 가정주부화를 맥락으로 구성된 현모양처 정체성이 여성의 우선적 역할을 가사 노동과 어린이와 노약자의 보호로 정의하고 이것이 여성에게 자연적으로 적합한 것처럼 규정하였기 때문이다.

3) 중년 전업주부, 다양성을 꿈꾸다.

여성들은 일상생활에서의 다양한 경험을 통하여 정체성을 형성한다. 또한 이러한 정체성의 형성과정은 내면화된 자신의 정체성과 행위자 외부 간의 상호작용을 통해서 갈등하고 이것에 대한 재구성의 과정을 반복적으로 거치면서 이루어진다. 여성이 갖는 다양한 욕구와 열망, 목표는 여성의 젠더 정체성과 갈등하며 여성은 이러한 딜레마를 해결해나간다. 이러한 맥락에서 전업주부는 일상생활 속에서 자존감을 높이기 위해서 자신의 노동 가치를 높이 평가하고자 한다. 또한 사회적 고립감에서 벗어나 사회적 존재감을 갖고자 한다. 가족이라는 폐쇄적인 울타리를 넘어 바깥 세상과 활발한 교섭을 갖고자 하는 것이다.

실제로 여성의 정체성 변화에 대한 연구들(이순영, 1999; 장준미, 1997; 염영미, 1998)은 여성 정체성이 선천적으로 여성들에게 주어지는 자연스러운 것이 아니라 사회 관계 안에서 이들의 적극적인 해석과 선택의 과정을 통해서 구성되는 과정임을 보여 주고 있다. 즉 여성이 자신의 정체성 구성 과정에 적극적으로 개입한다는 것이다. 여성들은 이러한 과정에서 적극적인 해석, 포기, 선택이라는 행동전략을 채택하고 있다.

지역활동의 경험이나 취업 등은 중년 여성들이 정체성을 형성하고 재구성하는 데 중요한 경험으로 작용한다. 대부분의 지역활동 이전에 여성들은 자신을 '전업주부'라고 생각한다. 이들은 전업주부에 대한 역할은 '집 안에서 살림하고 아이를 돌보는 사람'이라고 내면화하고 있다. 그러나 지역활동을 통한 새로운 지식의 구성은 '여성'이라는 것을 새롭게 평가하고 해석하는 계기로 작용한다. 사적 영역의 책임자로만 인식되었던 주부들이 지역운동의 새로운 주체의 역할을 담당하게 되면서 이들은 자신이 갖고 있었던 '주부'라는 정체성을 확장하거나 '새로운 정체성'을 자신에게 부여하게 된다(염영미, 1998: 2, 83).

저같은 경우는 아이들을 돌봐줄 사람이 없었기 때문에 직업을 포기하고 가사, 육아를 전담했지만 잘한 일이라고 생각합니다. 두 가지를 다 잘할 자신이 없었고 가정에서는 지금도 남편과 아이들에게 인정받고 있기 때문에. 그런데 아이들이 크고 나니까 그동안 내가 하고 싶은 일, 내가 잘하는 일들을 잊고 너무 가족들에게 얽매여 그들 중심으로 생활해왔던 것 같아서 이제 나 자신을 든든히 세워 가야겠죠(사례 6, 설문지 조사, 2014).

결혼을 해서 자녀를 두게 되면 몇 년간은 전업주부를 하고 애들이 유아기가 지나면 직업을 가져야 한다고 봅니다. 자녀를 케어 하는 시기엔 만족할 수 있으나 어느 정도 가정이 자리 잡히면 본인이 가정일과 다른 일이 있어야 가정에서도 설 자리가 있다고 봅니다. 무능력하다고 보면(본인 일이 없으면) 인정을 해 주지 않기에(사례 7, 설문지 조사, 2014).

결혼을 막 하고 애를 키우고 이럴 때는 배신당한 기분이었고 가족 자체가 더 좌절감을 주고 나를 더 힘들게 하는 거였기 때문에 그랬다가 요즘엔 애도 좀 크고 ㅇㅇ회(단체) 덕분인 거 같긴 한데 마음도 여유로워지고 좀 더 넓어졌어요. 음, 지금은 남편도 그러고, 많이 바뀌었어요. 나는 정말 변화가 없을 거라고 생각하고 이 사람하고 어떻게 사나, 앞으로 미래에 부모님 세대 사는 거처럼 살아야 하는 거면 너무 막막하고 못 살 거라 생각했는데 신기하게 정말 안 변할 거라 생각했던 사람이 지금은 딱 벌써 보면은 많이 변하고 있어요. 그래서 희망을 가지고 있어요. 이 사람이랑 같이 성장하면서 이 사람도 변화하면서 나중에 조금 더 성숙한 관계로 나중에 노년을 같이 보낼 수 있다면 진짜 그거는 행복이라고 요즘 들어서 생각했어요(사례 8, 김선미, 2011: 59).

지역활동 이전 여성들의 정체성이 전통적인 여성성을 내면화와 동일시라는 기제를 통해서 받아들이는 측면이 강하다면 지역활동의 경험은 여성 자신이 갖고 있던 부정적 여성 정체성을 해체하고 자신이 여성임을 새로운 시각으로 자각하는 동시에 이것을 계기로 긍정적인 여성 정체성을 형성하게 한다. 여성들은 지역활동의 경험을 통해서 전통적인 주부라는 정체성에서 벗어나 사회주부, 여성운동가, 지역활동가로서의 새로운 정체성을 형성하고 있다. 이 새로운 정체성은 자신이 기존에 갖고 있던 정체성을 완전하게 해체한 후 만들어진다기보다는 누적된 과정을 통해서 이루어진다. 그런데 이러한 정체성 또한 고정된 것이 아니라 형성의 과정에 있다. 이러한 자기 인식 형성의 확장으로서 네트워크 활동을 들 수 있는데 실제로 여성단체의 커뮤니티 안에서 여성들은 소모임들을 구성해나가면서 적극적으로 네트워크를 넓혀가고 있다(김선미, 2011; 59). 또한 취미교실은 "'나' – 되기'를 포기하고 '엄마' – 되기를 선택한 이들이 공허함과 답답함을 달래는 장소이자 '엄마' – 되기 가운데 '나' – 되기를 갈구하며 찾게 되는 장소"(이아리따, 2012: 109)가 된다.

여성에게 이혼 경험은 '자기 찾기'의 과정이자 정체성 재구성 과정이라는 의미를 주기도 한다. 결혼 안에서 가족 중심의 삶을 요구받은 여성들은 자신의 희생을 바탕으로 한 타인중심적 정체성을 구성한다. 그러나 이혼을 하면서 여성들의 삶의 중심은 '가족'에서 '자신'으로 이동한다. 이는 곧 이혼여성의 자기 찾기 과정이며 이 속에서 이혼여성은 자신의 정체성을 재구성할 수 있는 기회를 갖게 된다(이순영, 1999: 77). 이 과정에서 사회화된 여성 정체성을 수용한 자신의 삶을 성찰하며 바라보고 동시에 가부장적 사회에 대한 비판적 인식 속에서 저항을 실천할 때 여성주의적 주체 구성이 가능해진다. 이혼여성은 이혼이라는 환경에 단순히 놓여 있는 것이 아니라 이혼경험을 통해 자신의 삶을 성찰하고 새로운 계획을 수립하는 과정 속에서 자신의 정체성을 재구성해 가는 능동적인 주체라고 할 수 있다.

직업은 자기성찰적 정체성이 발달하는 데 영향을 주므로 취업도 사회적 존재감을 얻는 하나의 대안이 될 수 있다(김선미, 2004: 726). 여성의 직업 욕구는 전업주부의 환상이 깨지면서 높아지며 가정에서 현모양처로 제한되어 사는 삶에 반발하면서 비롯된다. 개인주의화가 진전되면서 여성의 노동 욕구도 점차 개별적 자아에 기초한 경제적 독립으로 인식되고 있다. 직업 욕구도 자아실현, 사회경험에 대한 막연한 동경뿐만 아니라 자신의 경제적 독립, 나아가 가족 생계 보조자가 아닌 부부 간의 상호부양 책임 주체로서 적극적 생계 수단의 의미를 발견해가고 있다.

4. 여성의 정체성에 대한 통념 깨기

페미니즘은 가부장적 사회에서 형성되어온 젠더 정체성을 해부하는 동시에 자신의 자아 정체성을 성찰적으로 검토하게 만든다. 즉 여성들로 하여금 '나는 누구인가', '나는 무엇이 되고 싶은가'를 되묻게 한다. 이는 성불평등적 사회 구조 속에서 사회화되어온 여성적 젠더 정체성 그 자체에 도전하는 물음이다. 가부장적 젠더 정체성은 여성을 어머니, 아내, 기타 가족적 지위와 동일시하는 정체성으로서 여성 개인의 독립적이고 주체적인 자아 정체성의 형성을 저해하도록 만든다. 페미니즘은 남성적 젠더 정체성을 '보편적 자아'로 규정해온 사회적, 상징적 질서와 이 질서 속에서 여성의 젠더 정체성을 '타자화된 자아'로 주변화해온 것을 문제 제기하고 이러한 이분법적 젠더 정체성이 유지, 재생산되는 젠더의 위계 구조 그 자체를 해체하는 것에 목적을 둔다(이영자, 2001: 269). 베티 프리단(1997)은 《여성의 신비》에서 여성문제를 여성 정체성의 위기라고 진단하고 직업을 통한 자아실현을 해야 한다고 주장했다. 시몬느 드 보부아르(Simone de Beauvoir, 1949)도 《제2의 성》에서 여성의 자유로운 삶을 위해서 자립하여 살아갈 수 있는 삶의 방향을 제시하였다.

가부장적 이데올로기가 현모양처나 아내, 어머니를 강조함으로써 중년 여성에게 지속적으로 관계 위주의 규범을 강요한다면 페미니즘은 여성들에게 한 개인으로서 갖는 여러 권리들을 찾아야 한다고 주장한다. 여성들의 정치적, 사회적 권리 특히 공적 영역에서 구조적으로 배제당한 여성의 일할 권리를 지속적으로 문제 삼는 것이다. 즉 가부장적 이데올로기가 아내와 어머니라는 경험이 여성의 정체성을 구성하는 가장 핵심적인 요소라고 보았다면 페미니즘은 여성이 한 인간으로 살아가는 여러 역할 중 어머니와 아내는 하나의 역할에 불과하다는 것이며 그것만이 여성들의 정체성이나 자아를 구성할 수 없다고 보는 입장이다. 실제로 여성들의 교육수준 향상, 기혼 여성의 경제활동참가율의 증대, 출산율의 저하 등으로 여성들이 처한 사회 환경은 변하고 있으며 여성들의 의식도 변하고 있다.

전업주부 정체성은 불안정하고 언제든지 변할 수 있다. 주부의 정체성은 본질적으로 주어진 고정된 어떤 것이 아니라 재구성되며 다중적이라 할 수 있다. 따라서 중년 여성과 관련하여 "전업주부 정체성에 대한 통념 깨기"(김선미, 2011: 62)가 필요하다. 우선 새로운 모성에 대한 논의가 필요한데 강하고 희생적인 어머니상은 이 시대 다양한 욕구를 지닌 여성들의 자화상이 될 수 없다. 그것이 달라진 여성들의 경험과 의식, 정체성을 반영하지 않기 때문이다. 여성의 삶을 변화시키기 위해서는 완벽한 어머니상의 환상에서 벗어나야 하며 완벽한 어머니상과 그 이름으로 재생산되는 희생담론과 모성신화는 극복되어야 한다.

또한 주부와 가사노동에 관한 새로운 담론이 필요하다. 이를 위해서는 부양자 모델에서 개인모델로 변화해야 하며 보편적 노동권의 확보와 중년 여성을 위한 탈가족화 정책들이 필요하다(정영애, 2011: 15-22). 전업주부를 기혼 여성을 대표하는 주체로 재생산하는 주부 담론에 대응하기 위해서는 성별분업에 기초한 성 고정관념을 극복하고 가정주부와 가사노동에 관한 여성주의적 대안 담론을 만들어야 한다.

제4장

중년 남성의 가정 · 일 양립 방안_김대균

제4장에서는 남성의 가정 · 일 양립이 여성의 일 · 가정 양립보다 우선되어야 한다는 이유를 댐으로써 중년 이후의 남성들이 자신과 가정을 돌이켜볼 수 있는 논점을 제시하고자 했다. 중년도 신세대들 못지않게 일과 가정을 양립해야 하는 문제에 직면했는데, 일 · 가정 양립을 잘해야 하는 과제는 주로 여성들에게 주어졌고, 남성이 가정 · 일 양립을 위해서 어떻게 해야 하는지에 대한 논의는 비교적 적었다. 그래서 여기서는 가정과 일의 양립을 위한 남성의 역할에 초점을 맞춘다.

1. 남성과 가족 패러다임의 변화[1)]

저출산이 사회적 문제가 되면서 여성들이 일과 가정을 양립할 수 있게 지원하기 위한 노력들이 지속되고 있다. 그동안 당연시되었던 남성 중심의 일터에서 만족스러운 직장생활을 할 수 없었던 여성들의 악조건들을 개선하기 위한 당연한 노력이라고 하겠다. 정부의 입장에서 봐도 일·가정 양립정책이 건강한 수명이 길어지고 있는 오늘날 복지비용을 줄이는 최선책이 될 것이며, 기업의 입장에서 봐도 근로자의 결근율, 이직률을 낮추고 생산성을 제고시키려면, 일로 인해 가정생활에 위해가 없는 방향으로 나아가는 것이 최선책이 될 것이기 때문에 일과 가정의 양립이 새로운 패러다임으로 자리 잡고 있는 것이다.

과거에는 여성들이 자녀 양육의 역할을 일생동안 해왔지만, 가족형태의 변화로 부부가족이나 한자녀가족이 늘어남으로써 여성들에게도 자녀 양육보다는 일이 더 필수적인 것이 되고 있다. 그런데도 여전히 남성 중심의 일터인 데다 돌봄 노동이 여성의 몫으로 간주되어 여성들이 이중고를 겪고 있는 것이 현실이다. 따라서 여성들의 일·가정 양립을 지원하기 위한 사회적 노력은 백

1) 이 글은 김대군(2013), 〈맞벌이 남성의 가정·일 양립방안〉, 《중등교육연구》 제25집에 실린 논문을 기획도서의 취지에 맞추어 줄이고 더하여 수정 보완한 것이다.

번 지당한 일이다. 그렇긴 해도 남성과 여성이 가정을 이루고 있는 상황에서 여성 중심의 일·가정 양립은 여전히 온전한 지향점이라고 볼 수 없다. 따라서 남성들의 가정·일 양립에 대한 관심도 함께 논의되어야 마땅하다.

중년 남성을 기준으로 보면 '썰물 은퇴' 시기에 접어들면서 일에서 벗어나기 때문에 가정에만 관심을 둬야 할 것처럼 보인다. 그러나 현실적으로 베이비붐 세대(1955년에서 1963년까지 한국전쟁 이후 출산율이 급증했다가 산아제한정책으로 출산율이 둔화되는 시기에 태어난 세대)는 현재의 사회보장제도로 보면 일하지 않고 살 수 있는 세대가 아니다. 장성한 자녀들에 대한 경제적 지원, 수명이 길어지고 있는 노부모 부양 등 돈 들어갈 곳은 많은데 벌어놓은 것은 적고, 사회보장제도도 기댈 만하지 않으니 일을 할 수밖에 없다. 은퇴를 일의 마무리로 마음 편히 생각할 수 있는 상황이 아닌 데다 생애가 길어지고 있기 때문에 은퇴는 새로운 일을 시작하기 전의 경력쯤으로 여겨지고 있다. 그런데 이들도 이제는 가족 영역을 희생시켜 일 중심의 삶을 살아갈 수는 없게 되었다. 가정·일 양립이 현직 세대만큼 중요한 과제가 되었다.

이제는 세대를 막론하고 여성들이 일·가정 양립을 위해 노력해야 한다는 관점에서 남성들이 가정·일 양립을 위해서 노력해야 한다는 관점으로 바뀌어야 한다. 남성들의 관점이 바뀌어야 흔히 말하는 중년의 위기도 오지 않고, 베이비부머들에겐 노년의 위기도 막을 수 있다는 것을 생각하자. 여성들이 일·가정 양립을 할 수 있는 방안들을 모색하는 것도 당연히 필요하지만 아직까지도 여성차별주의가 극복되지 않은 상황에서는 남성들의 가정·일 양립을 위한 노력이 우선시되어야 한다. 우리 사회에서 가정·일 양립을 위해서 남성들이 인식해야 될 바를 찾아보자.

2. 남성의 가정 내 지위

1) 가부장의 권위의 변화

우리 사회는 오랜 기간 가부장적 사회였다. 가족 내에서 뿐만 아니라 사회영역 전반에서 여성의 성 · 출산 · 노동 등을 통제하는 남성지배구조였다. 가부장적 사회에서 남성들은 남성의 정체성을 절대가치로 상정하여 여성에게는 그 대척점에 있는 낮은 존재감을 부여하였고, 이로써 신으로부터, 조상으로부터 부여된 기득권자로 군림하고자 했다.

한국의 남성들은 기득권자로서 권위를 유지하기 위한 비합리적 적응을 해왔다고 볼 수 있다. 완고하고, 폭력적인 남성성이 아버지로서의 권위를 지켜주는 것으로 생각해서 자식에게 무관심하거나 냉정히 대하고, 심지어 큰소리치거나 폭력을 행사하는 것을 아버지다운 특징으로 생각하기조차 했다. 집안의 질서를 유지해야 한다는 강박관념에서 무심하거나 폭력적인 것조차 아버지다움, 남편다움으로 정당화했다.

이러한 가부장적 문화로 인해서 배려하고, 보살피고, 양육하는 아버지에 대해 남성들 스스로 낯설게 여겨왔다. 돌보고, 편안함을 제공하고, 애정을 표현하는 것이 자녀를 양육할 수 있는 기본 조건인데도 아버지가 엄하지 않으면 가정의 질서가 무너지는 것으로 생각해서 애써 무시해왔다. 일부 남성들은 친밀감의 표현을 성적 욕구의 표현으로 잘못 해석하는 경우도 있다. 오직 성적 욕구를 표현할 때만 친절하고, 그렇지 않을 경우 무뚝뚝해야 남성답다고 생각해서 자녀에 대한 친절조차 덕목으로 여기지 않는 경향도 남아 있는 것이다.

현대 남성들의 감정표출 양상을 볼 때 가부장적 문화 속에서 남성들의 감정이 얼마나 왜곡되어 왔는지를 쉽게 알 수 있다. 가정에서 드러내지 못했던 억압된 감정을 스포츠를 응원할 때나, 부모나 친구의 장례식 등에서는 여성들보다 더 과장되게 표출하는 것을 볼 수 있다. 우는 남성들을 보라. 남성에게 사회적으로 용납되는 감정표현의 기회가 많지 않지만 기회만 되면 여성보다 훨씬 더 감정적인 경우도 흔히 볼 수 있다. 남성들의 관계도 들여다보면 멜로다. 의리를 부르짖다가도 담배 한 가치 때문에 토라지고, 술 한잔 잘못 돌려 절친 관계가 끝장나기도 한다. 작은 오해로 걸핏하면 몸싸움을 하고, 평생 동안 등을 지고 살기도 한다. 억압되었던 감정이 분노로 전환하여 나타나기도 하고, 공격성이 자신에게 향하는 경우 자살로 끝을 내기도 한다. 다행인 것은 가부장적 사회가 급변하여 남성들이 권위를 지켜내기 위한 왜곡된 노력을 할 필요가 없다는 것이다. 다만 아직도 가부장적 문화의 그늘을 벗어나지 못하고 있는 남성이 많다는 것이 문제라고 하겠다.

가부장적 권위가 무너져간 원인은 복합적이겠지만 무엇보다도 가족형태의 변화와 맞물려 있다. 가족형태의 변화 중 부부가족의 증가가 눈에 띄게 증가했다. 다음 〈표 4-1〉에서 알 수 있는 바와 같이 부부만으로 이루어진 가족의 수가 30년 전과 비교해볼 때 세 배 이상 늘어났다. 부모와 자녀로 구성되던 전형적인 핵가족이 줄어들고 1인 가족, 한부모가족, 조손가족, 재혼가족, 딩크족(DINK; Double Income, No Kids), 듀크족(Dewks : Dual Employed With Kids)등 다양한 가족형태가 등장하였는데 무엇보다도 부부가족의 증가가 두드러지고 있다. 부부만의 가족 구성에서 가부장적 권위를 내세운다면 얼마나 내세우겠는가? 남편이 하늘이라며 우러러볼 아내가 몇이나 되겠는가? 가족 형태의 변화로 자연스럽게 가정 내 성역할도 변하고 있는 것이다.

〈표 4-1〉 가족의 형태별 분포 [단위 : 천 가구, %]

<table>
<tr><th colspan="2">연도
가구 수
및 분포</th><th>1980</th><th>1985</th><th>1990</th><th>1995</th><th>2000</th><th>2005</th><th>2010</th></tr>
<tr><td colspan="2">혈연가구 수</td><td>7,470</td><td>8,751</td><td>10,167</td><td>11,133</td><td>11,928</td><td>12,490</td><td>12,995</td></tr>
<tr><td rowspan="3">핵가족(%)</td><td>부부</td><td>6.4</td><td>7.8</td><td>9.3</td><td>12.6</td><td>14.8</td><td>18.0</td><td>20.6</td></tr>
<tr><td>부부와 미혼자녀</td><td>56.5</td><td>57.8</td><td>58.0</td><td>58.6</td><td>57.8</td><td>53.7</td><td>49.4</td></tr>
<tr><td>편부모와 미혼자녀</td><td>10.0</td><td>9.7</td><td>8.7</td><td>8.6</td><td>9.4</td><td>11.0</td><td>12.3</td></tr>
<tr><td rowspan="2">직계가족(%)</td><td>부부와 양(편)친</td><td>0.6</td><td>0.8</td><td>0.9</td><td>1.1</td><td>1.2</td><td>1.2</td><td>1.2</td></tr>
<tr><td>부부와 양(편)친과 자녀</td><td>10.4</td><td>9.9</td><td>9.3</td><td>8.0</td><td>6.8</td><td>5.7</td><td>5.0</td></tr>
<tr><td colspan="2">기타 가족(%)</td><td>16.1</td><td>14.0</td><td>13.8</td><td>11.2</td><td>10.1</td><td>10.4</td><td>11.6</td></tr>
</table>

(출처 : 통계청(2010), 〈인구주택총조사〉)

그리고 2010년 인구주택총조사 결과를 보면 1인 가구의 비율이 눈에 띄게 증가했다는 것을 알 수 있다. 〈표 4-2〉를 보면 일반 가구 대비 1인 가구 비율은 23.9%로 10년 전(2000년 15.5%)에 비해 8.4% 증가했다.[2)] 한편 2010년 1인 가구의 혼인상태는 미혼 184만 3천 가구(44.5%), 배우자 있음 53만 4천 가구(12.9%), 사별 120만 8천 가구(29.2%), 이혼 55만 6천 가구(13.4%)로 나타났다. 2013년을 기준으로 볼 때 25%를 넘어선 1인 가구가 가장 높은 비율을 차지하고 있다. 이혼으로 인한 1인 가구의 증가를 봐도 가부장적 권위에 의해 가정이 운영되는 시대는 지났다는 것을 알 수 있다.

〈표 4-2〉 일반 가구 대비 1인 가구 비율[3)]

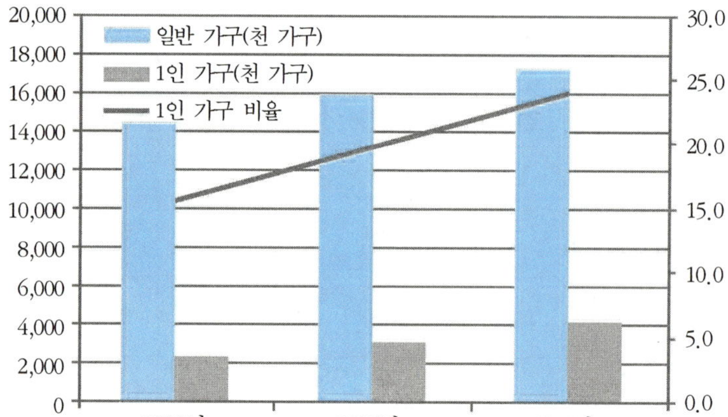

(출처: 통계청(2012)).

2) 국회 입법조사처에 의뢰해 시뮬레이션을 한 결과, 1인 가구는 오는 2020년에 29.6%, 2050년에는 37%에 달할 것으로 예측됐다.

3) 통계청, "인구주택총조사에 나타난 1인 가구 현황 및 특성", 2012년 12월 11일 보도자료.

2) 가정경제의 민주화

과거 우리 사회의 남성들은 여성을 먹여 살릴 수 있는지가 좋은 신랑감의 첫째 조건이었다. 산업화된 후 특히 남성은 집 밖으로 나가서 가족을 먹여 살릴 수 있는 일을 하는 사람으로 간주되었다. 가족을 먹여 살리기 때문에 같은 일을 해도 남자들이 더 받아야 한다는 가족임금 이데올로기가 있었고,[4] 남자가 집 안에 있다는 것 자체가 무능하거나 불완전한 존재로 비하의 대상이 되었다. "왜 집에만 붙어있냐?"는 말은 욕보다 심한 말이었다. 산업화는 돈 버는 아빠, 돈 버는 남편의 가정 내 위치를 가부장적 사회가 변화하는 중에서도 공고히 했다. 권위주의 사회가 변하여 민주화되는 과정에서도 돈 벌어 오는 가장의 위치는 흔들리지 않았다. 아버지는 건달이고 어머니가 먹여 살리는 가정의 경우조차도 아버지는 집안에서 당당하게 큰소리쳤다.

한편으로 보면 남성들이 생활전선에서 가족들을 먹여 살려야 하는 절박함은 부양자로서 역할 수행에 자부심을 갖게 하는 장점도 있었다. 드라마나 책에서 감동을 받는 것도 어렵고 힘든 생활전선에서 하루하루를 견디며 가족을 위해 참고 수고하는 가장의 모습에서였다. 영화 〈국제시장〉에서 "하고 싶은 것도 되고 싶은 것도 많았지만 평생 단 한번도 자신을 위해 살아본 적이 없다."는 아버지가 이쯤이면 잘산 것 아니냐며 눈물을 흘리고, 관객들도 눈시울을 붉힌다. 그러나 다른 경우를 보면 남성 중심의 가정

---

4) 여전히 남녀의 임금 격차는 크다. 남성노동자 임금을 100이라고 가정할 때 여성노동자 임금은 그보다 37.4% 낮은 62.6%에 불과하다. 〈한겨레신문〉, "남녀 간 임금격차 13년째 OECD 1위", 2014년 8월 4일자 기사.

경제에는 여러 부작용이 있다. 여성들이 남성보다 더 많은 일을 하는데도 남성이 독재적일 경우 벌어들인 돈의 대부분을 자기 중심으로 소비하면서 가족을 빈곤하게 만들기도 하고, 술, 도박 등에 중독되거나 딴 집 살림을 차리는 경우 남성의존적 가정경제는 파탄이 나는 경우도 많았다. 그런데도 가정 내 남편이 버팀목처럼 흔들리지 않았던 것은 밥벌이를 하는 독재자였기 때문이다.

그런데 가정 내 민주화로 소위 밥벌이는 가장으로서 남편만 하는 것이 아니라 아내도 하고 있다는 것이 가시화되기 시작했다. 부차적으로 간주되던 여성의 노동이 인정받기 시작함으로써 경제적 역할분담이 이루어지고 있다. 돈 버는 아내, 돈 버는 어머니의 경제적 지위가 올라감으로써 가정 내 경제적 민주화가 가속화되고 있다. 남편에게 의존적인 소비가 아니라 아내도 소비주체로서 자기결정권을 갖게 되었다. "우리 집에서는 엄마가 더 많이 벌어요." 하는 말이 흔하게 들린다. 이러한 가정 내 경제적 민주화는 여성들의 일과 가정 양립의 바탕이 되기도 하지만 경제적 패권을 가지지 못한 남성들의 지위가 흔들리면서 남성들이 가정 · 일 영역에서 설 자리가 없어지는 문제점을 낳기도 한다.

그렇더라도 여성들의 자아실현 욕구뿐만 아니라 돈 버는 엄마, 돈 버는 아내에 대한 요구로 인해 이제 여성들의 취업은 필수적인 것으로 여겨질 정도로 일상화되었다. 2013년에는 15~64세 여성의 경제활동 참가율은 55.6%로 남성의 77.6%보다 22%포인트 낮았지만[5], 이 격차는 계속 축소될 것으로 보인다. 특히 50대

5) 국제통화기금(IMF) · 한국은행(2014), 〈경제 성장 촉진을 위한 한국 노동시장 개혁 전략 보고서〉

여성의 경제활동 참가율이 2012년 8월 58.7%를 기록하였으며(2012년 1~8월 평균치는 59.1%), 2003년 이후 10년간 지속적으로 상승하고 있다.[6] 이것은 여성들의 취업욕구가 그동안 집안일에 얽매여 실현되지 못하였던 것으로 볼 수 있다. 돌봄 노동 등 재생산 기능이 원활하지 않아 결혼, 출산, 육아로 경제활동에서 어려움을 겪는 것은 여성의 비경제활동은 '육아, 가사'가 첫째 요인이라는 점에서도 알 수 있다.

긴 말 할 것 없이 가정 내 남성의 경제적 패권 시대는 지났다. 남성 취업－여성 돌봄 노동의 틀이 여성 취업－남성 돌봄 노동의 틀과 공존할 수 있도록 시대적 흐름이 바뀌고 있다.

---

6) 통계청(2012), 《2012년 8월 고용동향》.

3. 남성의 양성평등 이해

가정 · 일 양립을 위해서 성적인 평등은 기본이지만, 우리는 오랫동안 성차별적인 사회에서 살아왔다. 우리 사회에서 성차별적이라는 말은 여성차별이라는 말로 받아들여진다. 요즘은 역차별이라는 말이 생길 정도로 남성차별도 거론되지만 여전히 성차별 문제는 여성차별이 지배적이라고 볼 수 있다. 성을 서로 다르게 볼 것인가 아닌가에 대해서, 우리 사회는 전통적으로 남녀유별이 사회의 지배적 관념이었기에 같은 점보다는 다른 점에 초점을 둔 채 여성과 남성의 역할을 구분하고 차별 대우해온 것이다. 따라서 가정 · 일 양립을 위해서는 남성들이 우선 양성평등과 관련된 기본 지식을 가지고 성감수성을 갖는 것이 필요하다 하겠다.

1) 차이와 차별

우선 차이와 차별과 관련된 담론들에 대해 살펴보도록 하자. 우리 사회도 민주화되면서 성중립적 평등이나 성차이를 반영하는 평등에 대한 담론들이 확산되어 자유주의적 관점이 반영되어왔다.[7] 자유주의 사회에서는 성, 성적지향, 인종, 종교 등이 다르

7) 최인숙(2008), 〈차이와 평등에 대한 이해〉, 《여성학, 여성운동 & 젠더》, 한국양성평등교육진흥원, p. 35.

다고 해서 인간의 존엄성을 훼손당해서는 안 되며, 정치, 사회, 경제, 문화적 생활에 가담하는 데 장애가 되어서는 안 된다고 본다. 그래서 기회평등의 원칙에 따라 남성이건 여성이건 교육받을 권리, 정치에 참여할 권리, 경제적으로 독립할 권리 등을 똑같이 주장할 수 있다는 것이다.

남성과 여성의 생물학적 차이를 존재 전반적인 차이로 확대시켜 남성과 여성이 사회의 거의 모든 영역에서 차별된 적이 있다. 여성의 참정 기회, 교육받을 기회, 경제적 기회는 남성과 여성이 다르다는 이유로 차별되어왔다. 여성과 남성은 성적인 차이보다는 인간으로서 공유하는 공통점이 많기 때문에 기회를 같이 부여한다면 여성과 남성이 동일한 능력을 발휘하게 될 것이라고 주장해도 쉽게 받아들여지지 않았다.[8)] 또한 기존에 평가절하 되었던 여성의 재생산 능력, 모성, 보살핌의 능력을 강조함으로써 여성의 본질을 재평가하여 가치를 부여하고자 해도 인정받을 수가 없었다.

생물학적 차이가 존재하지만, 그것이 차별의 근거가 되는 것은 아닌데도 현실적으로 정당화시키고 있는 데는 관점의 편향성이 문제라고 볼 수 있다. 생물학적 차이를 타고난 열등성으로 고착화시켜 특정성에 적합한 역할이 있다는 고정관념을 이데올로기화하는 것이 성차별 사회라고 볼 수 있다. 차이를 차별로 이데올로기화 하는 사회는 주로 불평등한 사회관계를 정당화하기 위해 생

8) 여성의 참정권을 예로 들어보자. 1840년 런던에서 열린 노예제반대 세계회의에서 여성에게 방청권만을 허용한 것을 계기로 참정권 투쟁이 시작되어 1920년 8월에야 여성 참정권이 획득되었다. 1870년 흑인참정권이 실현된 지 50년이 지난 후의 일이다.

물학적 차이를 차용하게 된다. 생물학적 차이가 자연과학적 영역에 머무는 것이 아니라 인간 생활의 모든 영역으로 확대되어 차별을 정당화하는 근거로 제시하게 된다.

사실 인간을 분류할 때 굳이 남성과 여성으로 분류해야 할 이유는 없다. 두 부류로 분류할 수 있는 기준 중의 하나로 성을 잣대로 활용할 수는 있겠지만, 인간을 성으로 양분하는 것은 분류 이후 차별의 근거로 삼기 때문에 문제가 된다. 남성과 여성으로 분류한 후 차이를 위계화 하는 기준이 과연 중립적인가 하는 문제다. 남녀 간의 생물학적 차이를 사실로 인정하는 것으로 끝나는 것이 아니라 끊임없이 차별을 정당화하는 근거로 삼게 된다. 남성과 여성으로 나눈 후에는 항상 대표성을 남성이 가지게 되는데 이로 인해서 여성은 주변화로 인간의 대표에 있어서 차별을 받게 된다. 일례로 과거 성인의 약물복용량이 남성 평균 몸무게를 기초로 정해지고, 약물효과, 질병, 치료에 대한 연구들에서 남성이 인간의 대표가 되어 여성은 소외되어 차이를 차별화 하는데 큰 몫을 했다는 것이다. 지식생산의 원천과 방법 면에서 남성의 관점을 기준으로 했기 때문에 남성의 관점과 경험이 보편적인 것으로 대표되어왔다는 것이다.[9)]

인간을 남성과 여성으로 구분하여 봄으로써 우리들은 은연중에 세상을 대립물들로 이루어진 것으로 보는 습관이 생기게 된다. 차이를 스타일로 가볍게 넘기지 못하고 차이를 위계화시켜 낮은 위치에 둔 것을 오점으로 간주하는 경향이 있다. 성차별, 인종차

9) 캐롤 타브리스, 히스테리아 역(1999), 《여성과 남성이 다르지도 똑같지도 않은 이유》, 또 하나의 문화, p. 103.

별, 종차별은 모두 인간 중심적으로 위계화시켜 놓은 것이다. 다른 것은 다르게, 같은 것은 같게 보는 평등한 고려의 관점이 필요하다고 생각된다.

2) 성적인 것

우리 사회에서 아직까지도 성(性)에 대한 이해가 부족하다. 특히 일부 남성들은 성과 관련되는 고정관념으로 성희롱, 성추행 등 사회문제가 끊이지 않고 있는데도 달라지지 않고 있다.

우선, 성의 개념부터 살펴보자. 성이라는 말은 사물의 성질을 가리키기도 하고 인간의 본성을 가리키기도 한다. 독립적으로 쓸 때는 주로 암수가 가지는 통합적인 특성을 가리킨다. 그러나 좀 더 구체적 맥락에서 보면 성이란 용어는 인식하는 사람에 따라 각양각색의 사실과 느낌으로 받아들이기 때문에 간단하게 정의할 수 없는 어려움이 있다.[10)]

우리가 일상적으로 사용하는 성이라는 말을 서구의 페미니스트들의 시각을 빌어서 보면 크게 세 가지 의미를 가진 것으로 볼 수 있다. '성'은 개념적으로 '섹스(sex)', '젠더(gender)', '섹슈얼리티(sexuality)'에 해당되는 단어이다. 첫째, 섹스는 남녀를 신체적으로 구분하거나 남녀 간의 성교를 가리킬 때 사용한다. 섹스는 여성과 남성의 생물학적 차이를 말하는 것으로 중립적인 용어다. 이 세상에는 남성과 여성이 있기 때문에 개인의 정보를 표시할 때 섹스를 표시하게 된다. 그런데 이 말이 성교를 가리킬 때도 사용되면서 섹스는 남녀의 성교를 칭하는 것으로 받아들여져, 섹

---

10) 김대군(2012), 《생활문화와 윤리》, 경상대학교출판부, pp. 135~140.

스는 남녀가 하는 것'이라는 전제가 남녀 간의 성행위 이외의 것을 인정하지 않는 차별의 근원이 되기도 했다. 이 개념은 신체중심적, 특히 성기 중심적 성을 이해하는 것으로 남성의 신체적 특성 중심으로 성을 이해하는 한계를 갖는다.[11)]

둘째, 젠더는 남성과 여성을 사회문화적으로 구분할 때 사용한다. 젠더는 사회문화적으로 구성된 성으로 여성과 남성에게 적절하다고 간주되는 사회적 행동, 특성과 가치, 여성과 남성의 관계를 포괄적으로 포함하는 개념이다. 젠더는 시공에 따라 달라지는 성차에 관한 인식으로 볼 수 있다. 시공에 따라 여성성, 남성성에 대한 관념이 변화한다. "여자의 첫 번째 임무는 모성의 실천에 있다."라고 말할 때의 여자, '남자는 배 여자는 항구'라는 노래 제목의 여자 등은 모두 남녀 각각의 사회문화적 역할을 규정하는 것이라는 점에서 젠더를 뜻한다고 볼 수 있다. 젠더 담론은 성별의 사회적 관계, 성별의 권력관계로 연결되어 잠재적으로 성차별을 확산시키게 된다. 육아, 가사를 여성성의 범주로 고착화시킴으로써 아직까지도 무의식 중에 아이에게 무슨 일이 생기면 엄마가 나서야 하는 것으로 자연스럽게 받아들이는 것이다. 자녀의 결혼식 준비에 아버지가 나서는 경우는 얼마나 될까? 평소 남편들은 아이를 자신의 전부처럼 말하다가도 무슨 일이 생기면 엄마 탓을 하며 아내의 속을 헤집어 놓는다.

셋째, 섹슈얼리티는 성적 욕구라는 말을 쓸 때의 성을 가리키는 말이다. 모호하게 쓰이고 있지만, '에로틱한 의미를 지니는 모

---

11) 포르노그래피가 남성 중심이라고 지적하는 사람들은 포르노그래피에는 사랑, 결혼, 생명(피임, 출산, 낙태)과 성의 연결고리가 통합적으로 나타나지 않고, 오로지 남성 중심의 쾌락만이 나타나고 있다고 본다.

든 것'으로 성과 관련되는 것을 가리키는 말이라고 볼 수 있다. 이것은 남녀 간의 성교나 성적 행위뿐만 아니라 모든 에로틱한 욕망(erotic desire), 에로틱한 실천(erotic practice), 성적 정체성(sexual identity)을 가리킬 때 사용된다. 느낌, 이끌림과 관련되는 섹슈얼리티는 확정된 어떤 실체나 현상이 아니라 개인마다 다양하게 반응할 수 있는 유동적인 개념이다. 섹슈얼리티로 인해서 개인마다 성적 지향(sexual orientation)이 다르게 된다. 같은 성에 이끌리는 성적 지향을 동성애, 서로 다른 성에 이끌리는 이성애, 양성에 모두 끌림이 있는 양성애, 동성과 이성 모두에게 성적 끌림을 느끼지 않는 무성애(asexuality) 등 개인에 따라 성적 이끌림은 천차만별로 나타나는데 이것이 섹슈얼리티와 관련된다. 중년 남성이 성을 왜곡시켜 생각하고 있는 것이 바로 섹슈얼리티에 대해 몰지각하기 때문이다. 그들은 여성이 무조건 남성에게 끌리는 것으로, 남성이 칭찬해줘야 하는 대상으로, 건드리면 좋아할 것으로 보고 치근대는 것이다.

섹슈얼리티는 신체구조, 심리구조, 사회적 규범, 사회조직(결혼, 가족, 법, 교육 등)에 영향을 받는 복합적인 것으로 이해될 수 있다. 그런데 그 이끌림의 근거를 자신뿐만 아니라 어느 누구도 정확하게 설명할 수 없다. 일례로 누군가에게 포르노 동영상은 섹슈얼리티로 받아들여지지만, 어떤 사람에게는 혐오감을 줄 뿐, 성적인 것으로 받아들여지지 않을 수도 있다. 따라서 다른 사람의 개인적 섹슈얼리티를 섹스, 젠더 차원에서 해석하게 되면 맞아떨어지지 않게 된다. 섹슈얼리티를 제대로 이해하지 못하고 '남자들은 이렇다, 여자들은 이렇다' 하는 식의 고정관념이 바로 우리 사회 성범죄, 성희롱 문제의 원인 중 하나로 볼 수 있다. 사회가 성희롱, 성추행, 성폭력 문제로 들끓고 있는데도 끊임없이 동종범죄들이 판을 치는 것은 성이 철저하게 개별적이라는 것을 이해하지 못하고 있다는 증거다.

섹스, 젠더, 섹슈얼리티의 개념과 상호관계에 대해서는 다양한 시각들이 존재한다. 먼저 이러한 구분 자체에 문제제기를 해서 섹스도 사회문화적 개념으로 봐야 한다는 점에서 젠더와 다를 바 없다고 보는 시각이 있다. 한편 젠더와 섹슈얼리티도 밀접하게 관련되어 있다고 보는 시각도 있다. 이는 남녀 간의 성에 있어서 사회문화적 구분과 위계를 유지시키는 젠더체계는 성적인 삶에 깊은 영향을 끼친다는 점을 지적하고 있다. 요즘은 생물학적 성, 사회문화적 성, 욕망으로 비롯된 성 등 중심개념을 가지고 정의 내릴 수 없는 새로운 성의 개념들이 나타나고 있다. 기존의 어떤 틀에도 속하지 않는 범주로서 젠더개념, 남성과 여성 이상의 개념으로 설명해야 하는 교차된 지점들이 있다. 성차이, 성구별로 성차별이 고착화되었다고 보고, 남녀 구별의 모호함을 지적하면서 남녀 대립축이 아니라 다양한 차원에서 인종, 국가, 계급. 젠더, 성적 지향, 나이 등에 따라 다양한 남성, 여성성이 존재한다는 것이다.[12)]

---

12) 변혜정(2008), 〈섹슈얼리티와 권력〉, 《섹슈얼리티로 바라본 세상》, 한국양성평등교육진흥원, p. 34.

양성애, 동성애, 트랜스젠더 등 자기정의에 의해 생기는 수많은 정체성들이 가능하다고 본다. 남성과 여성이라는 개념의 존재로 이성애, 동성애가 있지만 이 구분조차 작위적이라는 것이다. 살고 싶은 사람과 사는 것이 섹슈얼리티의 진정한 의미라고 보면서 차이는 토대(foundation)가 아니라 관계(relation)라면 차별은 사회가 만들었다는 것이다.

현재 우리 사회에서 섹스, 젠더와 주로 관련되어 나타나는 성차별 문제, 섹슈얼리티와 관련되는 성희롱, 성범죄 문제 등은 피해자가 남성인 경우도 있지만, 주로 남성이 여성을 대하는 데서 생기는 문제들이다. 중년 남성, 노년 남성들도 성에 대해서는 알 만큼 안다고 잘난 체하지 말고 타인의 성적 자기결정권을 존중하는 겸손한 자세를 가져야 할 것이다. 그렇지 않으면 언젠가는 큰 창피를 당할 수도 있다.

3) 개인평등과 양성평등

인간은 존엄한 존재로 누구나 인격적 가치 면에서 평등하기 때문에 차별대우를 받아서는 안 된다는 것은 자연법적 진리이다. 그런데도 여전히 현실적으로 다양한 차별이 존재하고 있고, 특히 성차별은 사회문제이자 범세계적인 주제로 자리 잡고 있다. 여성주의자들은 여성들이 차별받아왔다고 보고, 기회의 평등, 계급 불평등 소멸, 여성의 특수 상황을 고려한 새로운 평등 등을 주장해왔다.

우리 사회에서 남녀차별은 '정치적, 경제적, 사회적, 문화적 생활의 모든 영역에서 인간으로서의 기본적 자유를 인식, 향유하거나 권리를 행사함에 있어서 합리적인 이유 없이 성별을 이유로 행해지는 모든 구별, 배제 또는 제한'을 말한다.[13] 이에 대하여 양성평등(gender equality)이라는 말은 남녀가 함께 사회에 참여하고, 함께 고통과 혜택을 누리는 지위가 보장되는 상태를 가리

13) 남녀차별금지 및 구제에 관한 법률 제2조 제1호.

키는 데 사용되고 있다. 이 말은 남녀차별이 있어왔다는 것을 전제로 해서 생긴 말로 현실치유적인 의미와 미래지향적인 의미를 함께 가지고 있다.

양성평등 상태로 나아가기 위해서는 성별 형평성(gender equity)을 방법론으로 고려해야 된다. 현실에서 존재하는 남녀 사이의 생물적, 사회적 차이를 인정하고 그 격차를 줄이기 위해 조치를 취하는 것이 필요하다는 것이다. 그래서 양성 간의 불균형을 인정하고 개선하기 위해서 어떤 기준에 따라 한시적으로나마 보상하는 방안을 성별 형평성 측면에서 정당화한다.

물론 이러한 견해와는 달리 성 중립성(Gender Neutrality)을 주장하기도 한다. 여성이든 남성이든 특별하게 배려해야 할 이유는 없으며, 남성과 여성에게 같은 절차, 기회, 조건을 제시하는 것으로 중립을 유지한다는 것이다. 그러나 이러한 입장은 성차별적인 사회 환경을 고려하지 않는 것으로 오히려 중립적이지 않다고 본다. 진정한 중립성은 여성과 남성에게 미칠 영향을 분석, 검증, 확인한 후 형평성을 반영해야 확보될 수 있는 것이다.

따라서 양성평등은 두 가지 측면에서 접근 가능하다. 우선, 성이 남성과 여성으로 나누어져 있지만, 구분하는 기준으로는 활용하지 않는 방안이 있다. 정치, 사회, 경제, 문화 전반적으로 참여할 수 있는 인간의 기준을 남성과 여성으로 나누는 것이 아니라 개인능력을 기준으로 나누거나, 능력과 무관하게 나누어야 할 필요성이 있을 때는 다른 기준을 마련하는 것이다. 예를 들면, 안경 낀 사람과 안 낀 사람처럼 그때 상황에 따라 편리한 기준은 얼마든지 마련될 수 있다. 지금까지는 가장 편한 분류방법이 남성과 여성으로 나누는 방법이었지만 이것은 고정관념일 수 있다. 다른 하나는 현실적 조건을 감안해서 모든 것에 성을 감안하는 성인지적 관점(Gender Sensitive Perspective)을 갖는 것이다. 현실적인 취업률, 임금수준, 고위직 참여 등을 봐도 남녀 사이에 현격한 차이가 있음을 알 수 있다.

따라서 여성과 남성은 생물학적 특성과 삶의 조건이 다름으로 인해서 서로 다른 이해나 요구를 가진다는 점을 인식해서 적극적으로 배려해야 한다는 것이다. 주어진 맥락에서 중요한 쟁점이나 변수로 생물학적 성과 사회적 성을 고려하여 남성과 여성에게 미칠 여향을 인식하는 능력을 '성인지력'이라고 한다. 양성평등을 이루기 위해서는 성인지적 관점이 요구된다. 어떤 현상이나 자료를 대할 때에도 여성과 남성으로 나누어 보고, 여성과 남성의 생물학적 차이와 특성을 고려하며, 여성과 남성의 사회적 조건의 차이를 고려하는 것이 요구된다.

이제는 양성평등의 실현뿐만 아니라 양성으로 구분되어 있음으로 차별받는 성 소수자에 대한 배려를 해야 하는 시대가 되었다. 남성, 여성, 혹은 양성에 대한 고착된 틀로 인해 시행되는 정책이나 프로그램 등이 기존의 불평등을 확대 재생산할 수밖에 없는 경우를 찾아내서 평등에 대한 진정성을 실현해야 하는 시대가 된 것이다. 지금은 의도적으로 특정 성을 차별하기보다는 관행 또는 잘못된 인식이나 틀에 의해 무의식적으로 차별이 일상화되는 것을 개선해야 할 때이다. 이렇게 말하다 보니 중년 남성에 대해 말하는 것도 하나의 틀을 만들고 있는 것으로 자아비판을 해야 하는 것이 아닌가 하는 생각이 든다.

4. 공패가족과 이혼문제 인식

1) 공패가족에서 벗어나기

가정 · 일 양립을 위해서 현실을 진단하고 미래를 준비하는 것은 필수적인 요소이다. 일하려다가 가정이 해체되는 일이 있어서도 안 될 것이고, 가정을 유지하기 위해 하던 일을 그만둬야 하는 상황이 생겨서도 안 될 것이다. 여기서는 일을 제대로 하기 위해서는 가정이 편해야 한다는 것에 초점을 두고 남성들이 자각해야 할 것들을 중심으로 살펴보기로 한다.

우선, 맞벌이 남성이 등한시하기 쉬운 것이 가정에서의 삶의 질에 대한 관리이다. 남편과 아내 모두 서로가 일하느라 지치기 때문에 가정은 쉴 수 있는 공간이기를 바란다. 그러나 가정이 안식처가 되기는 쉽지 않다. 집은 안식처로서 추상적으로 인식되지만 현실의 문제 있는 가정에서는 집이 안식처로 기능하지 않는다. 정상적인 가정이 아닐 때 가족의 스트레스는 집 밖에서 받는 스트레스보다 더 크고 치명적일 수 있다. 가족끼리 주는 스트레스와 폭력으로 인해 평생 동안 회복 불가능한 육체적인 불구가 되거나 정신적인 질환을 겪고, 결국 죽음으로 끝이 나는 경우도 많다. 한번 내 몸과 정신의 상처를 보라. 누가 더 위협적인가? 가족이라는 이름으로 무심히 가해질 수 있는 것들이지만 그 결과는 결코 만만치 않은 것이다.

가정문제는 과거에도 있었지만 먹고살기가 어려웠던 시절에는 빈곤 때문에 가려져 있거나 가정문제 자체를 약자가 숙명으로 받아들여야 하는 것으로 생각해서 일방적인 희생으로 끝이 났다. 그러나 1980년대 이후 사회가 민주화되고 새 천년 시대에 여성의 지위가 향상되는 한편 경제적 생활이 여유로워지면서 가정 내의 여러 문제들이 부각되기 시작했다.

한국의 중년은 산업화, 민주화 과정에서 성장하고, 금융위기로 타격을 받으면서 가족에 대한 가치관의 변화와 세대 간 인식 차를 겪었다. 현재는 부모 부양의 책임감을 가지고 있으나 현실적으로 핵가족 형태로 살고 있고, 자신의 노후문제는 소수 자녀에 기댈 수 없는 상황이 되었다. 특히 권위 빼면 시체라는 남성들은 더 큰 스트레스를 받고 있다. 이러한 가족환경의 변화는 세대 간, 부부 간 갈등을 키우면서 가족 스트레스를 가중시키고, 가정문제를 일으켜 위기에 다다르기도 한다.

가정문제도 보는 시각에 따라 다양하게 접근할 수 있겠으나 급변하는 한국 가정을 거시적으로 보면 보수주의자와 진보주의자로 나누어 볼 수 있겠다. 사회변동으로 인한 가정생활의 혼란을 타락으로 평가하고 과거 가족제도로의 복귀를 강조하는 입장을 보수주의라고 해보자. 보수주의자들은 공동체 자체를 선으로 보기 때문에 결혼을 해서 가정이 탄생하는 것 자체가 좋은 일이다. 따라서 가족의 유대가 붕괴되거나 이혼으로 가정이 해체되는 것은 가족 공동체가 와해되는 것이기 때문에 악으로 본다. 사생아와 낙태, 출산율 하락, 미혼자의 성개방 등을 결혼과 가정생활 붕괴의 조짐으로 보고 있다.

한편 어떤 공동체든지 모순을 안고 있다면 타파되어야 한다는 입장을 진보주의라고 볼 때 가정문제에 있어서 진보주의자들은 가정의 유지 자체보다는 문제의 해결에 초점을 두고 있다고 할 수 있다. 진보주의자들은 가정생활의 혼란이나 가족문제를 과도기적 현상으로 보고 사회변동으로 일어나는 혼란은 사회발전을 위해 언젠가는 겪어야 할 것으로 본다. 따라서 결혼관계가 어떠한 경우에든지 유지되어야 한다고 보지 않는다. 불행한 결혼생활의 유지나 복잡한 이혼절차를 받아들이지 않는다. 결혼이 여성을 억압하는 도구로 활용되고 있을 경우에는 즉시 해체되는 것이 바람직하다는 시각이다.

이와 같이 가정문제를 보는 시각은 상반될 수도 있고 사람에 따라 다를 수도 있다. 그러나 해결해야 할 문제인 것만은 분명하다. 현재 중년에서 노년으로 접어드는 베이비붐 세대가 부딪치고 있는 가정문제는 주로 이혼문제 등 가족해체와 관련된 문제라고 하겠다.

가족해체란 가족구성원 간의 가치와 규범의식이 해이해지거나 상충하여 각자의 역할과 의무를 원활하게 수행하지 못함으로써 가정이 와해되어가는 것을 말한다. 가족해체의 과정은 크게 부부 간의 갈등, 부모자식 간의 갈등, 형제 간의 갈등으로 나눌 수 있다. 이러한 관계들의 갈등은 가족의 규범을 위협하고 가족 연대감을 약화시키며, 결국은 가출, 별거, 이혼 등의 구체적인 가족해체로 연결될 가능성이 높아진다.

가족해체까지는 가지 않더라도 정상적인 가족생활이 유지되지 않는 경우가 있는데 이것을 공패가족(空貝家族)이라고 한다. 가정이 '텅 빈 조개껍질과 같다'는 뜻이다. 부부는 이혼하거나 별거하지 않고 동거하면서 서로 필수적인 것만을 사무적으로 요구하고 의무를 다할 뿐, 감정적인 교류가 없다. 싸움도 없고 폭력도 없지만 웃음도 없다. 대화는 최소화하며 사무적인 역할과 의무만 지킬 뿐이다. 종교적 이유, 자녀문제, 체면 등의 이유로 가정을 유지하기는 하지만 빈 조개껍질과 같은 것이다. 다들 각자의 모임으로 바쁜 체 하지만 가정이 채워주지 못하는 마음의 공허함은 어쩔 수가 없을 것이다.

이러한 공패가족에서 벗어나기 위해서는 가족관계 만족도를 높이는 것이 필요하다. 가족관계 만족 변수들은 개인에 따라 다르겠지만 중년을 기준으로 봤을 때 성역할 인식, 부양 부담, 부부 공유활동 등이 기본 변수들이라고 하겠다. 남성들이 성역할 인식에서 개방적인 태도를 가질수록, 역할 분담이 공평할수록, 취미활동 등 부부공유활동이 많을수록 결혼만족도가 높아진다. 남성들은 여성에 비해 중년 이후 결혼만족도가 높아지지만 여성은 반대인 경우가 많다.[14] 따라서 중년에서 노년으로 접어드는 남성들은 길어지는 생애 동안 공패가족의 형태를 유지하지 않으려면 배우자의 관계만족도를 높이는 변인들을 숙지해야 한다. 사실 남성이 가족해체를 생각해본다면 아내의 비위를 맞추는 일은 그렇게 어렵지 않은 일이다.

14) 권오균 · 허준수(2010), 〈노년기 부부의 결혼만족도에 관한 연구〉, 《대한가정학회지》 51(1), p.1.

2) 이혼문제 바로 알기

부부가 같이 있어야 되겠다는 욕구가 없어지거나, 그러한 욕구가 있다고 하더라도 현재의 배우자에게서는 만족감을 얻지 못할 때 가족해체의 과정이 시작된다. 가족해체형태가 가장 극단적으로 표현되는 것이 이혼인데, 이혼은 혼인 해소의 한 유형이다.

혼인은 한 남자와 한 여자의 결합으로, 그 여자에게 태어난 아이는 그 부부의 합법적인 자녀로 인정된다. 아직까지는 혼인이란 '남녀 두 사람의 사회적으로 인정된 성적, 경제적인 결합'으로 규정되고 있다. 동성결혼을 인정하지 않는 한, 혼인은 한 남자와 한 여자의 결합이며, 이 결합에서 태어난 자녀에게 합법성이 부여되고, 부부는 성적으로 뿐만 아니라 경제적으로 결합되며, 이런 결합은 사회적으로 인정된 것이어야 한다.

대체로 혼인을 거쳐 부부가 된 두 사람은 경제적인 혜택을 용이하게 누리고 상호 간에 성적인 욕구를 충족시킬 수 있는 권리를 사회적으로 인정받게 된다. 그러나 혼인은 분명히 성적인 욕구충족 이상의 것이다. 혼인으로 각 당사자는 배우자를 얻게 될 뿐만 아니라 인척 집단을 얻게 된다. 이처럼 혼인은 당사자의 결합은 물론 그들이 소속된 두 가족의 결합을 가져오게 된다.

반면에 이혼은 바로 결혼의 기능적 이익들을 포기하는 것이라고 할 수 있다. 결혼에 의해 얻게 되는 기능적 이익에 비해서 손해가 더 클 경우 이혼이 선택되는 것으로 보인다. 물론 기능적 이익과 손실의 비중은 사람에 따라, 기준에 따라 다를 수 있다. 또한 과거에는 가치 있는 것으로 여겼던 것들이 무의미하게 여겨질 수도 있다. 아무튼 현대 사회에서 이혼은 과거에 비해 쉽고 흔한 선택 중의 하나가 되어가고 있다.

한편 요즘 상승하고 있는 황혼 이혼율에 영향을 미칠 것으로 여겨지는 여러 요인들을 아래에 열거하였다.

① 1인 가구가 많아지면서 혼자 사는 것이 자연스러워졌다.

② 성적 자기결정권이 보호받는 사회가 되면서 사랑과 이별은 개인이 알아서 하는 문제가 되었다.

③ 부부 경제의 평등화로 이혼경비 마련이나 이혼 후 생활비의 걱정을 줄였다.

④ 결혼에 대한 신성한 관념이나 성공과 실패, 행복과 불행의 기준이 달라졌다.

⑤ 결혼생활 내에서 추구하던 욕구를 결혼 외의 생활에서 충족시킬 수 있게 되었고, 여성이 남성을 돌봐야 하는 돌봄에 대한 양심의 가책을 느끼지 않게 되었다.

⑥ 수명이 늘어나고 건강이 유지되면서 새로운 인생을 시작해볼 만하다는 자신감이 생기게 되었다. 이러한 요인 외에도 사회문화적 변화로 이혼은 더 이상 낙인이 되어 심리적, 행동적 위축을 가져오지 않기 때문에 홀로 사는 삶을 선택하게 된다. 술, 담배로 망가진 노인 남성과 여생을 함께하라고 부탁할 수도 없는 사회가 되었다.

이러한 요인들과 함께 이혼을 하게 되는 구체적 사유도 생각해볼 필요가 있다.[15)] 현재 우리 사회에서 이혼의 사유도 과거와 많

---

15) 대법원의 《2014 사법연감》에 따르면 결혼 20년이 넘은 '황혼 이혼' 비율은 해마다 증가하고 있다. 전체 이혼 건수에서 황혼 이혼이 차지하는 비율은 2009년 22.8%, 2010년 23.8%, 2011년 24.8%, 2012년 26.4%, 2013년 28.1%(3만 2,433건)이다.

이 달라지고 있다. 과거에는 남자의 일방적인 이혼 강요가 많았으나 요즘은 여성의 결단으로 여성이 요구하는 이혼이 늘고 있다. 여성의 사회경제적 지위가 향상되고, 여성의 교육수준이 높아지면서 가능해진 것이다.

과거엔 주로 상대방의 부정행위로 인해 이혼하던 것이 요즘은 성격차이, 경제문제, 성문제, 가족 간의 불화, 정신적, 육체적 학대, 건강상의 문제, 상대방의 인터넷 중독 등 사유가 다양화되고 있다. 여성은 남성의 외도, 폭력, 무능력과 불성실한 태도 등을 이혼사유로 상대적으로 많이 제시하고 있고, 남성은 여성의 사치와 낭비, 간통, 성격차이, 가사분담, 시집 식구와의 불화, 신체적 결함 등을 주로 제시하고 있다. 남녀노소 할 것 없이 스마트폰에 매달리게 되면서 인터넷 중독은 남녀 공히 제시하는 이혼의 실마리로 작용하고 있다. 인터넷 때문에 이혼을 한다는 것을 과거 새마을 운동, 민주화 운동, 금모으기 운동을 했던 이들이 상상이나 했겠는가?

하나 또는 여러 가지의 복합적인 이유로 인해서 불행한 결혼생활로부터 탈출하고자 하는 것이 이혼이다. 결혼생활의 지속이 명백한 불행일 경우 마지막 돌파구가 이혼일 것이다. 그러나 이혼은 바로 가족 해체를 뜻하는 것이기 때문에 여러 가지 문제를 발생시킨다. 대부분의 경우 이혼은 당사자들에게도 심리적, 사회적으로 쓰라린 경험임에 틀림없다. 설령 이혼을 통해 당사자들은 각자의 삶을 살아간다고 하더라도 얽히고설킨 인간관계에서 복잡한 문제들이 생김으로써 쉽게 불행을 탈출하지 못하는 경우가 많다.

이혼은 다음 세대에게 씻을 수 없는 상처를 남기게 된다. 이혼 가정에서 발생하는 헐뜯기, 깎아내리기, 세뇌 등의 해독을 피하기가 쉽지 않다. 이 세 가지는 부모따돌림 증후군(parental alienation syndrome)으로 나타난다. 부모뿐만 아니라 확대 가족 전체로 감염된다. 이혼 전에는 정겹던 외할머니가 아버지 쪽의 이야기를 들어보면 이혼의 원흉이 되기도 하고, 함께 살던 사랑하는 할머니가 이혼 후 어머니 쪽의 이야기를 들어보면 마귀할멈으로 둔갑될 수 있다. '아버지가 우리를 버렸다' 또는 '어머니가 우리를 버렸다'는 것으로 부모와의 추억은 산산이 부서지고 배신감을 느끼기도 한다. 이혼한 부모의 헐뜯기와 세뇌로 자녀들은 희생자가 되어 상처를 안은 채로 평생 동안 살게 된다. 어른이 되고 부모가 되면 이혼하는 부모를 이해하게 될 것이라는 것은 무책임한 자기합리화일 수 있다. 부모에 대한 믿음을 잃게 되면 사회에서도 더 이상 사람을 믿고 살기가 쉽지 않다. 부모가 물려주지 말아야 하는 유산 중의 하나가 바로 가족에 대한 불신이 아닐까?

물론 결혼으로 이룬 가정에서 더 이상 행복을 추구할 수 없을 때 이혼은 행복한 삶으로 나아갈 수 있는 돌파구가 될 수 있다. 황혼 이혼이라면 더 절실할 수 있다. 그러나 이혼은 위에서 언급한 것처럼 당사자만의 문제가 아니다. 이혼 자체가 악이거나 그른 것은 아니지만 이혼이 미치는 파장은 부정적인 요소들이 더 많다. 자녀들이 다 자라서 독립했을 경우에는 부모따돌림 증후군은 없을 수도 있다. 그러나 노후에 자녀들과 오순도순 따뜻한 기운으로 가득 채운 집에서 만나기는 어렵게 된다. 황혼 이혼으로 홀로 사는 노인 남성의 삶은 처량하기 그지없다. 의식주의 해결

뿐만 아니라 사회생활에서도 초라해지기 쉽다. 유별난 경제력이 있는 경우가 아니라면 노인정에서 연애하는 것에서조차 홀로 산다는 것이 장점이 될 수는 없다.

5. 가정 · 일 양립 가치관 정립의 선행

1) 성주류화 전략에 대한 공감

이제 가정 · 일 양립을 위해서 사회제도에 초점을 두고 살펴보자. 사회적으로 가정 · 일 양립정책들이 다양하게 시행되고 있다. 그런데 아직까지 베이비붐 세대의 남성들은 가족친화적 정책들을 백안시하는 시각이 남아 있다. 그저 여자들 좋자고 편드는 정책쯤으로 알고 있다. 알 만한 남성들조차 성주류화(gender mainstreaming)에 대한 거부 반응을 일으키는 경우가 많다. 성주류화란 "정부의 모든 정책을 '젠더'의 관점에서 살피며, 정책이 제대로 만들어져서 성과를 내고 있는지 검토하자."는 것인데, 여성적 관점에서는 '사회의 모든 분야에서 여성이 동등하게 참여하고 의사결정권을 갖는 것'을 뜻하는 개념이다. 그래서 주로 여성 정치인 · 관료 늘리기, 여성 관련 부서 설치, 성인지 통계 · 예산 작성 요구 등으로 나타났다.

성주류화 전략을 부분적으로 수용해 여성부가 창설됐고, 2006년도 〈국가재정법〉에 성인지 예산제가 도입되어 2013년 회계연도부터 국가재정에 이어 지방재정에도 성인지 예산제도가 시행됐다. 현재 성인지 통계를 통해 정책 수혜자를 분석, 모든 국민에 대한 정책의 효율성을 조사하는 성별 영향평가를 실시하고 있는

데 이것도 성주류화 전략의 결과로 볼 수 있다. 공공시설 여자화장실의 변기 수 늘리기, 남자화장실의 아기 기저귀 교환대 설치, 지하철 9호선의 높낮이를 구분한 손잡이 장착, 남녀공학학교에 배드민턴이나 요가, 수영장과 같은 여성도 활용할 수 있는 시설을 함께 갖추는 것 등 사회곳곳에서 성주류화 정책의 반영이 늘어나고 있다.

남성들은 이러한 성주류화 전략에 두드러기 반응을 보일 것이 아니라 여성만을 위한 것이 아님에 공감할 필요가 있다. 모자가족지원법[16)]을 한부모가족지원법으로 바꾸어 편부, 편모가정 모두 지원을 받게 된 것처럼 남성도 수혜자가 되는 것이다. 이처럼 성주류화 전략은 불리한 여성뿐만이 아니라 불리한 남성들에게도 필요한 것이다. 정책의 수립, 시행 과정에 남성과 여성이 동등하게 참여하는 성인지 관점의 도입은 정책의 만족도와 수혜의 성평등성을 높일 수 있다는 점에 남성들이 공감을 해야 가족친화적

16) 강남식, "성주류화 전략 심화 단계로 진입", 여성신문 1128호 [정치], (2011년 4월 1일자 기사). 처음에는 '모자복지법'(1989년 4월 제정)이었다. 이 법은 '생계부양자'인 남성(남편/아버지)이 없이 '피부양자'인 여성(아내/어머니)과 자녀로 이뤄진 저소득 가족 지원과 관련된 법이었다. 이 정책에 성인지 관점을 도입해 정책의 성별 영향을 분석하자, 전통적으로 여성이 의무적으로 해왔던 가사노동과 자녀 양육 등 '돌봄 노동'에 대해 사회적 가치를 고려하지 않았고, 그로 인해 오히려 부자가정에 불평등한 정책이었음이 드러났다. 따라서 주로 남성들이 담당해온 가족 부양을 위한 '경제활동'에 대한 고려만이 아니라, 여성이 전담해온 가사와 보육을 위한 '돌봄 노동'에 대한 사회적 가치를 새롭게 평가하게 됐다. 결국 모자복지법은 모자가정에 지원하던 생계비, 아동양육비 등 복지급여를 부자가정으로 확대하는 '모부자복지법'(2003년 6월)으로 개정되었다. 더 나아가 2008년 1월에는 그동안 비정상 가족 혹은 건강하지 않은 가족이라는 인식과 결부됐던 모자가정·부자가정이라는 용어 대신 하나라는 뜻의 '한부모'로 변경하여 '한부모가족지원법'으로 개정, 한부모 가정에 적용함으로써 정책 수혜의 평등성을 한 단계 높였다.

사회로 나아갈 수 있다.

남성들이 인간평등의 관점에서 제도를 만들고 시행해왔다면 성주류화란 말이 생기지 않았을지도 모른다. 과거 여성정책조차 남성이 제도를 만들고 남성이 시행하다 보니 여성의 관점이 배제되어 문제가 발생했다. 그러자 여성의 일을 남성에 기대어 개선하려고 하니 바뀌는 게 없다는 판단을 내리고 여성이 직접 남성과 같이 정책결정의 주류가 되어 소외되지 않고자 한 것이다. 국가적 차원뿐만 아니라 가정 내에서도 마찬가지다. 가정을 이끌어가는 축이 남성이었던 시대는 지났다. 집안일의 결정도 남녀가 동등하게 참여하는 것이 가정의 성주류화다. 집안에서 돈을 쓸 때도 남편의 취미생활과 아내의 취미생활에 동등하게 쓰이도록 가정경제를 운영하는 것이 가정의 성인지 예산 운영이라고 하겠다. 가정 같은 작은 공동체에서는 네 것 내 것을 따지지 않는 것이 바람직할 수 있다. 그러나 전체를 두고 볼 때 공정해야 통하는 말이지 매번 남성이 우선적으로 혜택을 보고 있다면 합리적으로 결정하는 것이 더 바람직할 것이다. 좀 많이 벌면 얼마나 많이 번다고 혼자서 외국여행 다니고, 혼자서 취미생활에 빠져서 집안일은 나 몰라라 하는 남편을 사랑스러워 하는 아내가 세상 어디에 있겠는가?

2) 모성보호제도 지지

아직도 모성보호제도는 여성들의 고용유지를 지원하는 정책이다. 모성보호제도에는 산전후 휴가, 육아휴직, 육아기 근로시간 단축 청구권, 산전후 시간 외 근로 금지 등이 있다. 이들 제도는 직장과 가정생활을 병행하는 데 도움이 되고, 산전후 휴가와 육아휴직의 경우 보육비용을 간접적으로 지원받는 효과까지 있다. 좀 더 생각해보면 모성보호제도는 남성들의 육아휴직, 노인 간호 등 남성들의 돌봄 노동 참여도 지지하는 제도임을 알 수 있다. 사실 은퇴를 앞두고 있거나 이미 은퇴한 남성들은 모성보호와 무관하다고 생각할 수 있지만 그렇지 않다. 회사에서 요직을 차지고 있다면 물론이고 사회의 어른이자, 집안의 어른으로서 모성보호제도를 백안시하지 않아야 남녀가 평등한 가정과 일자리가 유지될 수 있다. 더 나아가 남성들이 돌봄 노동의 주체가 되어야 한다 하겠다.

현재 우리 사회에서 모성보호제도의 심정적 지지도는 매우 낮다. 실제 자료로 드러난 것만 봐도 이러한 제도를 활용하는 경우는 해당자(모성보호제도의 급여가 고용보험가입자에 한해서만 지급되고 있어 전체 임금근로자 중 31%인 '고용보험 미가입자'는 해당자가 아님)의 절반에도 미치지 못하는 것으로 나타나고 있다. 고용노동부에 따르면 2010년 경우 산전후 휴가급여 수급자는 7만 5745명이지만 육아휴직급여 수급자는 4만 1736명에 그치고 있다. 전체 여성근로자가 1700만 명을 넘는 점을 감안하면 육아휴직을 사용한 근로자의 수는 지극히 미미하다. 이는 남성 중심의 회사 분위기가 모성보호제도에 우호적이지 않기 때문이다. 흔한 얘기로 육아휴직 후 책상이 치워져 있다는 말은 농담이 아니다. 물론 육아휴직 기간 중 해고는 제재 대상이기 때문에 휴직 중에 해고하지는 않는다. 일단 복직시킨 뒤 온갖 수단을 동원해 밀어내는 것이다. 2012년 삼성경제연구소가 실시한 설문조사(복수응답)에 따르면 모성보호제도가 효과적으로 운영되지 않는 이유에 대해 '상사의 눈치가 보여서'라는 응답자가 44.1%로 가장 많았다. 이어 '인사상 불이익을 받을까 두려워서(37.5%)', '회사의 제도운영에 대한 의지와 독려 부족(27.2%)' 등의 순으로 나타났다. 실제로 출산휴가나 육아휴직 후 회사로 돌아간 다음 냉랭한 분위기와 일을 주지 않는 괴롭힘으로 자진 사퇴하는 수순을 밟는 경우가 있다. 여기서 회사의 분위기 또는 기업문화는 중년 이후의 실질적 힘을 발휘할 수 있는 나이 든 사람들의 남녀평등, 일 · 가정양립에 대한 관심이 반영된 것이다. 이렇다 보니 남성들이 육아휴직을 하는 것은 더 쉽지 않은 상황이다.

'엄마 손길'이 아이들에게 가장 필요하다는 것은 자신이 아이들을 키우던 시절을 돌이켜보면 금방 알 수 있다. 현재 손자녀들이 있다면 남의 일이 아니라는 것을 알 수 있을 것이다. 돌봄 노동을 '엄마 손길'로 보는 것은 성차별적 시각이라 볼 수도 있을 것이다. 그러나 돌봄 노동에 참여하는 남성의 손길도 '엄마 손길'로 본다면 '모성보호'도 여성에게 국한된 것이 아니라 남성도 적극적으로 참여해야 하는 돌봄의 비유어라 하겠다. 그런데도 아직까지는 이런 문화가 가정, 기업, 사회에서의 모성보호제도에 대한 냉소적 태도로 쉽게 뿌리내리지 못하고 있다. 자신의 아이에게는 엄마 손길이 필요하고, 부하나 동료 직원의 아이에게는 엄마 손길이고 뭐고 필요 없다는 말이다. 노인돌보기도 또 다른 모성보호제도로서 자리 잡아 가려면 남성들의 돌봄 노동에 대한 지지, 가족친화적 정책들에 대한 지지가 있어야 한다.

가정 · 일 양립을 위해서는 남성의 가정 내 지위가 변화되었다는 거시적인 흐름을 이해하고, 성차별적 사회에서 자신도 모르게 고착화되어 있던 성 관련 고정관념이나 몰이해를 극복해야 하는 것이 당연하다. 그리고 가정에 문제가 생기거나 해체될 수 있는 공패가족문제, 이혼문제를 실존적으로 인식해야 할 것이며 거시적으로는 일·가정 양립을 뿌리내리기 위한 가족친화적 여러 가지 제도들을 이해하고, 심정적으로 공감하고 실천하도록 해야 할 것이다.

6. 결론

여성의 일과 가정의 양립, 남성의 가정과 일의 양립을 위해서는 무엇보다도 남성의 고정관념 타파가 선행되어야 한다. 임금노동은 남성의 몫이고 돌봄 노동은 여성의 몫이라는 시각에서 빈말이라도 여자는 집에서 살림만 잘하면 된다는 식의 성차별적인 언행을 하기에는 시대가 변했다. 더 이상 가부장적 사회도 아니고, 남성이 가정 내 경제적 패권을 독점할 수 있는 것도 아니다. 여성이 일 · 가정 양립을 위해서는 어떻게 해야 하는가 하는 질문을 할 것이 아니라 남성이 가정 · 일 양립을 어떻게 해야 하는지에 초점을 맞추어야 한다.

우선, 남성들이 가정 내 지위의 변화를 인식하고 새로운 정체성을 확립해야 할 때라고 본다. 남성들이 가정 · 일 양립을 위해서는 그동안 남성들이 스스로 억압해왔던 자기감정에 충실한 것부터 시작될 수 있다. 자녀와 노인에 대한 돌봄 노동을 귀하게 여길 줄 알고, 아내나 자녀에 대한 배려적 감정표현이 남성의 권위를 허무는 일이 아니라는 자각이 있어야 한다. 남성의 가정 · 일 양립은 남편 역할 찾기, 아버지 역할 찾기부터 시작될 수 있다. 중년 이후에는 아버지의 역할은 축소되고 남편의 역할이 거의 전부를 차지한다. 동창회니 뭐니 하고 밖으로 나돌기보다는 아내에게 더 잘해야 하는 시기이다.

다음으로 남성들의 성평등에 대한 이해와 공감, 실천이 필요하다고 본다. 남성과 여성의 차이에 대한 객관적 이해는 여성차별주의가 만들어낸 그늘로부터 벗어날 수 있는 계기를 만들어줄 수 있다. 성적인 것에 대한 이해와 공감이 부족했다는 점을 알게 될 때, 그동안 성희롱을 비롯한 성범죄들에 있어서 가해자들에게 관대하고 피해자들에게 가혹했던 관행들에 대해 반성할 수 있을 것이다. 중년 이후의 남성들이 성적인 추근거림을 남성다움의 발산이나 성적인 왕성함의 증거라고 착각하는 한 사회적으로 창피를 당하는 것은 물론이고 일도 가정도 잃게 되는 결말을 맞이할 것이다.

가정이 안식처이기를 바란다면 집안일에 있어서 손질의식이 있어야 한다. 집안의 분위기는 남성과 여성이 함께 만들어가는 것이다. 집사람이 따로 있는 것이 아니다. 집안일을 나 몰라라 할 때 공패가족이 되고, 가족해체로 이어질 수 있다. 중년 이후에는 돌아갈 곳이 더 절실히 필요하게 된다. 산다는 것은 집에서 나와 집 밖에서 볼일 보고, 다시 집안으로 돌아가는 일을 반복하는 일이다. 돌아갈 집이 사람을 끌어들이지 않으면 행복해질 수 없다. 친구가 좋네, 동창이 좋네 하고 집 밖으로 나돌다가 영영 그 집으론 돌아가지 못하는 일이 생길 수 있다. 일을 잘하기 위해서는 가정도 잘 유지되어야 하는 것을 염두에 두고, 공패가족 진단을 수시로 해서 고치고 다듬어 가족해체로 가는 일이 없도록 해야 노후가 행복할 수 있다.

그리고 가정 · 일 양립을 위해서는 남성들이 성주류화와 가족친화적 정책에 대한 정서적 지지가 있어야 한다. 머리로는 인정하면서도 사사건건 정서적으로 비아냥거리고 있어서는 가정파탄의 실마리가 될 수 있다. 일 · 가정 양립정책을 그저 출산과 육아 때문에 일을 포기해야 하는 젊은 여성들만을 위한 정책이라고 한정 짓고 백안시한다면 상황은 개선될 수 없다. 여성들의 일 · 가정 양립을 판단할 때 보이지 않게 '남성은 일 우선, 여성은 가정 우선'이라는 잣대로 압력을 행사한다면 가족친화정책은 정책으로만 머물 수밖에 없다. 남성들의 사고전환이 이루어진다면 기업도 가족친화적 정책에 있어서 소극적 태만이 줄어들게 될 것이다. 직장에서 기혼 여성을 기피하지 않고, 남성 육아를 못난 사람으로 비하하지 않는 문화를 확산시키는 일을 아직도 결정권을 거의 독점하고 있는 중년 이후의 남성들이 나서서 해야 한다.

이제 남성들도 자아실현의 의미를 오로지 직장생활에서 찾는 것에서 벗어날 때가 되었다. 직장에서 최선을 다해 자신의 능력을 발현하는 것도 중요하지만, 가정에서 가족과 함께 일과 여가 생활을 함으로써 인생의 가치를 더해갈 수 있어야 한다. 남성들의 여가생활은 밖에서 이루어져야 남자다운 것으로 여기는 시각에서 탈피하여 가족과 공유하는 여가거리를 찾아나가는 것이 필요하다. 중년 이후 은퇴시기를 맞게 되는 남성들의 삶의 질은 아내와 함께 보내는 시간의 삶의 질과 무관하지 않다.

요컨대 우리 사회에서 일과 가정의 양립이 여성에게 주어지는 짐이 되지 않으려면 남성부터 일과 가사를 병행할 수 있어야 할 것이다. 사회적 인식이 바뀌고 있다고는 하지만 개별 남성의 내면이 바뀌지 않으면 앞으로도 여성의 일 · 가정 양립에 대한 논의는 겉돌게 될 것이다. 이제 중년 이후 은퇴를 한 뒤에도 새로운 일을 찾아서 해야 하는 시대가 되었다. 더 오랫동안 일을 하고 살기 위해서는 일이 끝난 후 돌아가고 싶은 가정이 있어야 한다. 여성들이 퇴근 후 가정에 돌아왔을 때, 또 다른 일이 기다리고 있어 제2의 출근이 되어버리는 가정 내 성차별적 상황이 바뀌지 않는다면, 남성들의 가정 · 일 양립도 불가능한 가족해체의 상황을 맞을 수도 있다. 부부 모두에게 집은 안식처가 될 수 있게 하는 것이 가정과 일 양립의 밑바탕이라 하겠고, 급변하는 시대를 살아온, 이제 노년기로 접어드는 중년 남성들의 행복과 직결된다 하겠다.

제5장

중년 여성의 정체성과 법정책

_엄순영

제5장에서는 중년 여성이 자신에 대한 바람직한 정체성을 세우기 위하여 먼저 여성성의 역사성을 이해하고, 지금까지 여성에게 부여되어왔던 여성성을 전복할 것을 주문한다. 늘 남성적인 것을 보편적이고 가치 있는 것으로 여기고, 여성적인 것을 폄하하고 주변화해왔던 역사에 문제를 제기하고, 여성 자신의 경험을 하찮은 것으로 폄하한 상징체계를 전복하여, 자신의 경험을 신뢰하면서, 바람직한 중년 여성의 정체성을 찾기를 바란다. 또한 이러한 것들을 위하여 법적 권리를 획득하는 것만으로는 부족하므로 지금까지 여성 정책이 여성 혹은 여성 노동자로 분류해왔던 것과 달리 이제 중년 여성을 하나의 정책적인 범주로 설정하는 어젠다로 개발할 것을 요구한다.

1. 중년 여성의 정체성은 어떤 모습이어야 하는가?

여성은 오랫동안 역사에서 배제되어왔으며, 여성 스스로를 나타내는 상징과 의미체계를 갖지 못하였다. 여성성의 역사성을 이해하지 않는다면, 이제까지 지속되어온 남성성 중심의 언어에 종속되는 정체성을 세울 수밖에 없다. 이러한 위험에서 벗어나 중년 여성 자신의 정체성을 세우기 위하여 먼저 여성성의 역사성을 이해하는 것이 필요하다.

1) 여성성의 역사성

여성성에 대한 것은 메소포타미아와 이집트, 중국, 그 어디든 상관없이 세계 최고(最古)의 기록들에 나타나 있다. 이러한 기록들에는 남편과 아내가 서로를 어떻게 대해야 하는지를 상술한 법률이 들어 있고, 남성과 여성이 행해야 할 방정한 품행과 거동을 자세하게 제시한 규범, 남성과 여성 또는 신과 여신의 관계를 묘사한 이야기와 신화들이 가득하다. 또 남성과 여성의 본질에 관한 본격적인 숙고와 남녀의 차이가 생겨난 이유에 대한 고찰도 볼 수 있다. 예를 들어 기원전 1750년경에 만들어진 것으로 보이는 바빌로니아의 함무라비 법전에는 결혼과 이혼에 관한 법 조항이 많다. 그러나 이 법전이 얼마만큼 폭넓게 시행되었으며 어느 정도 선택적으로 실행되었는지에 대해서는 알 길이 없다(메리 E. 위스너-행크스, 2006: 117). 규범은 사람들이 자신의 세계를 개념화한 것으로, 세상이 그랬으면 하는 희망을 담고 있으며, 또는 그렇게 만들려고 하는 노력을 의미한다. 하지만 규범들은 '……이다'와 같은 단정적인 표현으로 마치 객관적인 실재를 묘사하고 있는 듯이 설명되고 있어서, 규범과 현실이 같다는 착각을 일으킨다(메리 E. 위스너-행크스, 2006: 117-118).

어쨌든 대부분의 문화에는 여성과 남성에 관한 관념이 표현되어 있다. 여성을 주제로 한 역사가 발전하기까지 대부분의 역사 연구는 남성을 주제로 삼아왔다. 게다가 역사 기록은 거의가 남성의 활동과 사고를 대변하고 있다. 따라서 남성다움에 대한 관념을 발견하는 것이 여성다움에 대한 생각을 찾아내는 것보다 수월할 것이라고 생각할 수 있다. 그렇지만 사실은 그 반대다. 교육받은 남자들은 여성을 하나의 획일적인 집단으로 보았기 때문에 쉽게 일반화시켰다. 이들은 역사가 기록되기 시작한 순간부터 여성이 남성과 다른 이유를 단언하고, 여성의 행동 양식과 외모에 대한 관념을 만들어내고 이를 글로 써서 남기기 시작했다. 그러나 남성은 자신의 성으로 관심을 돌릴 때면 나이, 재산, 교육, 사회적 지위, 능력, 그 밖에 여러 가지 요인으로 인해 개개인의 차이가 매우 많다고 보았고, 그러한 이유로 남성을 하나의 범주로 취급할 수 없다고 생각했다. 최근 프랑스 페미니스트 사상가들이 표현한 대로 남성은 여성을 타자(the Other)라는 집단으로 규정하여 분석의 대상으로 삼았으나 자신들은 자아(the One)로

봄으로써 남성을 전체로 포괄하는 일반화는 불가능하거나 불필요한 것으로 간주해왔다(메리 E. 위스너-행크스, 2006: 121-123).

역사적으로 사회와 사회경제적 집단을 개념화하는 방식에도 여성에게 맞는 분류를 찾기 어렵다. 예컨대 중세 유럽사회에서 기사계급, 성직자, 농민으로 계급을 분류할 때, 여성은 기사도 성직자도 아니었다. 여성은 이런 분류집단의 부분을 이루고 있을 뿐이다. 마르크스가 분류한 부르주아와 프롤레타리아 계급에도 여성은 들어설 자리가 없다. 대다수 유럽 국가에서 결혼한 여성은 어떤 재산도 독자적으로 소유하지 못하였기 때문이다. 미국의 독립선언서에서 토머스 제퍼슨(Thomas Jefferson)이 "모든 인간은 평등하게 창조되었다(all men are created equal)."라고 표현했을 때, 사실은 모든 인간의 의미가 아니라 모든 남성만을 의미했다. 17, 18세기 정치 이론에서 '모든 남성(all men)'은 그야말로 모든 남성만을 의미했다. 남성 또는 인간으로 번역되는 영어 'man'은 젠더 중립적으로 주장되었지만, 현재는 젠더 망각적인 단어로 인식되어 남성에 관한 관념을 남성성(masculinity)이나 남성다움(manhood)과 같은 용어로 사용한다(메리 E. 위스너-행크스, 2006: 123-125). 19세기에는 좀 더 많은 남성에게 투표권을 확대했던 법률에 '남성(male)'이라는 단어가 처음으로 쓰이기 시작했다. 그 이유는 기존 법률에 사용된 사람(person)이라는 단어에는 여성도 포함된다고 해석되어서 투표권의 자격 요건인 일정한 재산을 소유하고 있는 여성들도 투표권을 요구했기 때문이다(메리 E. 위스너-행크스, 2006: 130-131). 남성들은 여성에게 법적 권리를 부여하지 않으려고 상징체계의 표현을 사람에서 남성으로 명확하게 바꾸는 노력을 마다하지 않았다.

이처럼 여성성은 남성에 의해서 일반화되어왔고, 여성을 사회와 사회경제적으로 개념화할 수 있는 분류 개념도 오랫동안 없었다. 이것은 학문 개념의 기초를 세운 것으로 유명한 아리스토텔레스 자체가 여성을 노예로 분류하고 있는 것과도 무관하지 않을 것이다. 또한 오랫동안 여성은 남성과 독립된 한 인간으로서가 아니라, 어느 가장의 딸, 누구의 부인, 가(家)를 이을 아들을 낳았느냐와 같이 남성과 연관해서 설명되어왔다. 서양 학문의 기초를 세운 아리스토텔레스는 특히 여성을 노예와 같이 본 것으로 유명한데, 역사학자 토머스 라커(Thomas Laqeur)가 명명했듯이, 아리스토텔레스는 '한 성 모델(one-sex model)'을 주장했다. 남성과 여성을 모두 같은 선상에서 관찰하는 이 모델은 여성을 체온이 부족해서 완전한 남성처럼 성기관을 밖으로 돌출시키지 못하고 몸 안에 가지게 된 불완전하며 태생적으로 불운한 남성이라고 여겼다. 이후 16세기 베살리우스(Vesalius)의 해부학은 여성의 성기관을 남성의 성기관이 안으로 들어간 형태로 묘사했다. 서양의 의학이론은 열을 신체에서 가장 강력한 힘이라고 보았다. 따라서 여성은 열이 부족하여 생리를 하게 되고 대머리가 되지 않는다고 설명했다. 수태와 임신기에 무언가 부족하면 여자가 되고, 끊임없이 운동을 하거나 특별한 열에 노출이 되면 후에 남자가 될 수도 있다고 보았다. 아리스토텔레스는 자연은 언제나 완전해지려는 경향을 가지고 있기 때문에 남자는 결코 여자가 될 수 없다고 주장했다. 또한 여성과 남성은 하나의 성 안에 위치 지어지기 때문에 일부 여성은 어떤 남성보다 더 남자 같을 수 있으며 권위와 자기통제 같이 남성에게 기대되는 역량을 보여줄 수도 있다고 보았다. 이러한 한 성 모델은 그리스 의사 갈레노스(Galenos, 129?-199?)가 비판하였다. 남성과 여성은 성적으로 모두 완벽하고 독특하며 상호 보완적이라는 갈레노스의 견해는 그로부터 1600년이 지난 후에야 통설로서 수용되었다(메리 E. 위스너-행크스, 2006: 126-127). 심지어 16세기에는 유럽 법학자들의 살인죄 논쟁에서 "여성은 인간(human being)의 범주에 속하지 않는다."(메리 E. 위스너-행크스, 2006: 130)는 의견을 개진하면서, 여성을 살해한 자에게 살인죄의 책임을 물을 수 있는지를 논쟁하였다.

19세기까지도 여성을 남성보다 위계질서 하위에 두기 위한 각종 과학적, 의학적 이론들이 새로운 용어로 동원되었다. 이전의 사상가들이 남녀의 차별을 신이 창조한 질서에서 차지하는 사회적 역할이나 위치로 생각했다면, 과학이 발달하면서 새로운 사상가들은 남녀의 차별을 신체와 연관시켰다. 예컨대 남성의 뇌가 여성의 뇌보다 크고, 남성의 뼈가 여성의 것보다 강하다고 밝혔다. 몸의 크기에 비례했을 때 여성의 뇌가 남성의 뇌보다 더 크다는 지적을 받자 아이들의 뇌가 몸에 비해 크다는 사실에서 유추해 여성의 뇌가 더 아이 같음을 나타내는 증거라고 했다. 종종 '사회학의 아버지'라고 불리던 에밀 뒤르켐(Emile Durkheim, 1858-1917)은 "파리 평균 남성의 두개골은 가장 커다란 두개골 군에 속하지만 파리 평균 여성의 두개골은 가장 작은 부류에 속해 심지어는 중국인의 두개골보다 하위에 놓이며, 뉴칼레도니아 여성의 두개골보다도 위에 놓이기 어렵다."라고 언급함으로써 인종과 젠더를 연관시켰다(메리 E. 위스너-행크스, 2006: 128-129). 이렇게 여성에 대한 폄하는 19세기까지 계속되었다.

여성이라는 단어는 정치적 의미와 관련해서 같은 단어에 다른 의미가 부여되기도 하였다. 20세기 중국에서 여성을 묘사하기 위해 사용한 단어에는 정치적인 함의와 목적이 들어 있다. 중국에서 가장 일상적으로 쓰이는 단어는 '부녀(婦女)'로, 이는 원래 '여성 가족 구성원'을 의미하며, 여성을 가족 집단과 연계시키고 있다. 1920년대 중국의 중산층 지식인들은 '여성(女性)'이라는 단어를 선택해 좀 더 '근대적인' 여성의 상, 좀 더 성적이고 상업적이며 가족과의 관계를 덜 내포하는 단어로 표현하고자 했다. 그러나 중산층의 가치를 거부했던 공산주의자들은 다시 부녀로 되돌아갔으며, 이 단어를 가족보다는 국가와의 관계에서 재해석했다. 하지만 마오쩌둥 이후 시대의 어떤 작가들은 여성과 국가의 관련을 경시하기 위해 '여성'이라는 단어를 사용했으며, 또 어떤 이들은 가족과 국가 모두의 관련을 무시하는 사회과학적 영향을 받은 단어인 '여인(女人)'을 사용했다. 따라서 중국에서는 여성에 해당하는 단어 가운데 정치적이고 사회적인 함의를 가지고 있지 않은 것은 없다고 할 수 있다(메리 E. 위스너-행크스, 2006: 129-130). 이처럼 여성을 부녀, 여성, 여인 중 어떤 상징적 단어로 표현할 것인가 하는 것은 여성의 정체성과 연결되어 있다.

여성성과 남성성에 대한 본격적인 개념 규정들은 18, 19세기의 사상가들에게서 찾아볼 수 있다. 한편 19세기 후반부터 시작된 남녀의 성차에 관한 심리학적 연구들은 행동, 성격, 능력 등에서 여성과 남성이 현상적으로 나타내는 차이에 주목하였는데 이는 남녀가 신체적으로 다르듯이 심리적으로도 다르다는 전제하에 생물학적 성이 심리적 특성 및 행동을 결정한다고 본 것이다. 그러나 이 경우 인격적, 도덕적 특성과 심리적 특성이 구분되지 않은 채 혼용되어왔다. 야심, 강한 의지, 용기, 독립성, 합리성(심리학적 특징), 정직함, 정의로움(도덕적 특성)은 남성적인 것이고, 여성적인 것으로 상냥함, 겸손, 감정이입, 부드러움, 양육성, 직관, 이타성, 자비심, 보살핌을 분류하는 것이다. 그래서 야심 있는 모습은 남성적인 것이므로 여성이 야심성을 보이면 부적합하다고 판단하는 것이다. 여성적 덕성으로 분류되는 것과 남성적 덕성으로 분류되는 것이 있고, 모두 보편적 가치를 지니지만, 남성적 덕성을 더 가치 있는 것으로 간주되어왔다. 양성성을 갖춘 이상적인 인간형은 이러한 덕성을 균형 있게 지닌 인간이지만 현실은 남성성을 중심으로 구성되어 있다는 것이 문제이다. 19세기 초 여성해방론자들은 권력관계의 불균형에서 남성적 특성을 개발해야 평등해질 수 있다고 판단하고 여성적 덕성을 억제할 것을 주장했다. 그러다가 20세기 중반부터 양성성의 개념이 새로이 등장하였다(고미라, 1996: 127-137).

최근 성에 대한 견해는 남녀 모두 다양한 잠재력을 개발하기 위하여 양성적 인간형을 지향해야 한다는 것이다. 하지만 이에 대한 반론으로 오히려 남성, 여성 모두 여성성을 더 개발하는 것이 더 좋은 사회를 만드는 데 필요한 역량이라는 견해도 있다. 필자는 여성성, 남성성의 이분법적 분류를 극복하는 것이 필요하다고 본다. 이러한 이분법적 시각에서 벗어나서 사람이 추구해야 하는 남성, 여성 공동의 정서적 공통점과 도덕적 가치를 개발하는 것이 필요하다.

논리학에서 이분법적 사고를 넘어 애매 모호한 언어를 수치화하고, 명제의 참과 거짓 이외의 중간은 없다는 배중률에 정면 도전하는 퍼지이론이 주장되면서, 젠더 개념과 퍼지이론의 결합이 모색되어 성을 논의하기도 한다. 퍼지집합은 1965년 미국 캘리포니아대(버클리 분교)의 로트피 자데(Lotfi A.Zadeh) 교수에 의해 제안된 것이다. 그는 언어를 수리화하는 데 관심을 갖고 퍼지집합을 '언어 변수'라는 개념으로 처음 소개했다. 퍼지논리는 퍼지집합론을 바탕으로 한다. 기존의 집합론에서 대상은 특정 집합에 속하거나 속하지 않거나 둘 중 하나이다. 퍼지논리에서는 이런 집합을 '딱딱한 집합(crisp set)'이라 부른다. 반면 '퍼지집합(fuzzy set)'에서 대상은 소속 여부가 아닌 0에서 1까지의 소속 '정도'를 가진다. 적당한 양, 많은 양 등의 애매모호한 언어표현이 통합돼 추론이 전개될 수 있다(조성준, 2010). 이러한 퍼지이론이 젠더 개념과 결합하면, 이제 여성과 남성의 이분법이 아니라 모든 사람은 몇 %의 여성성과 몇 %의 남성성으로 구성된다. 한 쪽 끝에 여성을, 반대쪽 끝에 남성이 놓여 있는 일직선 위에 어느 한 지점에 자신의 성이 표기되는 것이다.

그러면 이제부터 성에 대한 이분법에서 유연해진 사고를 갖고 중년 여성의 바람직한 정체성 찾기를 해보자.

2) 중년 여성의 바람직한 정체성 찾기

중년 여성의 바람직한 정체성은 지금까지 여성에게 부여된 여성성에 대한 전복을 통해서 가능하다. 여성성은 각 여성이 갖고 있는 특징을 무시하고, 생물학적으로 여성이라는 것에 따라 무조건 강요되어온 것이다. 그렇기 때문에 이러한 여성성은 자신의 특질과 잘 맞는 사람에게는 문제가 없지만, 자신의 특질과 맞지 않는 사람에게는 폭력으로 작용한다. 따라서 중년 여성의 정체성을 찾기 위하여 그동안 자신의 특질과 맞지 않게 강요되어왔던 여성성에 대하여 자신과 관련해서 되묻는 작업이 필요하다.

먼저 여성으로서의 나가 아닌, 사람으로서 고유한 특성을 지닌 자신을 마음속에서 받아들이는 작업을 시작하여야 한다. 내가 누구이고, 나는 어떤 특성을 갖고 있으며, 나는 무엇을 할 때 가장 행복하게 느꼈는지, 정말로 하고 싶었던 것이 무엇이었는지 물어보는 시간을 가져야 한다. 사회적으로 요구되었던 것을 떠나서, 외부적 시각과 판단을 떠나서 그저 한 사람으로 온전히 무엇을 느끼고 무엇을 하며 시간을 지내고 싶은지, 무엇을 할 때 흥미롭고 살고 있다는 느낌을 가졌는지 찾아보는 시간을 가질 필요가 있다. 하지만 막상 자신이 누구이고, 무엇을 하고 싶었는지, 무엇을 할 때 가장 행복한지를 물어보면, 많은 여성들이 명확하게 잘 떠오르지 않는 것을 경험한다. 이런 질문을 잘 해오지 않았고, 그동안 여성으로서 해야 한다고 여겨지는 것에 따라 오랫동안 살아오면서, 결국 정작 자신을 지금까지 살아온 것과 일치시킨다.

따라서 중년 여성의 정체성을 찾고, 세우기 위하여 여성을 지배해온 가부장제의 역사와 가부장제가 규정한 여성의 정체성을 인식하는 것이 필요하다. 늘 남성적인 것을 보편적이고 가치 있는 것의 기준으로 하고, 여성적인 것을 폄하하거나 주변화해온 역사에 문제를 제기하고, 여성이 주로 많이 하고 있고, 여성들이 느끼는 것을 주체적인 것으로 가치화하는 작업이 필요하다.

그동안 여성에게 강조되어왔던 모성역할은 생물학적으로 정당화되어왔다. 하지만 모성역할의 생물학적 정당화가 거짓이라는 것을 인식할 필요가 있다. 인류발달의 가장 초기 단계에서는 모성역할에 대한 생물학적 설명을 수용할 수 있을지 몰라도, 여성의 모성역할에 따른 성별노동분업은 자연스러운 것이 아니다. 오히려 이것은 남성지배 현상이며, 생물학적으로 주어진 환경에서 발생하여 시간이 가면서 문화적으로 생성 · 강화된 구조가 된 것이다. 여성과 출산 · 양육을 연계시키는 것은 문화적으로 결정된 것이며, 사회적으로 조종되어왔다(가다 러너, 2004: 77-78). 우리나라의 경우만 보아도 여성의 출산은 사회적인 캠페인을 통해서 대대적으로 몇 명을 낳으라고 계속 홍보한다. 70년대에는 둘 만 낳아 잘살자고 하더니, 최근 출산율의 저하로 세 자녀 갖기 운동을 펼치고 있다. 또한 낙태와 관련해서도 여성의 자율적 결정에 맡기지 않고, 그것을 공론화하며 심지어 낙태를 형벌로 규정하면서 여성의 몸을 다양한 방법으로 통제, 지배하고 있다. 이처럼 여성의 재생산능력을 여성과 분리하여, 국가가 통제할 수 있는 사물로 취급하고 있다.

이것은 여성을 억압해온 오랜 인류역사의 가부장제와 관련되어 있다. 여성이 역사적이고 문화적이며 정치적, 사회적 존재로 인식되기 시작한 것은 인류 수천 년의 역사에서 100여 년 정도이다. 늘 여성은 딸, 남자의 성적 서비스 대상, 아내, 어머니로 분류되었다. 그렇다고 여성을 피해자로만 인식하는 것은 정확한 인식이 아니다. 여성은 사회적, 정치적으로 자신의 지위와 위치를 상실하는 대신, 가정에서 가족을 심리적으로 지배하고, 경우에 따라서는 가정 경제 운영의 책임자로 군림하였다. 그러나 여성의 지배적 지위는 가정 내에서만 가능했다는 것 또한 부정할 수 없는 사실이다(여성의 가정 내에서 자녀와 남편에 대한 지배자 위치에 관한 자세한 논의는, 루이스 A. 틸리 · 조앤 W. 스콧, 2008 참조).

현재 여성들은 지위가 향상되고 정치적, 사회적 주체로서 법적인 권리를 보장받고 있지만, 여전히 정치적, 사회적 지위에서 여성들이 열악하다는 것은 객관적 지표들이 나타내주고 있다. 여성이 정치적, 사회적으로 자신의 역할을 제대로 발휘하는 데 가장 큰 걸림돌로 작용하는 것은 여전히 여성에게 맡겨져 있는 모성역할과 함께, 가족 돌봄 노동의 책임자 지위이다. 따라서 중년 여성의 바람직한 정체성은 모성역할에 대한 여성의 관점과 태도를 정하는 것과 밀접하게 관련이 있다. 모성역할과 여성의 관계를 이해하기 위하여 모성역할에 대한 역사적, 정치적, 사회적 의미를 정확하게 인식할 필요가 있다.

여성과 모성의 역할을 생물학적으로 연관시키고, 당연시하는 의식에는 남성우월주의, 남성 중심의 가설이 그 바탕에 놓여 있다. 여성의 모성역할이 생물학적으로 정당화된다면, 이에 따른 성별분업을 결정짓는 것은 자연이 창조한 것으로 된다. 그것에 근거한 성불평등과 남성지배의 책임을 남성에게 물을 수 없게 된다. 인류 수천 년의 역사에서 여성은 여성의 재생산능력과 함께 사회적으로 가치 있는 존재가 되었다. 모성이 가장 여성이 가져야 할 으뜸의 목적으로 여겨져왔다. 그래서 여성 대다수는 근대까지 자녀 출산과 양육을 통해서 생존이 가능하였다.

위와 같은 것을 가능하게 하는 가부장제[1]는 거의 2500년이라는 기간에 걸쳐 남성과 여성에 의해 형성된 역사적인 창조물(historical creation)이다. 성별에 관한 정의들(definitons of gender)은 인류의 오랜 역사 속에 존재해 왔고, 그것이 국가와 사회를 형성하는 데 절대적인 요소로 영향을 끼쳤다. '양성에 적합하다고 간주되는 역할들과 행동은 가치, 관습, 법, 그리고 사회적 역할 속에 표출되었다'(가다 러너, 2004: 373). 그리고 이러한 것들은 문화적 구성물(cultural construct)과 설명체계의 주요 부분으로 되었다.

재생산능력과 성적 서비스로 구성된 여성의 성(sexuality)은 서구문명이 창조되기 전에 이미 상품화되었다. 신석기시대에 농경의 발달은 부족 간 '여성교환'을 촉진시켰다. 그 이유는 여성교환으로 결혼동맹을 견고히 하고, 끊임없이 벌어지던 전쟁을 피하는 수단이 될 수 있었기 때문이다. 또한 더 많은 여성을 확보한 사회가 더 많은 자녀를 생산할 수 있었기 때문이다. 집단으로서 남성은 여성에 대해 권리를 가지고 있었지만, 집단으로서 여성은 남성에 대해 아무런 권리도 갖지 못했다. 여성들 자체가 자원이 되었고, 땅이 남성들에 의해 습득되는 만큼이나 여성들도 남성을

1) 이하 가부장제에 관한 설명은, 가다 러너, 강세영 역(2004), 《가부장제의 창조》, 당대에서 〈제11장 가부장제의 창조〉의 내용을 인용하였음을 밝힌다.

위해 교환되거나 사들여졌으며, 나중에는 노예제도하에서 정복되거나 매매되었다. 그 속에서 여성들의 성적 서비스는 여성 노동력의 일부였으며 그들의 자녀들은 주인의 재산이었다. 알려진 모든 사회에서, 가장 먼저 노예가 된 것은 정복당한 부족의 여성들이었으며, 반면에 남성들은 죽임을 당하였다. 남성들은 이방인 집단의 여성들을 노예화하는 방법을 배우고 나서야 비로소 이방인 남성들을, 그리고 자신들의 사회 내에서 종속적 위치에 있는 사람들을 노예화하는 방법을 알게 되었다(가다 러너, 2004: 373-374).

이렇게 인종주의와 성차별주의가 결합된 여성의 노예화는 계급과 계급억압이 형성되기 전에 일어났다. 여성상품화의 산물-신부값, 판매가격, 자녀들-은 남성에 의해 전유되었다. 그것은 최초의 사유재산 축적을 아주 잘 대변하기도 한다. 피정복 부족의 여성들을 노예화한 것은 귀족과 전사들에게 지위의 상징이었을 뿐만 아니라, 정복자들이 노예노동력의 산물과 그들의 재생산물, 즉 자녀들의 판매와 교역을 통해 확실한 부를 획득할 수 있게 해주었다. 사물화되고 상품화되는 것은 여성들이 아니라 그렇게 취급받는 여성의 성(sexuality)과 재생산능력이다. 그 구분은 중요하다. 여성들은 결코 물건이 된 적이 없으며, 그렇게 인식되지도 않았다. 아무리 착취당하고 학대당했다 하더라도 그들은 종종 매우 제한된 범위에서 자기 집단의 남성들과 똑같이 행동하고 선택할 권력을 보유하고 있었다. 그러나 여성들은 항상, 그리고 오늘날까지도 남성보다는 상대적으로 더 큰 부자유의 상태에서 살고 있다. 여성 자신들의 몸의 한 부분인 성(sexuality)이 다른 사람들에 의해 통제되어서 여성들은 실제로 불이익을 받고 있고, 심리적으로도 제약을 받는다. 계급지배가 형성되면서도 여성과 남성의 착취내용은 구별되었다. 남성들은 노동자로서 일차적인 착취대상이었다면, 여성들은 노동자이면서 성적 서비스 제공자이자 재생산자로 착취되었다. 여성에 대한 이러한 착취는 역사적 기록물들이 증거로 뒷받침하고 있다. 하층계급 여성에 대한 상층계급 남성의 성적 착취는 고대에서, 봉건제하에서, 19세기와 20세기에서, 피식민국가 여성과 남성 식민주의자들 간의 복잡한 성 · 인종 관계에서 찾아볼 수 있다. 그것은 어디에나 있으며, 현재에도 있고 널리 퍼져 있다. 여성들에게 성적 착취는 곧 계급 착취를 의미한다. 역사 속의 어느 시점에서도 각 '계급'은 두 개의 분명히 구분되는 계급-여성과 남성-으로 구성되어 있다(가다 러너, 2004: 375-377).

오랫동안 여성들에게 계급은 한 남성에 대한 그들의 성적 유대(sexual ties)와 연결되어 있었다. 여성들이 생산수단과 자원에 대해서 접근하거나 부인당하는 것은 그 남성을 통해서였다. '존중받을 만한 여성들'은 그들의 아버지와 남편을 통해 계급지위를 가질 수 있지만, 성적 규칙을 어기면 그 즉시 계급이 격하될 수 있었다. 성적 '일탈(deviance)'에 대한 성별 정의는 한 여성을 '존중받지 못할' 여성으로 표시하며, 사실상 그녀를 최하계층에 속하게 만들었다. 이성애적 서비스를 하지 않는 여성들(독신 여성, 수녀, 레즈비언 등)은 그들의 출생가족의 지배적 남성과 연결되어, 그를 통해 자원에 접근할 수 있었다. 그게 아니면, 그들의 계급은 격하된다. 일부 역사적 시기에는 독신 여성을 위한 수도원과 집단거주지들이 몇 개의 피난처를 제공하여, 독신 여성들은 그곳에 살면서 자신들의 고결함을 계속 유지할 수 있었다. 그러나 대부분의 독신 여성은 말 그대로 주변화되었고 남성친족의 보호에 의존하였다. 이는 서구세계에서 20세기 중반에 이르기까지 역사적 시기 전반에 있어서 진실이며, 오늘날 저발전국가의 대부분에서도 여전히 진실이다. 모든 사회에 존재하는 독립적이며 자립적인 여성들의 집단은 소수이며 대체로 경제적 재난에 몹시 취약하다(가다 러너, 2004: 378).

이처럼 여성의 정체성은 가부장제와 국가사회의 성적 통제와 밀접하게 연관되어 있다. 시민의 성적 행위에 대한 통제는 모든 국가 사회에서 사회통제의 주요수단이었다. 또한 계급위계질서는 위로부터만이 아니라 아래로부터, 즉 가족 속에서의 성적 지배를 통해서 끊임없이 국가의 사회통제가 재구성된다. 정치적, 사회적 위계 체계와 무관하게, 위계적 체계에서 기능하는 인격(personality)의 종류가 가부장적 가족 내에서 창조되고 길러진다. 가족 내의 성적 권력관계는 일부일처제, 일부다처제 등 다양한 형태를 갖지만, 이러한 다양성이 공적 영역, 제도, 정부에서의 남성지배를 변화시키지 않는다. 여성의 지위가 상대적으로 개선되는 것을 거론한다 해도, 그것으로 가부장제 체계 자체의 변화를 가져온다고 말하기 힘들다. 오히려 가부장제 체제 내에서 여성의 지위가 개선되고 권력을 행사할 수 있게 된 것이다. 따라서 개혁(reform)과 법적 변화로 여성들의 상황과 여성해방 과정의 본질들을 개선시킬 수 있지만, 가부장제를 근본적으로 변화시킬 수는 없다. 가부장제를 바꾸고 그래서 그것을 철폐하기 위해서는 그러한 개혁이

거대한 문화적 혁명 안으로 통합될 필요가 있다(가다 러너, 2004: 380).

가부장제의 체계는 남성만이 만든 것이 아니다. 남성과 여성이 함께 이것을 형성하며 유지하고 있다. 가부장제의 체계에서 성별 역할에 대한 교육을 주입하고, 여성에게 교육의 기회를 박탈하고, 여성의 역사를 여성에게 교육하지 않아 무지하게 하고, 여성을 여성의 성적 행동에 따라 존중받을 수 있는 여성과 일탈로 규정한다. 그리고 그에 따라 경제적 자원과 정치적 권력에의 접근에서 차별하고, 이러한 가부장제에 동조하는 여성들에게 포상이나 계급적 특전을 줌으로써 여성을 분리시키고 반목하면서, 가부장제 체계가 유지된다. 가부장제는 거의 4천 년 동안 여성을 온정주의로 지배하면서 유지되고 있다. 온정주의적 지배는 문서화되지 않는 교환계약이다. 이 계약하에서 매사에 대한 복종의 대가로 경제적 자원과 보호가 남성에 의해 주어지고, 성적 서비스와 무임의 가사서비스가 여성에 의해 주어진다. 심지어 남성반려자가 그의 의무를 수행하지 않을 때조차 종종 현실과 법률 속에서 그런 관계가 계속된다(가다 러너, 2004: 380-1).

공적 무력함(public powerlessness)과 경제적 의존상태에서 자신과 자녀들을 위해 강한 보호자를 선택하는 것은 여성들로서는 합리적인 선택이었다. 여성들은 그들이 한 남자의 보호 아래 있는 동안은 항상 자기 계급 남성들의 계급적 특전을 공유하였다. 하층계급이 아닌 여성은 자신의 남성에게 성적, 경제적, 정치적, 지적 복종의 대가로 하층계급 남성과 여성을 착취하는 자기 계급 남성의 권력을 공유할 수 있다. 여성의 종속성은 사회의 모든 계층에서 발생하면서, 자신의 계급 남성에게 복종하는 한 각 계급의 권력을 공유하기 때문에 여성을 하나의 집단의식으로 묶기 어렵다. 여성들은 자신의 열등성에 대한 관념을 내면화하도록 심리적으로 길들여졌기 때문에 수천 년 동안 자신들을 종속시키는 과정에 참여해왔다. 자신들의 투쟁과 성취의 역사를 알지 못하게 하는 것은 여성들을 종속상태에 머물러 있게 만드는 주요 수단들 중 하나였다. 또한 여성의 지위는 가족구조와 연결되어 남성의 친족과 관계를 맺고 있다. 이러한 친족의 지배에 반항하면 여성은 쫓겨날 것이라는 것을 일찍이 학습하였다. 오랫동안 인류의 역사 속에서 여성가족원은 가족의 명예를 어긴 소녀를 벌하고, 고문하고, 심지어 죽이는 데 가족이 참여하거나 눈감아준 기록들이 많이 남아 있다. 21세기에도 일부 지역에서는 여전히 비슷한 관습을 행하고 있다(가다 러너, 2004: 382-3).

여성들이 집단의식을 형성해나가는 데 장애가 되는 가장 중요 원인은 여성들의 독립과 자율성을 확인해줄 수 있는 전통이 과거의 어느 시점에도 없었다는 것이며, 여성들에게는 역사가 없었다는 것이다. 여성들에게 결정적으로 불리한 것은 여성을 나타내는 상징체계에서 남성이 헤게모니를 갖고 있다는 점이다. 남자라는 용어가 여자를 포섭하도록, 그리고 억지로 그 용어가 인류의 대표성을 갖는다고 사칭함으로써 남성들은 그들의 모든 사상 속에 막대한 분량의 개념적 오류를 구축하였다. 반쪽을 전체로 간주함으로써 남성들은 비단 자신들이 설명하는 것에서 본질을 빠뜨렸을 뿐만 아니라 올바르게 볼 수 없을 정도로 그것을 왜곡시켰다. 남성들의 경험, 시각, 관념이 인간의 모든 경험과 사상을 대변한다고 남성들이 믿는 한, 그들은 추상적인 개념을 올바르게 정의할 수 없을 뿐만 아니라 현실을 정확하게 설명할 수도 없다. 우리는 흔히 형제애를 인류애와 같은 의미로 사용한다. 자매애는 들어 볼 수 없다. 우리나라 여군들은 '사나이로 태어나서 할 일도 많지만……'이라는 노래를 부른다. 문명의 모든 정신적 구성물 속에 형성되어 있는 남성 중심적 오류는 단순히 여성을 추가함으로써 교정되지 않는다. 교정을 위해 요구되는 것은, 인간성은 여성과 남성이라는 평등한 부분들 속에 존재하며 인간존재에 대해 내려지는 모든 일반 속에 양성의 경험, 사고, 통찰력이 반드시 재현되어야 한다는 사실을 받아들일 수 있도록 지속적으로 사고하고 분석하면서 이를 재구축하는 것이다(가다 러너, 2004: 383-5).

중년 여성의 정체성을 바람직하게 세우기 위하여 그동안 가부장적 틀 내에 갇혀 있던 자신에 대한 생각과 의식을 바꾸는 것이 필요하다. 인간의 정체성은 기록된 역사물을 보면서 현재를 그것에 비추어 해석하면서 세워진다. 그러나 여성의 경우 문자 이전 시대와 그 이후로도 거의 구전전통과 종교적, 제례적 기능을 유지하는 데 참여해왔지만, 교육적 불리함과 상징적 격하 때문에 하류계층의 남성처럼 상징체계를 창조하는 작업에 참여할 수 없었다. 따라서 상징체계를 창조하는 작업에 참여할 수 있었거나 혹은 했을지도 모르는 사람들의 경험과, 단순히 행동하기만 하고 해석하지는 않았던 사람들의 경험의 격차는 점점 더 커졌다. 여성의 역사를 연구하는 학자들은 여성의 숨겨진 역사를 발굴하고 해석하고 또 끝없는 자료의 목록을 땅속에서 찾아내고 있다(가다 러너, 2004: 385-6).

여성의 역사는 지금도 진행 중이며, 오랜 시간 동안 계속될 필요가 있다. 20세기 말에 들어서 여성들은 여성의 역사를 시작하였다. 여성의 역사를 위하여 여성의 독립과 자율성을 재확인시켜줄 전통을 찾는 것이 필요하다. 지금까지 여성은 현실에서 여성의 역사를 갖지 못하고, 우화나 신화 속에서 아마존의 여전사들, 용 살해자, 마술적 힘을 가진 여성들의 모습으로 표현되어왔다. 여성들은 자신의 역사를 갖지 못하였다고 들었고, 그렇게 믿었다. 그래서 미래에 대한 대안도 갖지 못했다(가다 러너, 2004: 386-7).

계급투쟁은 사회의 상징체계에 대한 통제를 둘러싼 투쟁이다. 억압받는 자들은 그들을 지배하는 자들의 상징과 의미체계에 대한 대안을 가지고 있을 때만 비로소 혁명적 관념들이 생성될 수 있는 것이다. 2500년 이상 여성들은 교육적으로 불이익을 받았으며 추상적 사고를 발달시킬 수 있는 조건을 박탈당했다. 새로운 의미체계는 추상적 사고와 새로운 개념적 모형을 통해서 가능한 것이다. 교육적 차별을 통해서 여성들이 지식에 접근하는 데 불리하였고, 종교적, 학문적인 제도들에서 문화적 자극을 받고 활용할 수 없었다. 보편적으로 모든 계급의 여성들은 남성들보다 여유시간이 적었으며, 자녀양육과 가사 때문에 그나마 자유시간도 그들만의 것이 아니었다. 노예들처럼 "자신의 몸으로 생활의 필요를 다스리는 여성들은 2500년 이상 파편화된 시간, 즉 끊임없이 방해받는 시간이라는 불이익에 시달렸다." 물론 지배계급에서 나온, 특전을 받은 극소수의 여성들은 항상 존재했다. 그들은 남자 형제들과 같은 종류의 교육에 부분적으로 접근할 수 있었다. 그런 여성들의 위치에서 여러 지식인, 사상가, 작가, 예술가가 나왔다. 하지만 "학문적으로 훈련된 여성들은 어떻게 남성처럼 생각할 것인가를 배워야 했다. 여성들은 자신의 경험을 불신하고 평가절하하는 것을 배웠다. 월경 속에 무슨 지혜가 있을 수 있는가? 모유로 가득 찬 젖가슴 속에 무슨 지식의 원천이 있는가? 일상적인 수유와 청소 속에 추상성을 위한 무슨 재료가 있는가? 여성의 지식은 단순한 직관으로 되었고, 여성들의 이야기는 수다가 되었다"(가다 러너, 2004: 387-390).

작가와 예술가였던 창의적인 여성들은 왜곡된 현실에 대하여 투쟁하였다. 역사가들이 여성들의 활동을 매장했던 것처럼, 성서와 그리스 고전, 밀턴에 의해 정의된 문학의 기준은 여성들의 문화적 업적의 의미와 중요성을 매장했다. 이 의미를 소생시키고, 여성들의 문학적, 예술적 업적을 재평가하려는 노력이 최근 들어서 생겨났다. 페미니스트 문학비평과 시론을 통해서 여성문학을 독해할 수 있고, 이로써 숨겨져 있던, 의도적으로 삐딱한 강력한 여성의 세계관을 발견할 수 있게 되었다. 19세기 여성작가들은 18세기 여성소설가들의 작품을 마구 읽었다. 그들은 여왕들, 여자수도원장들, 시인들, 학식 높은 여성들의 생애를 읽고 또 읽었다. 초기의 편집자들은 여성영웅들로 가득 찬 무거운 책을 창조하기 위해, 자신들이 접근할 수 있었던 성서와 모든 역사적 자료들을 탐색했다. 여성들의 문학적 목소리는 지배적 남성체제에 의해 성공적으로 주변화되고 하찮은 것으로 취급되었음에도 불구하고 살아남았다. 익명의 여성들의 목소리는 구전전통에서, 즉 민요, 자장가, 강력한 마녀들과 착한 요정들의 이야기 속에서 꾸준한 저류로 현존하였다. 바느질, 자수, 퀼트에서 여성들의 예술적 창조성은 대안적 전망을 표현하였다. 편지, 일기, 기도문, 그리고 노래 속에서 여성들의 창의력이 가진 상징을 만드는 힘이 살아 숨쉬고 지속되고 있었다. 여성은 19세기에 비로소 공적 세계에 자신의 목소리로 나오게 되었다. 오랫동안 여성은 자신의 삶 속에서 남성과의 의사소통, 인정, 사랑의 단절을 두려워했고, 남들을 기쁘게 하는 것을 목표로 삼고 이를 외면당하지 않으려고 노력해왔다. 여성들은 오랫동안 가부장제 속에서 교육받았기에, 여성들 머릿속에 최소한 한 명의 훌륭한 남자를 간직하고 있다. 여성들의 과거에 대한 지식결핍은 우리에게서 여성영웅들을 빼앗아버렸다. 여성들은 머릿속 위대한 남성과 대화하면서 남성이 창조한 관념체계를 더 훌륭하게 만드는 데 일조했다. 그러나 사고하는 여성은 위대한 남성들에 의해 정의된 경계 혹은 질문조건에 더 집중하였다(가다 러너, 2004: 391-5).

해방적 사고는 자신을 억압한 상징체계가 자신을 해석하는 일로부터 벗어나는 것에서 가능하다. 자신의 경험을 하찮은 것으로 폄하한 상징체계를 전복하고, 자신의 경험을 신뢰하는 것에서 우린 자신의 진정한 정체성을 찾을 수 있다. 중년 여성의 정체성은 여성 중심적 사고를 통해서 가부장적 사고를 벗어날 때 진정하게 세워질 수 있다. 늘 여성을 주변화하고 가족의 한 구성으로 의미를 두어왔던 사고에서 벗어날 필요가 있다. 지금까지 중요하다고 생각하는 서열을 다시 근본적으로 성찰하고, 그것이 진정한 나를 위한 것인지 되짚어봐야 한다. 그리고 서열 지어진 가치와 정의를 비판할 필요가 있다. 우리 자신 속에 깊숙이 놓여 있는 어떤 저항을 극복해야 하는 것이다.

우리 머릿속에 있는 위대한 남성들을 없애고, 그 남성들을 우리 자신으로, 우리의 자매들로, 무명의 선대여성들로 대체하는 것이 필요하다. 자신의 사고가 가부장적 전통 속에서 훈련된 사고라는 것을 인식하고, 그러한 사고를 비판하면서, 지적 용기, 혼자 우뚝 설 수 있는 용기, 우리에게 닿는 것보다 더 멀리 뻗으려는 용기, 실패를 감수하는 용기를 발달시키는 것이 필요하다. 가부장제 체계는 역사적 구성물이다. 그것에도 시작이 있고, 끝이 있을 것이다. 가부장제의 시간은 끝부분에 놓여 있는 듯하다. 가부장제는 더 이상 남성들 혹은 여성들의 욕구에 봉사하지 못하며, 군사주의, 위계, 인종주의와 뗄 수 없는 연관성 속에서 지구상에 있는 생명의 존재 자체를 위협한다. 우리는 지금 무엇인가를 형성하는 과정에 살고 있다. 여성의 정신은 수천 년이 지난 지금 석방되었으며, 여성들은 자신의 권리와 자신들의 상징체계를 스스로 창조하는 작업을 시작하고, 그 권리를 요구하고 있다. 여성들은 가부장제 바깥에 있는 자신을 생각하고, 자신들을 재정의하는 통찰력을 키우고 있다. 여성들의 세계관이 가부장적 사고에서 해방될 때 여성과 남성 모두 가부장적 사고와 관습에서 해방되면서, 마침내 지배와 위계가 없는 세상, 진정으로 인간적인 세상을 건설할 수 있을 것이다(가다 러너, 2004: 395-8).

이제 중년 여성이 가부장적 세계관에서 나와 자신들의 권리와 상징체계를 세우기 위하여 중년 여성을 위한 어떤 법정책이 필요한가 생각해보자. 이를 위하여 먼저 여성이 법적 권리를 어떻게 획득해왔는가를 아는 것이 필요하다. 따라서 이를 먼저 보고, 다음에 중년 여성을 위한 법정책을 제안한다.

2. 여성은 법적 권리를 어떻게 획득하는가?

여성의 법적 권리는 남성이 아니라 여성들이 투쟁해서 획득하는 것이다. 너무도 유명한 1789년의 자유, 평등, 박애의 시민혁명 정신도 혁명 이후 당연히 여성에게 실현된 것이 아니다. 여성들은 다시 이 정신을 여성에게 실현시키기 위하여 투쟁하였다. 특히 여성들은 여성의 법적 권리 투쟁의 역사에서 올랭프 드 구즈(olympe de Gouges, 1748~1793)를 기억하자. 그녀는 1789년 프랑스 혁명의 '인간과 시민의 권리 선언'에서 여성이 배제되는 것에 불만을 갖고, 1791년에 '여성과 시민의 권리선언'을 하였다. 여성을 전면에 내세운 공적 문서가 없는 역사 속에서 여성을 공론화한 '여성과 시민의 권리 선언'을 읽고 있으면, 가슴이 뭉클하다.

▶ 여성과 시민의 권리 선언 ◀

어머니들, 딸들, 자매들, 프랑스 인민의 대표들을 국민의회로 구성하라고 요구한다. 여성의 권리에 대한 무지, 망각 또는 멸시가 공공의 불행과 정부 부패를 일으킨 유일한 원인이라고 간주하고, 여성들은 엄숙한 선언으로 자연적이고 양도할 수 없으며 신성한 여성의 권리를 제시하기로 결의하였다. 그리하여 이 선언이 사회의 모든 구성원에게 항시 제시되어 그들이 자신들의 권리와 의무들을

> 끊임없이 상기하도록 하고, 여성의 입법권과 행정권 행위 및 남성의 입법권과 행정권 행위가 매 순간 모든 정치 제도의 목적과 비교되어 존중받도록 하고, 이제 단순 명백한 원리들에 입각한 시민의 요구들이 언제나 헌법, 유익한 도덕, 만인의 행복에 이바지할 수 있도록 하고자 한다.
>
> 따라서 출산할 때의 용기처럼 아름다움에서 드러나는 여성의 성적 우월성은, 지고한 존재의 현존과 보호 아래 다음과 같은 여성과 여성 시민의 권리들을 승인하고 선포한다.
>
> …… 여성이여, 깨어나라. 이성의 종소리가 전 우주에서 들려오고 있다. …… 혁명에서 여성은 무슨 이익을 얻었던가? 더욱 분명한 멸시와 더욱 두드러진 경멸이다(조앤 W. 스콧, 2006: 99–100).

마지막 구절 "여성이여, 깨어나라."는 지금도 여전히 외쳐야 할 선언으로 보인다. 21세기 현재도 여성은 아직 남성에 비하여 시민의 권리를 누리지 못하고 있다. 드 구즈는 1793년 연방제를 옹호한 그녀의 소책자를 광고하는 포스터를 파리 시 성벽에 붙였다는 이유로 사형되었다. 지금의 시각에서 보면 어처구니없는 일이다. 그렇게 억압된 시절이 있었다는 것이 새삼 놀랍고, 그런데도 목숨을 걸고 시민의 권리를 행사한 그녀의 용기가 놀랍다.

이러한 드 구즈의 실천이 보여준 놀라운 대담성에 큰 자극을 받은 잔 드로앵(Jeanne Deroin, 1805~1894)은 1848년에 노동권과 투표권 문제가 얽혀 있던 시대에 여성 노동자들의 경제적 빈곤에 대처하면서 그들을 투표권 운동에 끌어들이려고 여성노동자조합을 조직하였고, 《여성 정치》를 발간하면서 정치적 행위를 실천하였다. 그녀는 1849년 위헌 소지가 있는데도 의회선거에 출마하였고, 조합 회합 참여로 체포되어 6개월 형을 받기도 하였다. 그런데도 지속적으로 그녀는 지방선거에서부터 점차 여성 투표권을 확대해나가자는 당시의 주장을 지지하고, 정치에 여성이 참여해야 할 필요성을 담은 글을 계속 썼다. 이어서 여성의 법적 권리를 획득하기 위한 운동이 계속 이어졌다.

위베르틴 오클레르(Hubertine Auclert, 1848~1914)는 잔 드로앵과 서신 교환을 하면서, 오클레르 자신이 발행하는 《여성 시민》의 독자들에게 큰 영향을 미쳤다. 위베르틴 오클레르의 활동은 1870년대부터 1914년 사망할 때까지 제3공화국 아래서 40년 넘게 지속되었다. 다른 페미니스트들이 좀 더 온건한 접근을 주장했을 때에도, 그녀는 연설, 신문 논설, 청원서, 선거 캠페인 등을 통해 여성의 선거권을 줄기차게 주장했다. 이후 마들렌 펠티에(Madeleine Pelletier, 1874~1939)도 여성 투표권을 여성의 중요한 전환점으로 규정짓고, 어딜 가든 어떤 내용을 연설하든 상관없이 늘 여성의 투표권을 원한다는 내용을 끼워 넣어 줄기차게 주장했다(조앤 W. 스콧, 2006 참조). 드 구즈, 잔 드로앵, 위베르틴 오클레르, 마들렌 펠티에를 기억하자. 정치적 권리를 누리고 있는 후세대의 여성들은 그들에게 빚지고 있다. 여성을 남성과 같은 인간으로 여기지 않았으며, 여성에 관심이 없었던 아리스토텔레스, 루소, 칸트, 헤겔, 에밀 뒤르켕은 기억하면서 정작 여성의 권리를 위하여 노력한 여성의 이름을 여성들이 모른다. 위대한 여성의 이름을 기억하고 여성의 역사를 배우는 것이 중요하다.

이후 다른 많은 지역의 많은 여성운동이 이어졌으며, 그 결과, 1893년 뉴질랜드에서 여성들이 최초로 참정권을 갖게 되었고,

1920년 미국, 1928년 영국, 1945년 프랑스에서 여성들이 참정권을 갖게 되었다. 여성 참정권의 역사는 불과 100여 년에 불과하며, 우리나라는 서구와 달리 1945년 해방 이후 대한민국 헌법과 각종 선거법에 여성 참정권이 명시되어 1948년 최초 선거에서 참정권을 실현할 수 있었다(이재경 외, 2010: 288).

한국 여성의 참정권은 서구 여성의 여성운동 덕분이기도 하다. 그들의 투쟁이 없었다면, 한국 여성이 참정권을 갖기가 훨씬 어려웠을 것이다. 그렇다고 한국의 여성이 여성운동을 하지 않았다는 것은 아니다. 한국의 여성운동은 참정권 운동을 중심으로 본격화된 서구 여성운동과 다르다. 한국의 여성운동은 일제 강점기 민족운동과 함께 일어난 여성의식과 교육운동이 중심이 되었다. 1927년 창립된 근우회는 여성들의 항일구국운동과 여성의 지위 향상을 위한 운동 단체로 여성 해방을 표방하였다. 1945년 해방 이후, 우익 성향을 갖는 단체부터 여성 해방 이념을 표방하는 단체에 이르기까지 많은 여성조직이 결성되었다. 이 시기 여성단체들은 1916년 일제 때 시작된 공창제를 철폐하기 위하여 공창제 폐지운동을 활발히 전개하거나 조혼과 축첩 반대운동을 하기도 하였다.

여성운동이 보다 활발해진 것은 1970년대 이후부터라고 할 수 있다. 이 시기 여성운동과 가족법개정운동, 기생관광반대운동, 미스 코리아 철폐운동 등 여성운동의 이슈가 보다 더 다양해지고 활발해졌다. 특히 생산직 여성 노동자운동, 여행원 결혼각서 폐지운동, 여성조기정년제 폐지운동 등 여성 노동자의 권리 실현을 위한 성과들이 있었다.

1980년대 여성운동은 이전 시기에 비해 여성단체의 활동이 두드러지는 특징이 있다. 많은 여성단체의 설립은 여성 문제가 더 이상 부수적인 것이 아니라 가장 핵심적인 것임을 의미한다. 여성단체들은 성차별을 중요한 사회 문제로 인식시키는 역할을 하였다. 이 시기 설립된 여성평우회, 여성의 전화, 한국여성노동자회, 한국여성민우회 등은 여성운동을 목표로 활동하였으며 한국여성단체연합이 결성되면서 여성운동의 결집력은 증대하였다. 이후 여성과 관련하여 많은 법적, 제도적 변화가 있었다. 1987년 〈남녀고용평등법〉이 제정되었다.

1990년대에 들어서 여성관련법 제정과 개정을 통해 여성운동의 성과가 가시화되었다. 가족법개정, 1994년 〈성폭력방지법〉이 제정되었다. 특히 여성정책에서 큰 변화를 가져온 것은 1995년 제3차 북경세계여성회의 이후이다. 우리나라의 경우 사회 모든 분야의 남녀평등을 촉진하고 여성참여확대를 위하여 〈여성발전기본법〉이 제정되었다. 이외에도 1997년 〈가정폭력방지법〉, 1999년 〈남녀차별금지 및 구제에 관한 법률〉이 제정되었다. 2000년대 들어서 2004년에는 1961년 제정된 〈윤락행위 등 방지법〉을 대신하는 〈성매매방지법〉이 제정되었다. 2005년에는 호주제 헌법불일치 판결이라는 성과를 거두고 2008년부터 호적법을 대체하는 〈가족관계 등록에 관한 법률〉이 시행되었다(이재경 외, 2010: 289-290).

오랜 역사를 거쳐, 여성들은 그동안 침묵해왔던 여성의 목소리를 드러내고 여성들의 경험을 개인적인 것이 아닌 정치적인 것으로 만들었다. 여성의식이 형성되면서 여성들은 여성의 이해와 요구를 관철시키기 위해 조직을 이루고 실천하였으며, 이러한 여성운동의 결과 많은 변화가 있었다. 여성운동은 공적, 사적 영역의 경계를 넘어서서 여성의 경험에 이름을 붙이고, 다양한 여성 의제를 만들어서 정책에 반영시키는 중요한 역할을 하고 있다(이재경 외, 2010: 291). 하지만 여전히 인구의 절반을 차지하는 여성의 의사가 국가의 중요한 의사결정에 반영되고 있지 못하다. 국가의사를 결정하는 자리에 있는 여성을 찾기 어렵다.

스위스에 본부를 둔 세계경제포럼(WEF)이 2014년 10월 27일 웹사이트에 공개한 보고서에서 정치, 경제, 사회 각 분야에서 세계 각국의 남녀 간 격차를 나타내는 글로벌 성 격차(Gender Gap) 지수가 한국의 경우 117위로 최하위권이었다. 보고서는 여성의 경제활동 참여, 같은 일을 하는 남녀 간 임금 차이, 성별 문자해독률, 초·중·고등교육을 받는 비율, 출생 성비와 기대수명, 의회 의석 수·각료직 여성 비율과 최근 50년 동안 국가수반에 여성이 재임한 기간 등을 평가해 점수를 매긴다. 성별 격차가 없는 상태, 즉 완전한 양성 평등 상태를 1로 보고 지수를 산정했을 때 1위인 아이슬란드는 0.8594였고, 한국은 0.6403으로 나타났다. 꼴찌인 142위는 예멘이었다. 북한은 자료가 충분치 않아 평가 대상에서 제외됐다. 경제활동 참여와 경제적 기회로 본 양성평등은 한국 124위, 정치분야에서의 양성평등은 93위, 남녀 각료 비율은 니카라과와 스위덴 여성각료 57%, 한국 여성각료 12%, 남녀 국회의원의 비율은 르완다 여성의원 64%, 한국 여성의원 16%이다(경향신문, 2014년 10월 28일자 기사).

인간의 절반을 차지하는 여성이 국가의 중요한 의사결정을 하는 데 배제되고 있다는 것은 그만큼 여성의 존엄성이 침해되었다는 뜻이다. 여성의 삶은 개인적인 사적 공간에서만 형성될 수 없으며, 사회적이고 정치적이다. 여성이 정치적으로 저대표성(under-representation)을 띄기 때문에 여성문제를 정치적으로 의제화하고 정책적으로 해결하는 데 어려움을 겪는다. 그래서 이러한 문제를 인식하고 여성의 정치세력화를 위한 여성운동이 전개되어왔다. 2000년에는 정당법을 개정하여 국회 및 지방의회 선거 비례대표에 30% 이상 여성을 공천하도록 할당제를 도입하였다.[2)]

또한 정당법이나 공직선거법에서 여성에 대한 비례대표의원선거의 후보자 할당제를 규정하였지만, 위반에 대한 제재가 없어서 실제로 지켜지지 못하였다. 그래서 2005년부터 2014년 현재 정치자금법 제26조(공직후보자여성추천보조금)규정을 통해서 여성후보자를 추천한 정당에 대하여 여성추천보조금을 지원하도록 하고 있다. 이러한 제도적 보완장치를 통해서 여성의원의 수가 예전보다 높아지기는 하였지만, 여성권한척도지표가 말해주듯이 아직 갈 길이 멀다.

유엔은 정치영역에서 여성의 저대표성을 여성문제로 제기하고 1979년 여성과 관련된 모든 분야에서 법적 차별뿐만 아니라 실제상의 차별을 제거하기 위한 '유엔여성차별 철폐협약'을 제정하였다.

2) 2000년 정당법 제31조(공직선거후보자의 추천) 제4항에 의거 정당은 비례대표 전국선거구 국회의원선거 후보자와 비례대표 선거구시 · 도의회의원 선거 후보자 중 100분의 30이상을 여성으로 추천하여야 한다. 2014년 현재는 공직선거법 제47조(정당의 후보자추천) 제3항에 따라 정당이 비례대표국회의원선거 및 비례대표지방의회의원선거에 후보자를 추천하는 때에는 그 후보자 중 100분의 50 이상을 여성으로 추천하되, 그 후보자 명부의 순위의 매 홀수에는 여성을 추천하여야 한다.

유엔여성차별철폐협약 제4조 제1항은 잠정적 우대조치(Affirmative Action)의 합법성을 분명히 하고 특별조치로서의 한시성을 밝히고 있다. 따라서 잠정적 우대조치로 정치에서 여성의 일정비율을 배정하는 할당제는 여성의 정치적 대표성 확보를 위한 가장 분명한 정치적 해결방안이다.

따라서 할당제가 실제로 실현될 수 있도록 공직후보자여성추천보조금을 확대하는 것이 필요하다. 당선가능성이 높은 지역구에 여성후보 전략공천을 확대하고, 공천관련위원회에 여성위원이 50% 참여할 수 있도록 의무화하고, 여성의 당직활동기회를 확대해야 한다. 또한 정치권에서 여성비례공천은 물론 정당 내 주요 공직에서 할당제를 정착시킬 수 있도록 해야 한다. 이를 위해 여성의원, 정당과 행정부 내의 여성들, 여성운동 간에 네트워크 형성 및 공동행동이 지속되어야 한다(이혜숙, 2010, 250-1).

또한 여성의 삶의 경험이 사적인 영역으로 머물지 않고 공적 영역에서 발휘될 수 있도록 여성정치인의 양성과 발굴이 필요하다. 이를 위하여 여성가족부, 여성정책연구원, 각종 여성단체들은 차세대여성지도자 육성과 여성에 대한 유권자의식 교육프로그램을 개발하고 지원해야 한다. 이미 정치에 입문한 여성정치인은 여성의 정치지도자교육과 유권자 의식교육에 좀 더 관심을 갖고 이러한 사업을 개발 실천하는 것이 바람직하다. 무엇보다도 여성의 경험을 공론화하고 이것에 명칭을 부여하는 여성경험이름붙이기 활동은 예전에도 그렇고 지금도 여전히 필요한 것이다. 자치단체의 각종 교육프로그램에 여성주의 관점을 담고 있는 여성정치교육 프로그램을 체계적으로 마련하여 여성들에게 제공하는 것도 중요하다. 여성의 법적 권리는 여성 밖에서 누가 주는 것이 아니다. 여성 스스로가 자각적인 운동을 통해서 여성의 경험을 법적 권리로 만들 수 있다. 이처럼 여성이 자신의 법적 권리를 만들어나가고, 특히 중년 여성의 법적 권리를 형성하기 위한 중년 여성의 법정책으로 무엇이 필요한가를 살펴보자.

3. 중년 여성을 위하여 어떤 법정책이 필요한가?

중년 여성을 위한 법정책의 제일 좋은 방향은 가부장제 사회를 극복하는 법정책이다. 법제도적으로 여성차별적인 제도들이 그동안 성평등적인 방향으로 많이 개선되었다. 호주제가 폐지되었고, 가족관계등록제도를 시행하고 있다. 하지만 이처럼 법제도를 개선했다고 해서 그동안 전통적으로 여성에게 맡겨져왔던 제사상 차리는 일이 남성과 공동으로 함께하는 일로 바뀐 것은 아니다. 여전히 한국 사회에서 많은 여성들이 명절증후군을 앓고 있고, 명절 이후에 이혼상담이 급증한다는 통계도 있다. 최근에 젊은 며느리들 사이에서 가짜 깁스가 많이 팔리고 있다고 한다. 명절 때 일하기 싫은 젊은 며느리들이 팔이 아프다고 깁스를 하기 위해서라고 한다. 중년 여성은 이전과 달라진 며느리들을 보면서 세대 간의 갈등을 심리적으로 겪기도 한다. 또한 중년이 되어 남편의 퇴직이나 실직이 증가하면서 많은 중년 여성이 돈벌이와 가사노동이라는 이중적 부담을 떠안고 있는 실정이다.

가부장제에 기반이 되었던 남성의 경제적 보호는 무너지면서도 여전히 가정 내에서 육아와 가사는 여성의 것으로 남아 있는 실정이다. 한편 경제적 어려움이 없는 가정에서도 중년 여성은 빈집 증후군을 앓고, 그동안의 삶에 대해 무가치를 경험하고 있다.

또한 젊은 시절 직업을 가졌던 여성의 경우 중년이 되면서, 신자유주의적 경제 질서 속에서 퇴직을 당하고 자신의 의지와 상관없이 전업주부로 생활하고 있는 경우도 있다. 한때 직업을 가졌지만, 육아와 가사로 자발적으로 그만둔 여성의 경우 사회와의 단절감으로 헛헛한 마음을 경험하고, 그런 마음을 종교생활을 통해서 위로받으려는 여성들도 많이 있다. 예나 지금이나 여성의 정치적 권리가 인정되고, 사회적 직업이 인정된 현재의 실정에서도 여성들은 공통적으로 육아와 가사로 이중적 고통을 받고 있으며, 여성의 출산에 대한 국가의 통제를 통해서 자신의 몸의 주인으로 살고 있지 못하다.

법규정을 개선하는 여성정책만으로는 여성의 고통이 경감되는 데 많은 한계가 있음을 그동안의 경험을 통해서 우리는 잘 알고 있다. 그래서 법제도의 개선과 함께 여성정책적 프로그램이 많이 마련되고 운영되어야 한다. 그동안 여성정책프로그램에 대한 여성운동계에서 많은 연구와 결과들이 있다. 특히 2000년대 들어서 여성의 정치적 저대표성을 중점 과제로 설정하고 여성의 정치적 참여를 높이기 위한 법제도들을 마련하고 있다. 또한 성주류화실현을 위한 정책담당자의 성인지력 향상, 성인지 예산, 성별분리 통계, 정책의 성분석 등이 강조되고 있다.

이와 함께 중년 여성의 법정책으로 특히 필요한 것은 중년 여성을 정책적인 하나의 범주로 설정하는 것이다. 지금까지 여성정책이 여성 혹은 여성 노동자로 분류되어 시행되어왔다면, 이제 중년 여성을 하나의 어젠다로 개발하는 것이 필요하다. 여성은 중년에 접어들면서 전통적인 가부장제 속에서 여성에게 부담 지워졌던 육아와 가사노동에서 이전보다는 다소 벗어날 수 있게 된다. 중년기는 제2의 자아를 형성할 시간적 여유를 이전보다 갖게 되는 시기이다. 그러면서도 여전히 젊은 육체를 갖고 있는 시기이다. 이때는 그동안 여성의 육아와 가사노동의 경험을 사회적, 정치적, 경제적인 공적 영역에 자신의 특징적 능력과 함께 발휘할 수 있는 장을 마련할 수 있는 것이 필요하다. 중년 여성이 많이 활동하는 문화센터의 프로그램 개발 위원회를 중년 여성을 중심으로 구성하여 그들이 스스로 자신을 이해할 수 있는 공부를 할 수 있는 장을 마련하는 것도 하나의 방법이다. 가부장제 사회에 갇혀 있던 자아 정체성을 인식하고, 새로운 자아를 형성할 수 있는 교육프로그램을 주민자치센터의 교육프로그램에 적극적으로 배치하는 것도 좋을 것이다.

그리고 중년 여성 스스로 사유하고 발표하고 토론할 수 있는 능력을 키우는 프로그램을 개발할 필요가 있다. 그들이 자신의 경험에 이름을 붙이고, 그것을 공론화하고, 자신의 사적 경험이 역사적, 문화적, 사회적, 정치적으로 연결되는 것을 이해할 수 있도록 하며, 사회의 공공선을 위하여 자신이 어떤 실천적 행동을 할 수 있는지를 결정하고 이행할 수 있도록 안내하는 것이 필요하다. 이러한 정책을 실현하기 위하여 여성주의를 소개하고 안내할 수 있는 교육자를 양성하는 프로그램을 운영할 필요가 있다. SNS를 적극적으로 활용하여 여성의 역사, 여성주의를 널리 교육하고, 이러한 교재를 개발하는 사업을 적극 마련하여야 한다.

이러한 과정 속에서 중년 여성들은 자신을 자신의 언어로 온전히 이해하고 그것을 표현할 수 있는 상징체계를 세우고, 그것에 입각하여 새로운 법제도를 요구할 수 있다. 중년 여성 스스로가 주체가 되어 자신의 경험을 바탕으로 필요한 법제도를 세우고 요구할 수 있는 자유로운 공론의 장이 많이 마련될 수 있도록 국가는 중년 여성의 정치적 활동을 적극적으로 교육하고 지원하여야 한다.

제6장

중년 여성이 알아야 할 법률: 성희롱 및 성폭력범죄 현행법 _정도희

제6장에서는 성희롱과 성폭력범죄에 대한 현행법과 함께 성폭력범죄 입법 관련 쟁점들을 간단히 살펴보았다. 우리 사회 성희롱과 성폭력범죄가 규제 내지 처벌의 대상이라는 인식은 비교적 최근의 일로, 사회적 쟁점이 된 다양한 사건들이 계기가 되어 입법으로 이어졌다. 이 장에서는 본인 스스로 여성이면서 딸이 있는 중년 여성들이 알아야 할 성희롱, 성폭력범죄 관련 현행법에 대해 다뤘다.

1. 머리말

뉴스 사회면은 이미 성희롱이나 성폭력범죄로 채워져 있다. 유명인 누구는 술자리에서 술 따르기를 강요했다고 하고, 다른 누구는 미성년자를 강간했다고 하고, 또 다른 누구는 골프장 캐디를 성추행했다고 한다. 그러나 우리 사회에서 성희롱에 대해 문제의식을 가지거나 성폭력 자체를 개인의 성적 자기결정권을 침해하는 범죄로 보고 처벌해야 한다는 인식은 그리 오래되지 않았고, 이것이 법률로 나타난 것은 최근의 일이다. 성희롱은 성폭력범죄와 달리 형법이 아닌 공법에 의한 규제대상이라는 인식이 지배적으로, 1993년 서울대학교 이른바 우조교 사건으로 우리 사회에 이슈가 되었다.[1] 그리고 성폭력범죄는 1991년의 변○수·김○남 사건과 김○은·이○관 사건이 성폭력범죄와 가정폭력범죄가 개인적 차원을 넘어선 사회적, 국가적 차원의 대응이 필요하다는 사실을 우리 사회에 일깨워주는 계기가 되었다.[2]

이러한 입법 이후에도 2007년 혜진·예슬 양 사건, 2008년 나

1) 정도희(2014), 〈직장 내 성희롱피해 개념 및 형사처벌〉, 《피해자학연구》 제22권 제1호, 한국피해자학회, p. 163.

2) 정도희(2009), 〈형사절차에서 피해자의 권리 보호〉, 서울대학교 대학원 박사학위논문, pp. 84-89 참조. 김용세, 〈한국피해자학의 발전과 과제〉, 《피해자학연구》 제20권 제2호, 한국피해자학회, 2012. p. 260. 과거 성폭력범죄의 처벌 및 피해자보호 등에 관한 법률의 제정과 검토에 대하여 참조.

영이 사건, 2010년 김수철 사건, 2011년 광주 인화학교 사건, 2012년 나주 사건 등 성폭력범죄는 끊임없이 발생해왔다. 이러한 성폭력범죄에 대항하여 법률은 제·개정되어왔다.

성희롱 관련 현행법은 ① 남녀고용평등과 일·가정 지원에 관한 법률, ② 국가인권위원회법, ③ 여성발전기본법 등이 있으며, 성폭력범죄 관련 현행법은 ① 형법, ② 성폭력범죄의 처벌 등에 관한 특례법, ③ 성폭력방지 및 피해자보호 등에 관한 법률, ④ 성폭력범죄자의 성충동 약물치료에 관한 법률, ⑤ 아동·청소년의 성보호에 관한 법률, ⑥ 특정 범죄자에 대한 보호관찰 및 전자장치 부착 등에 관한 법률 등이 있다. 중년 여성은 본인이 여성이면서 그들의 자녀 중 상당수도 딸일 것이기 때문에, 이 글에서는 딸을 가진 중년 여성이 관심을 가질 만한 성희롱과 성폭력범죄에 대한 현행법을 간단히 살펴보고 남아 있는 논쟁들을 언급할 것이다.

2. 성희롱 및 성폭력범죄 관련 법률

1) 성희롱 관련 현행법[3)]

현행 남녀고용평등과 일 · 가정 양립 지원에 관한 법률은 직장 내 성희롱에 관한 규정을 두고 있다(제2조). 이 법률에 따르면 사업주 등의 성희롱은 금지되며, 성희롱 발생 시 사업주는 행위자에 대한 징계 조치를 하여야 한다(제12조 및 제14조).

> 제2조(정의) 이 법에서 사용하는 용어의 뜻은 다음과 같다.
>
> 2. '직장 내 성희롱'이란 사업주 · 상급자 또는 근로자가 직장 내의 지위를 이용하거나 업무와 관련하여 다른 근로자에게 성적 언동 등으로 성적 굴욕감 또는 혐오감을 느끼게 하거나 성적 언동 또는 그 밖의 요구 등에 따르지 아니하였다는 이유로 고용에서 불이익을 주는 것을 말한다.
>
> 제2절 직장 내 성희롱의 금지 및 예방
>
> 제12조(직장 내 성희롱의 금지) 사업주, 상급자 또는 근로자는 직장 내 성희롱을 하여서는 아니 된다.
>
> ① 사업주는 직장 내 성희롱 발생이 확인된 경우 지체 없이 행위자에 대하여 징계나 그 밖에 이에 준하는 조치를 하여야 한다.

3) 직장 내 성희롱에 대해서는 정도희, 전게논문. pp. 163–187 참조.

> ② 사업주는 직장 내 성희롱과 관련하여 피해를 입은 근로자 또는 성희롱 피해 발생을 주장하는 근로자에게 해고나 그 밖의 불리한 조치를 하여서는 아니 된다.

현행 국가인권위원회법도 성희롱을 규정하고 있으며(제2조 라호), 이 법률에 의하면 인권침해나 차별행위를 당한 자는 그 내용을 위원회에 진정할 수 있다(제30조 제1항).

> 제2조(정의) 이 법에서 사용하는 용어의 뜻은 다음과 같다.
>
> 라. 성희롱은 업무, 고용, 그 밖의 관계에서 공공기관(국가기관, 지방자치단체, 「초·중등교육법」 제2조, 「고등교육법」 제2조와 그 밖의 다른 법률에 따라 설치된 각급 학교, 「공직자윤리법」 제3조의2제1항에 따른 공직유관단체를 말한다)의 종사자, 사용자 또는 근로자가 그 직위를 이용하여 또는 업무 등과 관련하여 성적 언동 등으로 성적 굴욕감 또는 혐오감을 느끼게 하거나 성적 언동 또는 그 밖의 요구 등에 따르지 아니한다는 이유로 고용상의 불이익을 주는 것을 말한다.
>
> 제30조(위원회의 조사대상)
>
> ① 다음 각 호의 어느 하나에 해당하는 경우에 인권침해나 차별행위를 당한 사람 또는 그 사실을 알고 있는 사람이나 단체는 위원회에 그 내용을 진정할 수 있다.
>
> 1. 국가기관, 지방자치단체, 「초·중등교육법」 제2조, 「고등교육법」 제2조와 그 밖의 다른 법률에 따라 설치된 각급 학교, 「공직자윤리법」 제3조의2제1항에 따른 공직유관단체 또는 구금·보호시설의 업무 수행(국회의 입법 및 법원·헌법재판소의 재판은 제외한다)과 관련하여 「대한민국헌법」 제10조부터 제22조까지의 규정에서 보장된 인권을 침해당하거나 차별행위를 당한 경우.
> 2. 법인, 단체 또는 사인(私人)으로부터 차별행위를 당한 경우.

현행 여성발전기본법도 성희롱을 다음과 같이 규정하고(제3조), 국가기관 등의 장과 사업주의 성희롱방지를 규정한다(제17조의2).

제3조(정의) 이 법에서 사용하는 용어의 뜻은 다음과 같다.

4. '성희롱'이란 업무, 고용, 그 밖의 관계에서 국가기관 · 지방자치단체 또는 대통령령으로 정하는 공공단체의 종사자, 사용자 또는 근로자가 다음 각 목의 어느 하나에 해당하는 행위를 하는 경우를 말한다.

가. 지위를 이용하거나 업무 등과 관련하여 성적(性的) 언동(言動) 등으로 상대방에게 성적 굴욕감이나 혐오감을 느끼게 하는 행위.

나. 상대방이 성적 언동이나 그 밖의 요구 등에 따르지 아니하였다는 이유로 고용상의 불이익을 주는 행위.

제17조의2(성희롱의 방지 등)

① 국가기관 등의 장과 사업주는 대통령령으로 정하는 바에 따라 성희롱을 방지하기 위하여 교육을 하는 등 필요한 조치를 하여야 하고, 국가기관 등의 장은 그 조치 결과를 여성가족부장관에게 제출하여야 한다.

② 여성가족부장관은 제1항에 따른 국가기관 등의 성희롱 방지조치에 대한 점검을 대통령령으로 정하는 바에 따라 매년 실시하여야 한다.

③ 여성가족부장관은 제2항에 따른 점검결과 성희롱 방지조치가 부실하다고 인정되는 국가기관 등에 대하여 대통령령으로 정하는 바에 따라 관리자 특별교육 등 필요한 조치를 취하여야 한다.

④ 여성가족부장관은 제2항에 따른 국가기관 등의 성희롱 방지조치 점검결과를 대통령령으로 정하는 바에 따라 언론 등에 공표(公表)하여야 한다. 다만, 다른 법률에서 공표를 제한하고 있는 경우에는 그러하지 아니하다.

⑤ 여성가족부장관은 국가인권위원회 또는 대통령령으로 정하는 기관을 통하여 다음 각 호의 어느 하나에 해당하는 사실이 확인된 경우에는 관련자의 징계 등을 그 관련자가 소속된 국가기관 등의 장에게 요청할 수 있다.

1. 국가기관 등에서 성희롱 사건을 은폐한 사실.
2. 성희롱에 관한 국가기관 등의 고충처리 또는 구제과정 등에서 피해자의 학습권·근로권 등에 대한 추가적인 피해가 발생한 사실.

⑥ 여성가족부장관은 제2항에 따른 국가기관 등의 성희롱 방지조치 점검결과 및 제5항에 따라 확인된 사실을 다음 각 호의 평가에 반영하도록 해당 기관·단체의 장에게 요구할 수 있다.

1. 「정부업무평가 기본법」 제14조제1항 및 제18조제1항에 따른 중앙행정기관 및 지방자치단체의 자체평가.
2. 「공공기관의 운영에 관한 법률」 제48조제1항에 따른 공기업·준정부기관의 경영실적 평가.
3. 「지방공기업법」 제78조제1항에 따른 지방공기업의 경영평가.
4. 「초·중등교육법」 제9조제2항에 따른 학교 평가.

⑦ 제1항에 따른 성희롱 예방교육의 내용·방법 등 성희롱 방지조치 및 제5항에 따른 징계 등의 요청방법·절차 등에 필요한 사항은 대통령령으로 정한다.

2) 성폭력범죄 관련 현행법

(1) 형법

현행 형법은 다음과 같이 '32장 강간과 추행의 죄' 표제하에 성폭력범죄에 대한 규정을 두고 있다. 개정 이전에 형법 제297조 강간죄의 객체는 현행과 같이 '사람'이 아닌 '부녀'였다. 이에 객체를 부녀에서 '사람'으로 확대해야 한다는 주장이 있어왔고,[4] 2012년 국가인권위원회도 이를 권고하였다.[5] 결국 개정(2012.12.18. 법률 제11574호)을 통해 객체는 부녀에서 사람으로 확대되었다.

또한 개정 이전 형법에는 없던 유사강간죄(제297조의2)가 신설되었다.[6] 이에 의하면, 폭행 또는 협박으로 사람의 성기를 제외한 구강, 항문 등의 내부에 성기를 넣거나, 성기, 항문에 성기를 제외한 손가락 등의 신체의 일부나 도구를 넣는 경우 2년 이상의 유기징역에 처한다.

형법 개정 이전 성폭력범죄는 피해자가 고소해야 공소제기가 가능한 친고죄였다. 개정을 통하여 구형법 제306조가 삭제되어, 성폭력범죄의 친고죄가 폐지되어, 제3자의 신고로도 성폭력범죄의 형사화가 가능해졌다.

제32장 강간과 추행의 죄

제297조 (강간)

폭행 또는 협박으로 사람을 강간한 자는 3년 이상의 유기징역에 처한다.

제297조의2 (유사강간)

폭행 또는 협박으로 사람에 대하여 구강, 항문 등 신체(성기는 제외한다)의 내부에 성기를 넣거나 성기, 항문에 손가락 등 신체(성기

4) 이러한 견해로 예컨대 이호중(2005), 〈성폭력 처벌규정에 대한 비판적 성찰 및 재구성〉, 《형사정책》 제17권 제2호, 한국형사정책학회, pp. 96-97.

5) 형법 등 성폭력 관련 법률의 개정에 대한 의견표명 및 권고, 국가인권위원회 상임위원회 결정, 2012. 10. 25.

6) 이 역시 강간죄의 객체 확대로 보기도 한다. 예컨대 류화진(2013), 〈개정 형법상 성폭력범죄에 관하여〉, 《법학논고》 제42집, 경북대학교 법학연구원, p. 170.

는 제외한다)의 일부 또는 도구를 넣는 행위를 한 사람은 2년 이상의 유기징역에 처한다.

제298조 (강제추행)

폭행 또는 협박으로 사람에 대하여 추행을 한 자는 10년 이하의 징역 또는 1천500만 원 이하의 벌금에 처한다.

제299조 (준강간, 준강제추행)

사람의 심신상실 또는 항거불능의 상태를 이용하여 간음 또는 추행을 한 자는 제297조, 제297조의2 및 제298조의 예에 의한다.

제300조 (미수범)

제297조, 제297조의2, 제298조 및 제299조의 미수범은 처벌한다.

제301조 (강간 등 상해 · 치상)

제297조, 제297조의2 및 제298조부터 제300조까지의 죄를 범한 자가 사람을 상해하거나 상해에 이르게 한 때에는 무기 또는 5년 이상의 징역에 처한다.

제301조의2 (강간 등 살인 · 치사)

제297조, 제297조의2 및 제298조부터 제300조까지의 죄를 범한 자가 사람을 살해한 때에는 사형 또는 무기징역에 처한다. 사망에 이르게 한 때에는 무기 또는 10년 이상의 징역에 처한다.

제302조 (미성년자 등에 대한 간음)

미성년자 또는 심신미약자에 대하여 위계 또는 위력으로써 간음 또는 추행을 한 자는 5년 이하의 징역에 처한다.

제303조 (업무상 위력 등에 의한 간음)

① 업무, 고용 기타 관계로 인하여 자기의 보호 또는 감독을 받는 사람에 대하여 위계 또는 위력으로써 간음한 자는 5년 이하의 징역 또는 1천500만 원 이하의 벌금에 처한다.

② 법률에 의하여 구금된 사람을 감호하는 자가 그 사람을 간음한 때에는 7년 이하의 징역에 처한다.

제305조 (미성년자에 대한 간음, 추행)

13세 미만의 사람에 대하여 간음 또는 추행을 한 자는 제297조, 제297조의2,제298조,제301조 또는 제301조의2의 예에 의한다.

제305조의2 (상습범)

상습으로 제297조, 제297조의2, 제298조부터 제300조까지, 제302조, 제303조 또는 제305조의 죄를 범한 자는 그 죄에 정한 형의 2분의 1까지 가중한다.

제306조 삭제

구형법 제306조(고소) 제297조 내지 제300조와 제302조 내지 제305조의 죄는 고소가 있어야 공소를 제기할 수 있다. (현재 삭제)

(2) 성폭력범죄의 처벌 등에 관한 특례법

이 법률은 성폭력범죄의 처벌 및 그 절차에 관한 특례를 규정하여 성폭력범죄 피해자의 생명과 신체 안전을 보장하고 건강한 사회질서 확립에 이바지할 것을 목적으로 한다(법 제1조).

① **변호인 조력 인정** : 형사절차에서는 피고인에게는 헌법과 형사소송법을 근거로 변호인 조력권이 인정되어왔는데 피해자에게는 이를 인정받을 근거 규정도 없었다. 따라서 피해자의 공정한 재판을 받을 권리와 진술권 보장을 위해 피해자에게 법률조력이 인정되어야 한다고 주장되어왔다. 이 법률은 다음과 같이 성폭력범죄 피해자에 대한 변호인 조력을 규정하고 있다. 형법개정을 통한 성폭력범죄의 친고죄 폐지로 인해 수사와 재판단계에서 피해자변호인의 역할이 증대될 것으로 예상된다.[7)]

---

7) 장다혜(2013), 〈성폭력범죄 친고죄 폐지 이후 피해자보호방안〉, 《경찰법연구》 제11권 제2호, 한국경찰법학회, p. 29 이하; 이승현 · 박학모 · 김정혜(2014), 《성폭력범죄의 친고죄 폐지에 따른 피해자 보호 및 지원 내실화방안》, 한국형사정책연구원, p. 173; 류화진, 전게논문, p. 175.

제27조(성폭력범죄 피해자에 대한 변호사 선임의 특례)

① 성폭력범죄의 피해자 및 그 법정대리인(이하 '피해자 등'이라 한다)은 형사절차상 입을 수 있는 피해를 방어하고 법률적 조력을 보장하기 위하여 변호사를 선임할 수 있다.

② 제1항에 따른 변호사는 검사 또는 사법경찰관의 피해자 등에 대한 조사에 참여하여 의견을 진술할 수 있다. 다만, 조사 도중에는 검사 또는 사법경찰관의 승인을 받아 의견을 진술할 수 있다.

③ 제1항에 따른 변호사는 피의자에 대한 구속 전 피의자심문, 증거보전절차, 공판준비기일 및 공판절차에 출석하여 의견을 진술할 수 있다. 이 경우 필요한 절차에 관한 구체적 사항은 대법원규칙으로 정한다.

④ 제1항에 따른 변호사는 증거보전 후 관계 서류나 증거물, 소송계속 중의 관계 서류나 증거물을 열람하거나 등사할 수 있다.

⑤ 제1항에 따른 변호사는 형사절차에서 피해자 등의 대리가 허용될 수 있는 모든 소송행위에 대한 포괄적인 대리권을 가진다.

⑥ 검사는 피해자에게 변호사가 없는 경우 국선변호사를 선정하여 형사절차에서 피해자의 권익을 보호할 수 있다.

② **피해자 비밀 누설 금지** : 통계에 의하면 성폭력범죄는 면식범인 경우가 많고, 피해자가 신고를 꺼리게 되는 것은 ① '보복이 두려워서(8.6%)', ② '명예를 보호하기 위해서(6.2%)'이다.[8] 이처럼 보복의 두려움이 큰 만큼 피해자의 사생활과 신변보호에 각별한 주의가 요청되고,[9] 친고죄 폐지로 이러한 요청은 더

8) 국회여성정책포럼(2007), 〈국회여성정책포럼 정책토론회 : 성폭력범죄 근절 및 피해자 보호 어떻게 할 것인가?〉, p. 12.

9) 수사단계에 대한 이러한 지적으로 이승현 · 박학모 · 김정혜, 전게보고서, p. 181.

욱 절실하다. 이 법률에 의하면, 성폭력범죄 피해자의 비밀 누설은 금지되고(제24조), 이를 위반하면 형사처벌된다.

> 제24조(피해자의 신원과 사생활 비밀 누설 금지)
> ① 성폭력범죄의 수사 또는 재판을 담당하거나 이에 관여하는 공무원 또는 그 직에 있었던 사람은 피해자의 주소, 성명, 나이, 직업, 학교, 용모, 그 밖에 피해자를 특정하여 파악할 수 있게 하는 인적사항과 사진 등 또는 그 피해자의 사생활에 관한 비밀을 공개하거나 다른 사람에게 누설하여서는 아니 된다.
> ② 누구든지 제1항에 따른 피해자의 주소, 성명, 나이, 직업, 학교, 용모, 그 밖에 피해자를 특정하여 파악할 수 있는 인적사항이나 사진 등을 피해자의 동의를 받지 아니하고 신문 등 인쇄물에 싣거나 「방송법」 제2조 제1호에 따른 방송 또는 정보통신망을 통하여 공개하여서는 아니 된다.

(3) 성폭력방지 및 피해자보호 등에 관한 법률

① **피해자의 비밀누설 금지** : 이 법률은 성폭력범죄를 예방하고 성폭력범죄 피해자의 보호와 지원을 목적으로 한다(제1조). 이에 따르면 상담소장 등은 직무상 알게 된 비밀을 누설하지 않아야 하며, 이를 위반하면 형사처벌된다(제30조 및 제36조).

> 제30조(비밀 엄수의 의무)
> 상담소, 보호시설 또는 통합지원센터의 장이나 그 밖의 종사자 또는 그 직에 있었던 사람은 그 직무상 알게 된 비밀을 누설하여서는 아니 된다.

제36조(벌칙)

② 다음 각 호의 어느 하나에 해당하는 자는 2년 이하의 징역 또는 500만 원 이하의 벌금에 처한다.

4. 제30조에 따른 비밀 엄수의 의무를 위반한 자.

② **피해자의 의사 존중** : 또한 이 법률에 따르면 성폭력범죄 피해자의 보호와 지원에서 피해자의 의사가 존중되어야 한다(제24조). 성폭력범죄의 친고죄 폐지로 인해 제3자가 신고한 본인의 사건에 피해자가 수사를 거부하면 사건을 어떻게 처리해야 하는지, 피해자를 설득해서 수사를 진행해야 하는지 논란이 있는데,[10] 여기에서도 피해자의 의사는 반영되어야 할 것이다.

제24조(피해자등의 의사 존중)

상담소, 보호시설 및 통합지원센터의 장과 종사자는 피해자 등이 분명히 밝힌 의사에 반하여 제11조 및 제13조 제1항에 따른 업무 등을 할 수 없다.

(4) 성폭력범죄자의 성충동 약물치료에 관한 법률

이 법률은 사람에 대해 성폭력범죄를 저지른 성도착증 환자로서 재범의 위험성이 인정되는 경우 성충동 약물치료를 실시하여 재범을 방지하고 사회복귀를 촉진하는 것을 목적으로 한다(제1조). 여기서 '성충동 약물치료'는 비정상적인 성적 충동이나 욕구를 억제하기 위한 조치로서 성도착증 환자에게 약물 투여와 심리

10) 이승현 · 박학모 · 김정혜, 전게보고서, p. 173.

치료 등의 방법으로 도착적인 성기능을 일정 기간 동안 약화 또는 정상화하는 치료이다(제2조 제3호). 이 법률에 의하면 다음과 같이 검사가 치료명령의 청구를 하고, 법원은 그 청구가 이유 있다고 인정되는 경우 치료명령을 선고한다(제4조 제1항 및 제8조 제1항).

> **제4조**(치료명령의 청구)
> ① 검사는 사람에 대하여 성폭력범죄를 저지른 성도착증 환자로서 성폭력범죄를 다시 범할 위험성이 있다고 인정되는 19세 이상의 사람에 대하여 약물치료명령을 법원에 청구할 수 있다.
>
> **제8조**(치료명령의 판결 등)
> ① 법원은 치료명령 청구가 이유 있다고 인정하는 때에는 15년의 범위에서 치료기간을 정하여 판결로 치료명령을 선고하여야 한다.

(5) 아동·청소년의 성보호에 관한 법률

이 법률은 아동 및 청소년 대상 성범죄의 처벌과 절차에 관한 특례를 규정하고 피해아동, 청소년을 위한 구제 및 지원 절차를 마련하여 아동, 청소년 대상 성범죄를 체계적으로 관리하여 아동, 청소년을 성범죄로부터 보호하고, 이들이 건강한 사회구성원으로 성장하게 하는 것을 목적으로 한다(제1조).

이 법률은 폭행 또는 협박으로 아동, 청소년을 강간한 경우는 무기징역 또는 5년 이상의 유기징역에 처하도록 하고(제7조 제1항), 아동, 청소년에 대해 폭행이나 협박으로 1. 구강·항문 등 신체(성기는 제외한다)의 내부에 성기를 넣는 행위, 2. 성기·항문에 손가락 등 신체(성기는 제외한다)의 일부나 도구를 넣는 행위에 해당하는 행위를 한 자는 5년 이상의 유기징역에 처하도록 규정하고 있다(제7조).

> 제2장 아동 · 청소년대상 성범죄의 처벌과 절차에 관한 특례
> 아동 · 청소년의 성보호에 관한 법률
> 제7조 (아동 · 청소년에 대한 강간 · 강제추행 등)
> ① 폭행 또는 협박으로 아동 · 청소년을 강간한 사람은 무기징역 또는 5년 이상의 유기징역에 처한다.
> ② 아동 · 청소년에 대하여 폭행이나 협박으로 다음 각 호의 어느 하나에 해당하는 행위를 한 자는 5년 이상의 유기징역에 처한다.
> 1. 구강 · 항문 등 신체(성기는 제외한다)의 내부에 성기를 넣는 행위.
> 2. 성기 · 항문에 손가락 등 신체(성기는 제외한다)의 일부나 도구를 넣는 행위.
>
> ③ 아동 · 청소년에 대하여 「형법」 제298조의 죄를 범한 자는 2년 이상의 유기징역 또는 1천만 원 이상 3천만 원 이하의 벌금에 처한다.
> ④ 아동 · 청소년에 대하여 「형법」 제299조의 죄를 범한 자는 제1항부터 제3항까지의 예에 따른다.
> ⑤ 위계(僞計) 또는 위력으로써 아동 · 청소년을 간음하거나 아동 · 청소년을 추행한 자는 제1항부터 제3항까지의 예에 따른다.
> ⑥ 제1항부터 제5항까지의 미수범은 처벌한다.

(6) 특정 범죄자에 대한 보호관찰 및 전자장치 부착 등에 관한 법률

이 법률은 성폭력범죄, 미성년자 대상 유괴범죄, 살인범죄 및 강도범죄와 같은 특정범죄를 저지른 사람의 재범방지를 위해 형기를 마친 뒤 보호관찰 등을 통해 보살피며 도움으로써 건전한

사회복귀를 촉진하고 위치추적 전자장치를 신체에 부착하게 하는 부가 조치를 함으로써 특정범죄로부터 국민을 보호함을 목적으로 한다(제1조). 이 법률에 따르면 다음과 같이 검사는 전자장치 부착명령을 법원에 청구할 수 있으며, 부착명령 청구가 이유 있다고 인정되는 때 법원은 일정한 기간 내에서 부착기간을 정해 부착명령을 선고해야 한다(제5조 및 제9조).

> 제5조(전자장치 부착명령의 청구)
>
> ① 검사는 다음 각 호의 어느 하나에 해당하고, 성폭력범죄를 다시 범할 위험성이 있다고 인정되는 사람에 대하여 전자장치를 부착하도록 하는 명령(이하 '부착명령'이라 한다)을 법원에 청구할 수 있다.
>
> 1. 성폭력범죄로 징역형의 실형을 선고받은 사람이 그 집행을 종료한 후 또는 집행이 면제된 후 10년 이내에 성폭력범죄를 저지른 때.
> 2. 성폭력범죄로 이 법에 따른 전자장치를 부착받은 전력이 있는 사람이 다시 성폭력범죄를 저지른 때.
> 3. 성폭력범죄를 2회 이상 범하여(유죄의 확정판결을 받은 경우를 포함한다) 그 습벽이 인정된 때.
> 4. 19세 미만의 사람에 대하여 성폭력범죄를 저지른 때.
> 5. 신체적 또는 정신적 장애가 있는 사람에 대하여 성폭력범죄를 저지른 때.
>
> ② 검사는 미성년자 대상 유괴범죄를 저지른 사람으로서 미성년자 대상 유괴범죄를 다시 범할 위험성이 있다고 인정되는 사람에 대하여 부착명령을 법원에 청구할 수 있다. 다만, 유괴범죄로 징역형의 실형 이상의 형을 선고받아 그 집행이 종료 또는 면제된 후 다시 유괴범죄를 저지른 경우에는 부착명령을 청구하여야 한다.

③ 검사는 살인범죄를 저지른 사람으로서 살인범죄를 다시 범할 위험성이 있다고 인정되는 사람에 대하여 부착명령을 법원에 청구할 수 있다. 다만, 살인범죄로 징역형의 실형 이상의 형을 선고받아 그 집행이 종료 또는 면제된 후 다시 살인범죄를 저지른 경우에는 부착명령을 청구하여야 한다.

④ 검사는 다음 각 호의 어느 하나에 해당하고 강도범죄를 다시 범할 위험성이 있다고 인정되는 사람에 대하여 부착명령을 법원에 청구할 수 있다.

1. 강도범죄로 징역형의 실형을 선고받은 사람이 그 집행을 종료한 후 또는 집행이 면제된 후 10년 이내에 다시 강도범죄를 저지른 때.
2. 강도범죄로 이 법에 따른 전자장치를 부착하였던 전력이 있는 사람이 다시 강도범죄를 저지른 때.
3. 강도범죄를 2회 이상 범하여(유죄의 확정판결을 받은 경우를 포함한다) 그 습벽이 인정된 때.

제9조(부착명령의 판결 등)

① 법원은 부착명령 청구가 이유 있다고 인정하는 때에는 다음 각 호에 따른 기간의 범위 내에서 부착기간을 정하여 판결로 부착명령을 선고하여야 한다. 다만, 19세 미만의 사람에 대하여 특정범죄를 저지른 경우에는 부착기간 하한을 다음 각 호에 따른 부착기간 하한의 2배로 한다.

1. 법정형의 상한이 사형 또는 무기징역인 특정범죄: 10년 이상 30년 이하.
2. 법정형 중 징역형의 하한이 3년 이상의 유기징역인 특정범죄(제1호에 해당하는 특정범죄는 제외한다): 3년 이상 20년 이하.
3. 법정형 중 징역형의 하한이 3년 미만의 유기징역인 특정범죄(제1호 또는 제2호에 해당하는 특정범죄는 제외한다): 1년 이상 10년 이하.

(7) 성폭력범죄 등 사건의 심리 · 재판 및 피해자 보호에 관한 규칙

이 규칙은 성폭력범죄 피해자에게 피해사안과 직접적인 관계가 없는 부분에 대해 질문하지 않도록 노력하라고 규정한다(제2조 제2항). 이러한 맥락에서 피해자에게 사안과 직접적인 관계가 없는 과거의 성관계 이력에 대한 질문을 금지해야 한다는 강간피해자보호법(rape shield law)의 도입이 꾸준히 제기되어왔는데, 성폭력범죄 친고죄 폐지로 인해 피해자의 사생활 보호가 절실해진 지금 그 필요성은 커진 것으로 보인다.

> 제2조 (보호와 배려)
>
> ① 법원, 검사, 피고인 또는 변호인 그 밖의 소송관계인은 심리 · 재판 과정에서 피해자의 주소 · 성명 · 나이 · 직업 · 학교 · 용모 그 밖에 피해자를 특정하여 파악할 수 있는 인적사항 등이 공개되거나 타인에게 누설되지 않도록 노력하여야 한다.
>
> ② 법원, 검사, 피고인 또는 변호인 그 밖의 소송관계인은 심리 · 재판 과정에서 피해자의 인권과 특성을 배려하고, 당해 사건과 무관한 피해자의 사생활에 관한 신문 또는 진술이 이루어지거나 피해자가 성적 수치심 또는 공포감을 느낄 수 있는 상황이 발생하지 않도록 노력하여야 한다.

3. 현행법 관련 남아 있는 논쟁들

1) 남성의 남성에 대한 강간은 성립할 수 있는가?

'강간'의 사전적 의미는 '폭행 또는 협박 따위의 불법적인 수단으로 간음'이다. 여기서의 간음은 '부부가 아닌 남녀가 성관계를 맺음'이다. 그런데 이러한 개념을 근거로 강간죄를 보면 몇 가지 의문이 생긴다. 먼저, 형법 제297조 강간죄가 객체를 사람으로 넓게 명시한다고 하여서, 과연 모든 사람에 대해 형법 제297조 강간죄의 성립과 처벌이 가능한 것인가? 만일 남성이 다른 남성의 항문에 자신의 성기를 강제로 삽입하였다면, 형법 제297조 강간죄의 적용을 받아야 하는가, 아니면 형법 제297조의2 유사강간죄의 적용을 받아야 하는가?[11)]

2) 여성의 남성에 대한 강간은 성립할 수 있는가?

이것은 간음을 성기의 삽입 행위로 제한하여 이해하는 태도와 관련된 문제이다. 흔히 성폭력범죄의 대상을 여성이라고 이야기

---

11) 남성 동성 간의 성기 삽입 행위의 수치심 또한 크다는 점을 지적하며, 이러한 행위 또한 강간죄로 평가되어야 한다는 견해로 이현정(2013), 〈2012년 성폭력법제의 개정에 대한 비판적 검토-형법상 강간죄를 중심으로-〉, 《성균관법학》 제25권 제2호, 성균관대학교 법학연구소, p. 179.

하면 남성들은 자신들도 실제 생활에서 성폭력을 당한다고 주장하곤 한다. 실제로 최근 남성을 대상으로 한 여성의 성폭력범죄가 언론 보도에 심심찮게 등장하고 있기도 하다.

그런데 강간을 강제에 의한 성기 삽입으로 이해하는 경우에, 여성의 남성에 대한 강간죄가 성립할 수 있을까? 적어도 성기의 삽입이라는 관점에서 접근하면 신체적 구조상 강간죄 성립에 대해선 논란의 여지가 있다고 하겠다. 형법 제297조 명문에 의하면 남성도 강간죄의 객체가 되지만, 이러한 관점 때문에 여성의 남성에 대한 강제적인 성교의 경우에는 여성은 강간죄의 주체가 되는 것이 아니라, 간접정범이 되는 꼴이다. 형법 제297조에 의해 실제 강간죄로 의율할 수 있는 경우는 남성의 여성에 대한 간음뿐이라는 결과가 된다.

남성에 의한 남성에 대한 강간죄 적용, 여성에 의한 남성에 대한 강간죄 적용이 가능하려면, 강간의 개념을 강제에 의한 성기 '결합'으로 해석하든지,[12) 13)] 간음을 성기에 제한하지 않고 모든 신체 삽입을 포함하는 개념으로 이해해야 할 것이다.[14)]

3) 부부 사이에도 강간은 성립할 수 있는가?

부부 사이에서 일방이 원하지 않는 타방과 강제로 성교하였다면 이것을 처벌할 수 있는가? 부부 사이에도 강간죄가 성립하는

---

12) 류화진, 전게논문, pp. 171-172.

13) 만일 남성에서 여성으로의 성전환자가 남성에게 강제적 성교를 하였을 경우, 적용법조도 문제로 남는다는 지적으로 류화진, 전게논문, p. 180.

14) 이호중, 전게논문, pp. 96-97.

지 여부는 이미 사회적 논쟁을 거쳐왔고, 최근 판례는 혼인관계가 파탄에 이르지 않더라도 폭행이나 협박으로 배우자를 간음하면 부부 사이에도 강간죄가 성립한다고 인정하기에 이르렀다.[15)]

그러나 앞서 언급한 '간음'의 사전적 의미에 매달리면, 강간죄 성립 여부 자체를 논할 수 없게 된다. 간음은 결혼하지 않은 관계를 전제하기 때문이다.

4) 폭행, 협박이 수반되지 않는 간음은 강간이 아닌가?

형법 제297조 강간죄가 성립하려면 간음에 폭행과 협박이 수반되어야 한다. 성폭력범죄 피해자가 가해자를 처벌하기 위해서는 피해 당시에 가해자의 폭행과 협박에 대해 강력히 저항했어야 한다.[16)] 설령 피해자에게 성교 자체가 두려움이어서 강력한 저항이 불가능하였더라도 말이다. 이러한 두려움에 가해자의 피해자 동의 없는 성교에 피해자가 강력히 저항하지 못한 경우도 강간죄는 성립되지 않는다. 폭행과 협박이 수단이 되지 않거나 저항이 미약한 간음은 강간죄의 죄책을 물을 수 없다는 것이다. 2012년 국가인권위원회는 형법의 개정을 촉구하면서 강간죄의 폭행, 협박의 정도를 '저항이 불가능하거나 현저히 곤란할 정도'에서 '피해자의 반항을 곤란하게 할 정도'로 완화할 것을 제안하기도 하였다.[17)]

학계에서는 중강간죄를 신설하거나 기존의 강간죄의 구성요건

---

15) 대법원 2013. 5. 16. 선고, 2012도14788 전원합의체판결.

16) 이호중, 전게논문, p. 105.

17) 국가인권위원회의 2012년 10월 25일 '형법 등 성폭력 관련 법률의 개정에 대한 의견표명 및 권고'안에 대하여, 류화진, 전게논문, p. 165.

에 폭행 · 협박 이외에도 '위력'을 추가하는 안,[18] 피해자의 진지한 거부의사가 있었다면 설령 폭행협박의 정도가 약했더라도 피해자의 성적 자기결정권 침해가 있었을 경우 강간죄를 인정하는 안,[19] 폭행 · 협박이 수단이 되지 않으면서도 동의 없는 성교에 대해 처벌할 수 있도록 하는 비동의간음죄를 신설하는 안 등이 제안되어왔다.

5) 성폭력범죄는 법률상 명확한 개념 규정이 없다?

현행법에서는 성폭력범죄를 개념 정의하지 않는다. 현행 형법은 성폭력범죄 개념을 정의한 규정을 두고 있지 않고, 이것은 성폭력범죄에 관한 어떠한 특별법에서도 마찬가지이다. 다만 성폭력범죄의 예를 열거하거나, 다른 특별법에서 성폭력범죄의 예를 명문상 열거하고 있을 뿐이다.

> **성폭력범죄의 처벌 등에 관한 특례법 제2조(정의)**
> 이 법에서 '성폭력범죄'란 다음 각 호의 어느 하나에 해당하는 죄를 말한다.
> 1. 「형법」 … (중략) …의 죄.
> 2. 「형법」 … (중략) …의 죄.
> 3. 「형법」 … (중략) …의 죄.
> 4. 「형법」 … (중략) …의 죄.

---

18) 이호중, 전게논문, pp. 107-108.

19) 오경식(2013), 〈성범죄 피해자의 관점에서 친고죄와 반의사불벌죄의 형사정책적 의미에 관한 연구〉, 《피해자학연구》 제21권 제1호, 한국피해자학회, p. 208.

5. 이 법 제3조(특수강도강간 등)부터 제15조(미수범)까지의 죄.
② 제1항 각 호의 범죄로서 다른 법률에 따라 가중처벌되는 죄는 성폭력범죄로 본다.

성폭력방지 및 피해자보호 등에 관한 법률 제2조(정의)
이 법에서 사용하는 용어의 뜻은 다음과 같다.
1. '성폭력'이란 성폭력범죄의 처벌 등에 관한 특례법 제2조 제1항에 규정된 죄에 해당하는 행위를 말한다.

6) 성폭력범죄의 친고죄 폐지는 최선의 선택이었을까?

앞서 형법상 성폭력범죄의 친고죄 폐지를 언급한 바 있다. 특별법에서도 성폭력범죄 친고죄 규정(내지 반의사불벌죄 규정)을 삭제했는데, 예컨대 성폭력범죄의 처벌 등에 관한 특례법은 업무상 위력 등에 의한 추행(제10조 제1항), 공중 밀집 장소에서의 추행(제11조) 및 통신매체를 이용한 음란행위(제12조)의 죄는 고소가 있어야 공소를 제기할 수 있는 친고죄로 규정한 제15조를 삭제하였다. 또한 아동·청소년의 성보호에 관한 법률은 기존의 반의사불벌죄 규정(구법 제16조)[20]을 삭제하여, 현재 '폭행이나 협박으

20) 개정 전 아동·청소년의 성보호에 관한 법률 제16조(피해자의 의사) 「형법」 제306조 및 「성폭력범죄의 처벌 등에 관한 특례법」 제15조에도 불구하고 아동·청소년을 대상으로 한 다음 각 호의 죄에 대하여는 피해자의 고소가 없어도 공소를 제기할 수 있다. 다만, 아동·청소년을 대상으로 한 「성폭력범죄의 처벌 등에 관한 특례법」 제11조 및 제12조의 죄는 피해자의 명시한 의사에 반하여 공소를 제기할 수 없다.
1. 제7조의 죄.
2. 「형법」 제297조부터 제300조까지, 제302조, 제303조 및 제305조의 죄.
3. 「성폭력범죄의 처벌 등에 관한 특례법」 제10조 제1항의 죄.

로 아동·청소년 대상 성범죄의 피해자 또는 아동복지법 제3조 제3호에 따른 보호자를 상대로 합의를 강요한 자는 7년 이하의 유기징역에 처한다(현행법 제16조)'고 규정하고 있다. 이러한 변화가 과연 최선의 선택이었을까?

친고죄 폐지론의 입장에서는 합의종용이라는 부작용을 막고자 친고죄 삭제를 주장했다. 그러나 대다수의 경우 피해자는 어려운 형사절차를 통해서도 현행법으로 가해자 처벌이 어렵다고 판단될 때 고소를 취하하고 합의하게 된다.[21)] 친고죄이기 때문에 합의하게 된 것은 아니다.[22)] 결국 가해자의 피해자에 대한 합의종용은 친고죄 자체의 부작용이라기보다는 친고죄가 제대로 운용되지 못한 결과이다. 더구나 현재 친고죄가 폐지되었어도 형법 제51조가 있기 때문에 가해자의 합의 시도는 사라지지 않을 것이다.[23)]

형법 제51조 (양형의 조건)
형을 정함에 있어서는 다음 사항을 참작하여야 한다.
1. 범인의 연령, 성행, 지능과 환경.
2. 피해자에 대한 관계.
3. 범행의 동기, 수단과 결과.
4. 범행 후의 정황.

---

21) 이러한 경향은 피해자와 가해자가 과거 애인이어서 성관계가 있었던 경우 더하다. 장다혜, 전게논문, p. 23.

22) 류화진, 전게논문, p. 186.

23) 이승현·박학모·김정혜, 전게보고서, p. 155.

또한 친고죄 폐지론의 입장에서는 성폭력범죄에 드러나지 않는 암수범죄가 많다는 것도 친고죄 폐지의 근거로 든다. 그러나 필자가 생각하기에는 성폭력범죄가 암수범죄가 많은 것은 가해자는 물론 피해자에게도 낙인을 찍는 한국적 특수성이 원인이다. 만일 같은 직장에 근무하는 남녀 사이에 이러한 사건이 발생한다면 피해여성도 직장에서의 입장이나 구설때문에 또 다른 피해를 받곤 한다. 이것이 한국 사회의 이율배반적인 현실이다. 이러한 사회적 분위기 때문에 피해여성들은 고소를 주저하게 된다. 실제로 통계에 의하면 피해여성들이 고소를 주저하는 주된 이유는 '다른 사람에게 순결을 상실한 사람으로 알려지게 되어 정상적인 사회생활을 할 수 없기 때문'[24]이었다.

성폭력범죄에 있어서 가해자 처벌도 중요하지만 피해자의 피해감정을 고려한 피해회복도 중요하다. 따라서 성폭력범죄의 피해자가 절차에서 영향력을 행사할 수 있는 방안은 남겨두어야 한다. 피해자에게도 가해자 못지않은 사회적, 정신적 부담을 지우는 한국적 특수성을 볼 때 피해자의 의사는 반영될 통로가 있어야 한다. 피해신고가 있으면 일단 피해자의 의사와는 관계없이 절차를 진행하되, 피해자가 처벌을 원하지 않으면 절차를 중단하는 것이 더 합리적이다. 현행법을 반의사불벌죄의 형태로 다시 개정하는 것이 바람직하다.

---

24) 한국여성단체연합 성폭력특별법제정추진 특별위원회, 〈친고죄 존폐에 관한 공청회-"친고죄는 과연 피해자를 보호하는 법인가"-〉, 1993. 10. 28, p. 7. '절대로 고소하지 않겠다는 이유'로 당시 응답자의 45.8%가 이러한 답변을 하였다. 비록 20여 년 전의 통계이지만, 시대가 바뀌었어도 변하지 않는 한국 사회의 특수성을 볼 때 이러한 현실이 크게 달라졌다고 볼 수 없기에 인용하였다.

제 7 장

중년 베이비붐 세대의 현재와 미래_김상대

제7장에서는 우리나라의 중년 베이비붐 세대의 사회경제적 현황과 그간의 정부대책들을 살펴보고, 중년의 베이비부머들이 서로 도와가면서 함께 살아갈 수 있는 자활 공동체를 만드는 것이 더 현명한 노후대책이 될 수 있음을 제시한다.

1. 중년은 계속 일하고 싶다

우리나라에서 중년 베이비붐 세대(1955~1963년생)의 인구는 2010년 기준 약 695만 명으로, 전체 생산가능 인구 중 약 14.5%를 차지하고 있다. 또한 비경제활동 인구도 크게 증가하고 있는데, 이는 50대 베이비부머의 은퇴가 급증하고 있기 때문이다. 나아가 이들 은퇴한 베이비부머들의 평균수명 연장으로 인해 생활안정, 건강 보장, 노후 일자리 보장 등의 문제도 계속 제기되고 있다. 이 점은 김상대의 최근 연구(2014)에서 '직장 은퇴 후에도 계속 일하고 싶다는 남성 베이비부머가 79.9%, 여성 베이비부머가 72.2% 된다'는 점에서도 확인된다.[1] 그러므로 이들 베이비부머들의 향후 경제활동 정도는 저출산 고령화 시대의 우리나라 전체 노동력 구조에 커다란 영향을 미칠 것이다.[2]

따라서 이 글에서는 각종 자료를 이용하여 우리나라의 중년 베이비붐 세대의 사회경제적 현황을 살펴보면서 이들의 미래도 예측해보고자 한다.

---

1) 김상대 외(2014), 《베이비붐 세대 은퇴자의 일자리 창출방안 연구》, 고용노동부(진주시), pp. 1-5.

2) 안주엽, 김복순(2012), 〈베이비붐 세대의 고용〉, 《월간 노동리뷰》 10월호 통권 91호, 한국노동연구원, pp. 7-17

2. 중년 베이비부머의 정의

일반적으로 베이비부머는 전쟁과 같은 대혼란기 직후에 나타나며 3.0 이상의 출산율을 보이는 인구 급증기에 태어난 사람을 말한다(통계청, 《인구대사전》, 2006). 베이비부머란 용어도 제2차 세계대전 종료 직후인 1946년부터 1964년 사이 미국에서 태어난 인구집단을 가리키면서 통용되기 시작하였는데, 당시 합계출산율도 3.0 이상이었다. 이렇게 특정 시기에 출산율이 급증하는 현상은 우리나라에도 나타났다. 즉, 참혹하게 진행된 한국전쟁 직후인 1955년에서 1963년 사이의 대량 출산 시기에 태어난 사람들을 한국형 1차 중년 베이비부머라고 한다. 실제로, 1955년에서 1963년 사이에 태어난 신생아 수는 1947년부터 1954년 사이에 태어난 출생아 수보다 180여만 명이나 더 많았다. 1959년 이후에도 매년 82만~85만 명 이상의 아기가 태어났다. 이를 2013년도 출생아 수 43만 6,500명, 2014년 11월 말 현재 출생아 수 40만 3,500명과 비교해볼 때, 1955년에서 1963년 사이에 연평균 82~85만 명 출생은 과히 인구폭발이라고 할 수 있다. 당시 급증하는 출생아 숫자로 인해 1963년부터는 '한 가구당 두 명만 낳아 잘 기르자'는 산아제한정책까지 실시되었다.[3)]

〈표 7-1〉 우리나라의 1차 베이비부머 연령별 인구 분포

연령	전체	남성	여성
53세(1963년생)	841,625	428,648	412,977
54세(1962년생)	854,550	431,465	423,085
55세(1961년생)	858,141	429,629	428,512
56세(1960년생)	848,690	424,525	424,165
57세(1959년생)	823,550	414,400	409,150
58세(1958년생)	784,111	396,251	387,860
59세(1957년생)	742,633	374,712	367,921
60세(1956년생)	708,728	355,781	352,947
61세(1955년생)	663,319	331,806	331,513
전체	7,125,347	3,581,217	3,538,130

(출처 : 방하남, 〈베이비붐 세대: 그들은 누구인가?〉, 《월간 노동리뷰》 2011년 2월호, p.5)
* 〈표 7-1〉의 연령은 2015년을 기준으로 하였다.

3) 정경희 외(2010), 《베이비부머의 생활실태 및 복지욕구》, 한국보건사회연구원, pp.23-25.

3. 중년 베이비붐 세대의 성장배경과 특징

연구에 따르면, 우리나라의 베이비붐 세대는 다음과 같은 성장배경을 가지고 있다(방하남 · 이성균 외, 2011). 이들은 유년기(1950년대)에 절대빈곤의 시대를 지내야 했고, 10대와 20대(1960년대~1970년대)에는 권위주의 정치체제하에서 지내야 했다. 청년 시절에는 고등교육 기회가 충분치 못했기에 이들의 평균 학력은 중고등학교 졸업이 대부분이었다. 그마저도 모든 권위에 반드시 복종해야 한다는 강압적 교육만 받았다. 이들이 사회에 진출한 시기(1980년대)에는 민주화운동과 같은 사회구조 개혁 움직임에 적극 동참하였다. 하지만, 그러한 변혁활동의 결과물인 실질적 과실은 얻지 못한 낀세대였다. 결국 우리나라의 80~90년대 경제성장과 민주화운동의 주역이었으나, 1997년의 IMF 경제위기 때에는 구조조정의 최우선 대상자가 되어 온몸으로 그 피해를 당한 세대였다. 그리하여 혹독한 청소년기의 빈곤과 직장인으로서의 시련기를 겪은 이들 중년의 베이비부머들은 다음과 같은 특징을 갖게 되었다.

첫째, 이들은 경제성장의 주역이었던 만큼 가정보다 직장일을 최우선으로 생각하였다.

둘째, 자신의 수입 중에서 부모의 생활비와 자녀의 교육비가

지출의 큰 부분을 차지하며, 성년이 된 20~30대 자녀들의 결혼과 주택마련 비용까지 본인들이 당연히 부담해야 한다고 생각하고 있다. 반면, 자식들에게는 자신들의 노후를 의지할 생각이 없다.

셋째, 1997년의 IMF 경제위기를 겪으면서 육체적인 건강뿐 아니라 정신적인 건강도 중요하게 인식하는 세대이다.

넷째, 노후 준비가 거의 안 되어 있기 때문에 정부가 제공하는 각종 노후보장 서비스에 대한 기대치가 높다.

다섯째, 본인은 중산층이라고 생각하나, 가계소득 분류상으로는 이미 중하류 계층에 속한 사람이 대부분이다.

여섯째, 향후 그 가치가 계속 하락할 부동산에 대한 소유욕이 강하다.

우리나라의 중년 베이비부머들은 이상의 여러 가지 특성과 취약점을 가지고 있기에 조만간 육체적 · 정신적 · 경제적 어려움에 처할 것이다.

4. 중년 베이비붐 세대의 사회경제적 현실

지금부터 우리나라의 중년 베이비붐 세대에 속한 여성과 남성의 사회경제적 현황에 관해 그간 발표된 그래프와 표를 인용하여 살펴보고자 한다.

우리나라의 중년 베이비붐 세대의 근로생애를 전체적으로 볼 때, 1960년대와 1970년대에 빈곤이 보편화된 성장기를 거쳐 1980년대 노동시장 진입 초반에는 폭넓은 직업선택 기회로 인해 활기차게 사회생활을 시작하였다. 그리하여 이들 중년의 베이비붐 세대들은 1980년대 이후 우리나라의 경제성장과 사회변혁을 이끈 특별한 계층이 되었다. 또한 이들의 약 47%가 고졸, 27%가 대졸 이상의 고등교육을 이수하는 등 양질의 교육훈련을 받고 노동시장에 진입한 고학력화 제1세대가 되었다. 그러나 이들의 생애 후반기는 고용축소, 비자발적 강제퇴직으로 이어지는 비운의 삶이 되어버렸다.

〈그림 7-1〉 베이비붐 세대의 생애과정 요약

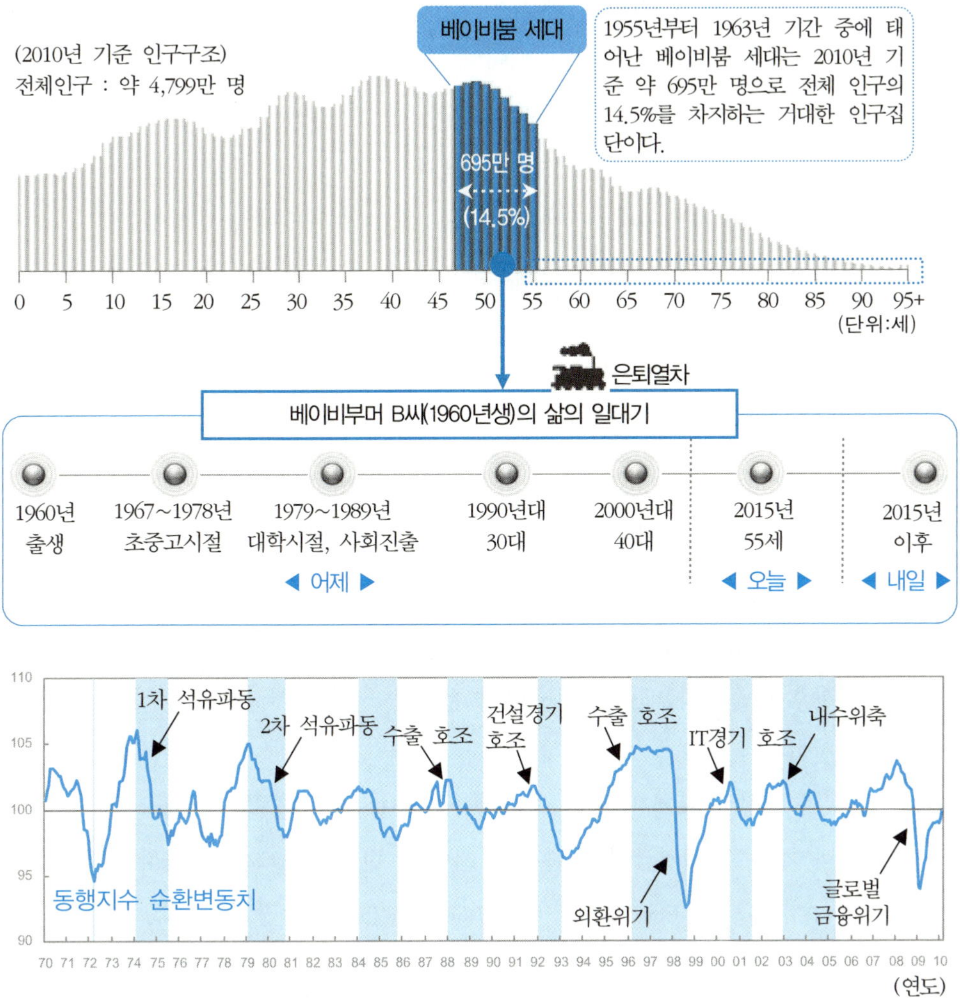

(출처 : 통계청, "통계로 본 베이비붐 세대의 어제, 오늘, 내일", 2010년 5월 10일자 보도자료, p.1 및 통계청, "베이비부머 및 에코세대의 인구 · 사회적 특성분석", 2012년 8월 2일자 보도자료, p.6)

현재 이들 중년의 베이비붐 세대가 집단적으로나 개인적으로 당면한 문제는 생활수준의 향상과 의료기술의 발달로 기대수명이 크게 늘어나 직장 퇴직 후 30~40년 이상을 더 살아야 하지만[4] 자신들의 노후생활을 위한 대비가 거의 안 되어 있다는 점이다.

그럼에도, 이들 중년의 베이비붐 세대는 앞 세대 노인들과는 달리 국내 토지의 42%, 건물의 58%, 주식의 20%를 소유한 한국 경제의 큰 축임과 동시에(현대경제연구원, 2013), 고학력과 전문직을 경험한 세대이다. 그래서 이들을 정부 복지수혜의 대상이 아닌 또 다른 가치창출의 주체로서 이들이 가진 경험과 지식을 생산적으로 활용할 수 있는 방안 모색이 절실한 과제가 되고 있다.

우리나라 인구 일곱 명 중 한 명이 중년의 베이비부머이지만, 이들은 조기퇴직 위험을 견디고 인생의 2막을 시작해야 할 뿐만 아니라 자녀도 결혼시켜야 한다. 더해서 노부모 봉양의 의무까지 지고 있다. 인생 11계단 방식에 따라 우리나라 중년 베이비붐 세대의 평균자산과 생활비 등의 총지출 비용을 대차대조표로 비교 추정해보면 7,600만 원 정도만 남는 것으로 분석되고 있다. 향후 이들 1차 베이비부머 부양 문제가 국가적 부담으로 등장할 것이다.

통계청 자료에 따르면 중년의 베이비붐 세대 중에서 국민연금과 같은 공적연금에 의존하는 사람은 전체의 40%에 불과하다. 이마저도 서울(35.6%), 대구(34.2%), 인천(35.3%), 강원(29.9%), 경북(37.4%), 경남(34.2%) 지역은 연금가입자 비율이 40%에도 못 미친다. 이는 국민연금 외에는 은퇴준비가 전혀 안 되어 있다는 의미이다. 엄밀히 말해 베이비부머의 22%인 156만 명은 어떠한

---

4) 방하남 외(2011), 《베이비붐 세대의 근로생애와 은퇴과정 연구》, 한국노동연구원, p.4.

개인연금이나 퇴직연금에도 가입되지 않은, 은퇴 준비가 제로 상태인 사람들이다.

오늘날 100세까지 평균수명 연장이 가능한 데도 대다수 직장의 정년은 여전히 55~60세에 맞추어져 있어, 베이비부머들의 정년 이후 생활비 조달문제가 심각한 사회경제적 이슈로 등장할 것이다.

베이비부머 퇴직자 3명 중 2명 이상이 퇴직 후 재취업을 희망하고 있다. 이들이 재취업을 희망하는 이유로는 '경제적 이유'가 가장 많으며, 2순위가 '자녀에게 의존하지 않으려고', 3순위가 '그간의 지식, 기술, 경력을 활용하기 위해서'의 순이다. 이들이 원하는 재취업 형태는 '기존 근무경험이 있는 곳'이 1위이고, 그다음이 '창업' 순이다. 나아가 이들이 바라는 재취업 시 희망 근로소득이 월 99만 원 정도이다.

향후 30년 이내 베이비부머들과 관련된 변화를 미리 살펴보면, 그들을 위한 사회보장 문제가 더욱 난감하게 전개될 것으로 예측된다. 그 이유는 695만 명의 50대 중년 1차 베이비부머들에 이어 2차, 3차 베이비부머들이 계속 누적되기 때문이다. 즉, 1955~1963년생인 1차 베이비붐 세대(695만 명, 14.5%) 다음으로 2차 베이비붐 세대인 1968~1974년생(604만 명, 12.1%)이 곧바로 나타나며, 그 뒤엔 1차 베이비부머의 자녀인 에코 베이비붐 세대(1979~1985년생 540만 명, 10.8%)가 이어지게 된다(중앙일보, 2015년 1월 15일자 기사). 이들 1~3차 베이비부머들이 겪게 될 사회경제적 어려움과 고통은 '과실은 현세대가, 부채는 차세대에게' 전가하는 국가운영 시스템 때문에도 시간이 경과할수록 더욱 가혹하게 느껴질 것이다.

〈그림 7-2〉 우리나라 중년의 베이비부머 연대별 퇴직 추이 비교

(한국 사회 덮치는 세 차례 퇴직 쓰나미)

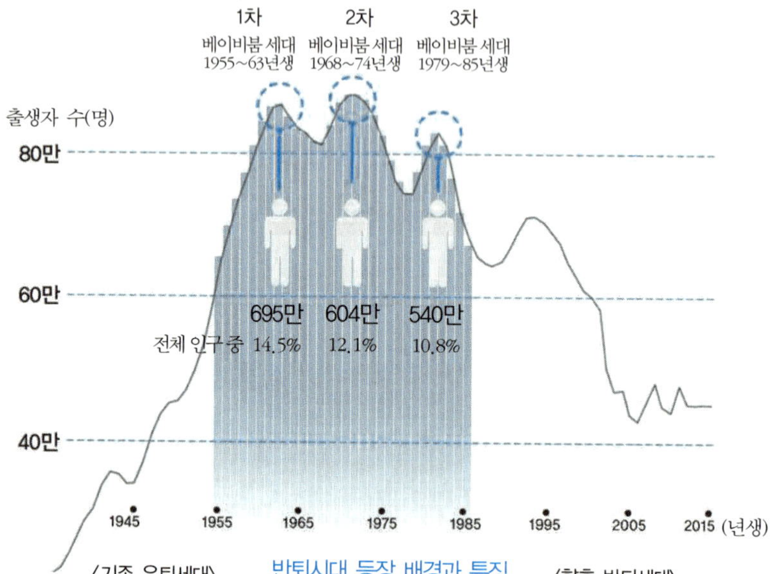

〈기존 은퇴세대〉	반퇴시대 등장 배경과 특징	〈향후 반퇴세대〉
고금리(7~10%), 고성장(7~10%)	경제환경	저금리(1~2%), 저성장(2~3%)
61.9세(1970년 기준)	기대수명	81.9세(2003년 기준)
10~20년	퇴직 후 노후 기간	30~40년
집값 꾸준히 상승	부동산가치	집값 하락 추세
필요성 낮음	연금 필요성	생존 위해 필수
수명 짧아 부담 작음	의료비 지출	70세 이후 부담 급증
부모 부양 자녀 많아	자녀 도움	기대하기 어려움

(출처 : 통계청 2015년 인구추계 및 중앙일보, "은퇴해도 못 쉬는 '반퇴시대' 왔다", 2015년 1월 15일자 기사)

5. 결론

위에서 살펴본 것처럼 우리나라의 중년 베이비붐 세대들은 자기 자신과 가족, 직장, 사회, 국가로부터 배제되는 것뿐만 아니라 그 존재마저도 부담스러워 하는 연령계층으로 추락하고 있다.

이들 중년의 베이비부머는 1950년대 말부터 1970년대 초반까지의 극심한 가난과 굶주림 속에서 태어나고 성장하였으나, 내 자녀만은 그러한 고통을 겪게 하고 싶지 않다는 초인적 의지를 갖고서 1970~1990년대 사이에 밤낮 직장일만 한 세대이다. 이들의 이러한 헌신적인 노동력에 힘입어 한국경제는 사상 유례없는 급속 성장이 가능하였다. 하지만 1997년 IMF 경제위기와 같은 외부로부터 큰 한파가 몰아치자 냉혹한 구조조정의 폐해를 온몸으로 겪은 세대 또한 이 중년의 베이비부머들이다.

노동시장 신규진입 시 직장 구하기가 수월했던 베이비부머들은 이전 세대와 마찬가지로 가족과 직장을 위해 온 정성을 다하면 노후는 자연적으로 보장되리라 믿었다. 그러나 평균수명 연장과 함께 노인부양 문제가 사회적 부담으로 제기되면서 이들 1차 중년의 베이비부머들도 이제는 잠재적 노인계층으로 취급받게 되었다. 반면, 부모부양은 자녀나 가족이 아닌 국가가 담당해야 한다는 의식이 차세대에 빠르게 확산되면서, '자녀양육=노후보험'이란 기대도 근본적으로 바뀌게 되었다. 국가 또한 고령자, 극빈가구, 장애인, 실업자 등을 부양하기 위한 사회복지비 급증 현상 때문에 중년의 베이비부머 세대를 위한 사회보장 급여를 제공할 여력이 없다. 이런 연유로 우리나라가 OECD 가맹국 중 노인 취업인구의 비중이 가장 높은 나라가 되었다. 이를 달리 표현하면 이들 중년의 베이비부머 세대는 우리나라 사회보장시스템의 사각지대에 놓인 인구계층이라고 할 수 있다.

따라서 자식과 가족, 사회, 국가정책으로부터 소외되고 배제되었다는 의식 속에서 지난날의 노력과 삶이 너무 허무하다면서 하루하루 무기력하게 살기보다는 중년의 베이비부머들이 함께 살아갈 수 있는 공동체를 만드는 것과 같은 적극적인 방법이 진정한 노후대책이 될 수 있다.

제8장

중년 여성의 건강_이옥재

제8장에서는 중년 여성의 다양한 질환을 살펴본다. 중년 여성 하면 가장 먼저 떠오르는 폐경은 어느 날 갑자기 찾아오는 것 같지만, 여성호르몬이 3~5년에 걸쳐 점점 감소하다가 결국은 영구히 중단됨으로써 서서히 찾아오는 자연스러운 현상이다. 이 기간을 '갱년기'라고 하며, 폐경 전후로 중년 여성의 건강이 현격하게 변화하기 때문에 폐경은 중년 여성의 건강과 매우 밀접하다. 이 장에서는 폐경과 함께 중년 여성의 건강을 위협하는 대표적인 질환인 골다공증, 비만, 고혈압–심혈관계 질환과 대표적인 여성암으로 최근 빠르게 증가하는 유방암에 대해 살펴보고자 한다.

1. 중년 여성의 의학적 중요성

중년 여성의 건강과 연관하여 가장 먼저 떠오르는 것은 역시 폐경이라고 할 수 있다. 폐경(閉經, Menopause)이란 월경이 자연적으로 완전히 중단되는 것을 말한다. 폐경은 어느 날 갑자기 오는 것은 아니다. 즉, 난소에서 생성되는 여성호르몬이 약 3~5년에 걸쳐 점점 감소하다가 영구히 중단됨으로써 나타나는 자연스러운 현상으로 이 기간을 폐경기라고 한다. 폐경기가 시작되면 처음에는 월경주기가 짧아졌다가 점점 길어지면서 2~3개월 만에 다시 시작되는 등 불규칙하다가 결국 월경이 1년 이상 없어지는데 이것을 폐경이라고 한다. 폐경의 나이는 초경 나이와는 상관이 없고 대개 50~51세 전후로 폐경이 오지만, 여성 10명 중 1명 정도는 40세 이전에 조기 폐경기가 오기도 하고, 드물지만 60대에 오는 경우도 있다.

중년 여성의 건강은 폐경과 매우 밀접한 관련이 있기 때문에 남성이나 젊은 여성의 건강문제와는 다른 양상을 보인다. 일반적으로 여성의 건강문제는 월경 · 임신 · 출산 · 폐경 등 생식과 관련된 여성의 특성이 주요 요인으로 작용하는데 전문의들은 "여성은 인체 구조상 적어도 10가지 이상 남성과 다른 건강상 특징을 가지고 있다."고 설명한다. 예를 들면, 여성은 감정을 조절하는 세

로토닌 호르몬의 분비가 남성에 비해 적어서 우울증의 위험이 남성보다 2배 높다. 임신 · 출산 · 폐경 등도 우울증에 영향을 준다. 편두통의 경우도 여성이 남성보다 1.5배 많이 발생하고, 여성이 남성보다 소화 시간이 길어 변비를 비롯한 소화기 질환이 자주 발생한다. 또한 여성은 안구가 작고 비루관이 좁아 안과질환에 취약하고, 심장발작이 남성보다 평균 10년 빠르다고 한다. 유방암, 자궁암, 월경에 동반되는 증상이나 합병증에 취약하고 담배 연기와 알코올에 더 민감한 특성이 있다. 신체구조상의 특성으로 인해 방광염, 요도염, 출산으로 인한 요실금의 발생이 더 많고 남성보다 인대가 약하고 골다공증, 관절염이 쉽게 발생한다. 반면에 여성이 남성보다 바이러스에 대한 면역력이 강하고, 중풍이나 뇌종양 등의 발생이 적은 강점도 있다. 그러나 전체적으로 볼 때 여성이 여러 가지 질병에 더 취약하며, 따라서 중년 여성의 건강문제도 중년 남성보다 더 심각하다고 할 수 있다.

이 글에서는 중년 여성의 건강을 위협하는 3대 질환이라고 할 수 있는 골다공증, 비만, 고혈압 – 심혈관계 질환과 대표적인 여성의 암으로 우리나라에서 빠른 속도로 증가하고 있는 유방암에 대하여 살펴보고자 한다.

2. 갱년기란?

갱년기란 여성이 가임기에서 출산할 수 없는 시기로 전환되는 시기, 즉 폐경기를 의미하며 이는 곧 중년기와 일치한다. 폐경은 앞에서도 언급했지만 난소에서 분비되는 여성호르몬인 에스트로겐, 프로게스테론이 점점 감소함으로써 나타나는 생리적 변화일 뿐 질병이 아니다. 폐경에 따른 증상도 사람마다 달라서 대부분의 폐경기 여성들이 전보다 더 적극적이며 활기차게 활동한다고 하는데, 어떤 여성들은 폐경으로 인해 정서적, 사회적으로 불안정해지고, 심각한 건강문제에 직면하기도 한다. 따라서 건강관리에 관심을 가질 필요가 있다.

폐경과 관련된 일반적인 증상은 불규칙한 월경주기, 화끈거림, 땀, 두근거림 등이 대표적인데 이외에도 불면증, 우울, 불안, 집중저하, 피로, 두통 등과 더불어 피부가 얇아지고 탄력이 떨어지며, 질의 건조로 인한 성교통이 동반되고, 심장질환과 골다공증의 위험성이 급격하게 높아진다.

완전한 폐경이 오기 전에 월경기간이 짧아지거나 길어져 주기가 불규칙해지며, 월경의 양도 많아지거나 줄어들기도 한다. 이러한 변화는 정상이지만 폐경 전에 매우 많은 양의 질 출혈이 있거나 월경기간이 평소보다 훨씬 긴 경우, 월경의 간격이 3주보다 짧아질 경우, 성교 후 질 출혈을 보이는 경우 등은 비정상적인 현상이므로 반드시 전문의와 상의해야 한다.

화끈거림은 폐경기 여성이 가장 흔하게 경험하는 증상으로 에스트로겐이 감소하면서 혈액순환이 변화하여 혈액의 흐름이나 온도가 증가하고 심박동 수가 증가하면서 나타난다. 화끈거림은 갑자기 더워졌다가 땀이 난 후 오한을 느끼는 증상으로 나타나기도 한다. 심한 경우 잠자는 동안 몸이 흠뻑 젖을 정도로 땀이 나고 화끈거려서 수면을 방해하기도 한다. 이러한 화끈거림과 땀을 조절하는 방법은, 이러한 증상이 잘 나타나는 상황이 무엇인지, 예를 들어 매운 음식, 알코올, 뜨거운 음료 등을 먹거나 스트레스를 받을 때에 화끈거림이 나타나는지 알아두고 피할 수 있다면 이런 상황을 피하는 것이 필요하다. 가능한 더운 곳이나 온도변화가 심한 상황을 피하며, 잠을 잘 때도 시원한 환경을 만들고 늘 부채를 들고 다니는 것도 도움이 된다. 복장은 화끈거림이 나타날 때 벗을 수 있도록 얇은 옷을 여러 겹 입고, 열이나 땀을 잘 발산시킬 수 있는 면이나 천연섬유로 된 옷을 입는 것이 좋다. 물을 자주 마시는 것도 일정한 체온을 유지하는 데 도움이 된다.

폐경기에 나타나는 비뇨생식기계의 변화는 요실금(기침이나 재채기만으로도 소변조절이 되지 않고 나오는 증상), 질의 건조함과 가려움, 성관계 시의 불편감 등을 들 수 있다. 이러한 변화도 성호르몬이 감소하면서 비뇨생식기계가 위축되어 나타나는 것으로 여러 가지 치료로 좋아질 수 있다. 폐경이 되면 에스트로겐의 감소로 질과 그 주변의 신경조직, 샘조직(성교 시에 윤활제 역할을 하는 액체를 만들어 분비해주는 곳) 등으로 공급되는 혈액의 양이 줄어들면서 질점막이 얇아지고 건조해져서 성교 시에 통증을 느낄 수 있다. 이것은 에스트로겐 크림이나 에스트로겐 복용으로 개선시킬 수 있고, 바르는 수용성 윤활제도 도움이 될 수 있다.

이와 같이 호르몬의 감소 외에도 나이가 들면서 성욕구의 감소 등에 의해 성적인 활동이 변화하지만 개인이나 심리상태, 문화적 관습 등에 따라 양상이 달라서 어떤 여성은 임신에 대한 걱정이 없어 더 자유를 느끼며 성욕구도 증가한다고 한다.

폐경과 우울증, 불안 등의 심리상태의 변화와의 관련성이 명확하게 밝혀지지는 않았지만 폐경 전후의 많은 여성들이 우울과 불안, 피로감, 심한 건망증 등을 호소한다. 이러한 심리적인 문제로 말없이 혼자서 괴로워하는 것은 바람직하지 않으므로 전문가와 상의하여 치료를 받을 필요가 있다.

완전한 폐경을 지나 폐경 후기가 되면 노화와 더불어 호르몬의 수치가 더욱 감소하여 심혈관계 질환이나 골다공증과 같은 심각한 문제를 일으킬 수 있으므로 조기에 발견하는 것이 매우 중요하다.

3. 골다공증

뼈는 우리 몸의 형태를 유지하고, 외부의 충격으로부터 내부의 주요 장기를 보호하며, 칼슘, 인의 저장소로 이러한 물질들이 부족하거나 증가하는 현상을 방지하는 등 몸에서 없어서는 안 되는 매우 중요한 장기이다. 따라서 다른 장기에서와 같이 뼈에서도 신진대사가 활발하게 일어난다. 몸이 성장하는 동안 뼈도 길어지고 굵어지다가, 몸의 성장이 멈추면 뼈도 성장이 중단되면서 오래된 뼈는 파괴되고 새로운 뼈로 재생되는 과정이 지속적으로 일어난다. 뼈의 일생주기를 살펴보면, 출생 후 골형성기에는 뼈가 계속 자라고 굵어지면서 뼈의 양도 증가하는데, 20세 이후 뼈의 성장이 거의 멈추고 뼈의 양은 이후에도 10~15년간 계속 증가하여 30~35세가 되면 가장 높아진다. 이 시기에는 뼈의 파괴보다 생산이 많아 뼈가 지속적으로 성장하고 크기와 강도가 증가하고, 골밀도가 최고에 달해 이를 최대골밀도라 한다. 이후에는 서행기로 연령이 증가함에 따라 뼈의 소실이 서서히 일어나는데, 남녀 모두 연령이 많아지면서 뼈 소실이 같이 진행된다. 하지만 여성의 경우, 폐경 후 약 5년간 에스트로겐이 감소하면서 일시적으로 뼈의 소실이 급격해지는 가속기가 온다. 따라서 뼈의 성장 시기인 청소년 시기에 영양공급을 충분히 함으로써 뼈의 밀도를 높일

수록 중년의 골다공증 발병을 예방할 수 있다.

골다공증이란 '구멍이 많이 난 뼈'를 말하는 것으로, 뼈의 밀도가 감소하여 뼈의 양이 줄고 강도가 약해진 상태로 외부에서의 작은 충격에도 뼈가 쉽게 부서져서 골절이 잘 일어나며 주로 척추, 손목, 골반뼈 등에 골절이 잘 생긴다.

골다공증의 원인은 확실하지 않지만, 여러 가지 위험요인이 골다공증의 상태를 진행시키는 데 관여한다. 뼈의 주기에서 알 수 있듯이 연령의 증가 자체가 위험요인으로 50세 이후에는 매 6~7년이 지날 때마다 골절 위험성이 2배로 증가하며, 75세 이후에 골절이 가장 많이 발생한다. 성별, 체격, 인종과도 밀접한 관계가 있는데, 이것은 여자보다 남자에서, 마른 사람보다 비만한 사람에서, 백인과 아시아인보다 흑인에서 최대골밀도가 높은 것과 관련이 있다. 즉, 여성이 남성보다 약 4~6배 높고, 마르고 작은 체격이 비만인 체격보다 골다공증의 위험이 매우 높으며 백인과 아시아인 여성이 흑인보다 위험성이 크다. 유전적 소인도 뼈의 양과 뼈가 손실되는 속도에 영향을 줘서 어머니에게 골다공증에 의한 골절이 있을 경우 딸도 위험성이 높다. 중년 여성이 폐경기를 맞이할 경우 뼈의 손실을 막아주는 여성호르몬인 에스트로겐이 급격히 줄어 뼈손실이 매우 빨라진다. 이는 난소 절제술을 받은 경우에도 마찬가지다. 체중이 너무 적거나 영양부족인 여성의 경우 월경이 중단될 수 있으며 골다공증의 위험도 높아진다. 뼈는 사용하지 않으면 약해지므로 장기간 활동을 하지 않고 침대에만 누워 있는 사람은 골다공증의 위험성이 높다. 흡연은 혈중 에스트로겐 농도를 낮추고 폐경의 나이를 당긴다고 하며 폐경 여성이 흡연을 하면 에스트로겐을 투여해도 그 효과가 감소된다. 칼슘 부족과 비타민 D 부족이 직접적인 원인이 되는데 카페인은 소변으로의 칼슘 배출을 증가시키는 등, 음주와 카페인은 칼슘, 비타민 D의 부족을 일으킨다. 하루에 커피 두 잔을 마시는 여성은 골밀도가 감소하는데 하루에 한 컵 이상의 우유를 마시면 이러한 위험성이 줄어든다고 한다. 관절염이나 천식, 자가면역질환 등의 치료로 부신피질호르몬 치료를 하는 경우나 갑상선호르몬의 과도한 분비를 촉진시키는 약물은 골소실을 증가시키므로 골다공증에 대한 모니터링과 예방이 필요하다.

이와 같이 여성은 남성보다 뼈의 크기와 양이 적은 데다 뼈가 약하고, 더욱이 폐경이 오는 중년 여성은 뼈의 손실을 막는 역할을 하는 에스트로겐이 감소하기 때문에 처음 5~10년 동안 골밀도가 급격히 감소하므로 남녀의 차이가 더욱 심해진다. 대개 남성의 경우 최대골밀도의 20~30%가량이 소실되는 반면에, 여성은 40~50%가 소실된다고 한다.

골다공증은 증상이 없이 진행하기 때문에 흔히 '조용한 질환'이라고 한다. 골다공증의 초기에는 특이한 증상이 없고 허리나 어깨의 통증 등 다른 관절 질환이나 퇴행성 질환과 증상이 비슷해서 골다공증인지 잘 모르고 지낸다. 다만, 관절 질환인 경우 운동을 하면 통증이 심해지는 반면에 골다공증은 휴식 시에 통증이 더 심해질 수 있다. 골다공증이 와서 약한 척추를 유지하기 위해 과다한 근력을 사용하므로 쉽게 피로를 느낄 수도 있다. 뼈의 소실이 진행되어 매우 약해지면 약한 충격에도 골반, 손목, 척추의 골절이 오고, 등이 굽거나 키가 작아진다. 따라서 50대 이후, 특히 폐경기 이후에는 골다공증에 대한 관심을 갖고 주의할 필요가 있다.

골다공증의 예방과 치료를 위해 하루 1,000mg의 칼슘이 필요하고, 폐경을 하면 하루 1,500mg의 칼슘을 섭취해야 한다. 우유, 요구르트, 치즈 등의 유제품, 두부, 멸치, 뱅어포, 굴, 정어리, 검정깨, 참깨, 녹색채소 등과 같은 칼슘이 풍부한 식품을 충분히 섭취하는 것이 좋다. 비타민 D는 칼슘의 흡수와 뼈로 이동하는 것을 도와주므로 복용하는 것이 도움이 되는데(하루에 400IU), 과도한 비타민 D는 신장결석, 변비, 복통을 일으킬 수도 있다. 비타민 D는 햇빛에 의해서 우리 몸에서 만들어지기 때문에 하루 15~20분 정도씩 일광욕을 하는 것이 좋다.

골다공증을 예방하기 위해서는 체중을 싣는 체중부하 운동과 함께 근육을 강화하는 운동을 1주일에 3회 이상 20분 정도 규칙적으로 꾸준히 하는 것이 필요하다. 이는 뼈의 양을 유지시켜주고 뼈를 강하게 만들어 줄 뿐만 아니라 심장과 체중관리에도 좋다. 특히 체중부하 운동은 뼈를 강하게 하는 데 가장 좋은 방법이다. 이와 함께 가능한 위험요소를 피하는 것이 중요한데 과음이나 흡연(간접흡연도 포함), 커피, 탄산음료의 지나친 섭취도 피하도록 주의한다. 골다공증의 위험이 많은 사람은 넘어지거나 떨어져서 골절이 되지 않도록 주의할 필요가 있다.

칼슘과 비타민 D의 충분한 섭취, 운동이 골다공증에 가장 좋은 방법이지만 골다공증을 완전히 예방할 수는 없다. 약 3분 정도면 간단하게 할 수 있는 골밀도검사로 뼈의 상태를 측정할 수 있는 검사를 받음으로써 조기에 발견하여 치료를 하면 손실된 뼈를 복구하고 뼈의 골절을 예방할 수 있다.

4. 비만

음식을 섭취하면 에너지로 사용되고 남은 부분이 지방으로 전환되어 체내에 축적되는데, 중년이 되고 나이가 많아질수록 몸의 기초대사량이 점점 감소하여 비만이 되기 쉽다. 중년 여성은 신체활동이 줄기 때문에 더 체중이 증가하기 쉽다. 더욱이 지방의 축적이 몸의 아래쪽, 특히 아랫배와 엉덩이, 허벅지에 집중적으로 일어난다. 중년 여성들은 대개 체중이 한 해에 0.5~1Kg씩 증가한다.

이상적인 체중을 유지하는 것은 특히 건강에 매우 중요한데, 30~55세에 체중이 증가하는 것이 이후 유방암 발병의 가장 중요한 위험요인이라는 연구 결과도 있다. 중년에 적절한 체중을 유지하려면 적당한 식이와 운동이 필요하다. 식사량은 젊었을 때보다 400~500칼로리를 줄이는 것이 좋다. 더불어 중년에는 식사의 양도 중요하지만 먹는 방법도 중요하다. 식사를 세 번 하는 것보다 조금씩 여러 차례 나누어 먹는 것이 대사량도 증가하고 체중도 덜 증가하며, 너무 늦은 시간을 피하고 일찍 식사를 할수록 지방이 덜 축적되었다는 연구 결과가 있다. 따라서 저녁은 7시 이전에 천천히 오래 씹어서 먹는 것이 좋고, 식사를 거르다가 갑자기 폭식하는 등 불규칙한 식사를 하거나 회식, 모임에서 과식하지 않도록 주의하며, 아깝다고 남은 음식을 먹지 않도록 해야 한다.

유산소운동을 규칙적으로 하면 기초대사량이 증가하고 심장질환, 유방암, 골다공증 등의 위험을 줄일 수 있다. 체중을 줄일 목적이라면 운동을 하루에 최소 30~45분 정도 매일 꾸준히 해야 한다. 무리하게 살을 빼기 위한 다이어트나 너무 강도 높은 운동은 체력저하를 불러오고 건강을 해칠 수 있으므로 빠른 걸음으로 걷거나 천천히 달리기와 같은 쉽고 매일 할 수 있는 운동이 적절하다.

5. 고혈압-심혈관계 질환

여성호르몬은 고혈압, 동맥경화 등 혈관질환을 예방하는 효과가 있는데, 중년 여성은 폐경 후 여성호르몬이 감소하기 때문에 고혈압 위험이 높아진다.

우리나라 여성의 사망원인 중 심혈관계 질환이 높은 비율을 차지하는데, 식생활이 서구화되면서 심혈관계 질환이 점점 더 늘어나고 있다. 고혈압은 특별한 증상 없이 나타나는 경우가 많으므로, 중년 여성은 정기적으로 혈압을 체크하고, 고혈압 진단을 받으면 전문의의 진료를 받아 적절한 약물치료를 통하여 관리를 해야 한다.

여성의 난소는 저밀도지질단백질(LDL)을 이용하여 에스트로겐을 만드는데, 중년 여성이 폐경을 하면 에스트로겐을 생산하지 못하므로 저밀도지질단백질(LDL)이 쓰이지 않아 그 수치가 증가한다.

반면에 일명 좋은 콜레스테롤이라고 불리는 고밀도지질단백질(HDL)은 낮아진다. 따라서 혈중에 저밀도지질단백질(LDL)이 많아지면 혈관벽에 쌓여 동맥경화성 병소가 생기고 동맥경화성 질환, 고혈압, 협심증, 심근경색증 등과 같은 심혈관계 질환의 발생 가능성이 높아진다.

남녀를 불문하고 나이가 많을수록, 60세 전에 뇌졸중이나 심장 질환의 가족력과 흡연 경험이 있는 경우, 신체활동량이 적은 경우, 고혈압, 높은 콜레스테롤, 당뇨, 음주, 과도한 스트레스, 비만(적정체중보다 20% 이상 초과) 등이 심혈관질환의 위험요소이다. 덧붙여 여성의 경우 폐경이 중요한 위험인자가 된다. 특히 40세 전에 폐경이 되었거나 난소 절제술을 한 여성은 더 위험이 높다.

심혈관계 질환을 예방하기 위해서는 포화지방, 콜레스테롤이 많은 음식을 피하고, 곡식이나 과일, 채소에 많은 비타민과 무기질을 많이 섭취해야 한다. 또 식물성 에스트로겐이 풍부한 두부, 된장 등 콩 식품과 해바라기씨, 과일, 녹황색 채소 등을 하루 한 번 이상 섭취하는 것이 권장된다. 항산화제가 풍부한 옥수수기름, 콩기름, 해바라기, 콩, 땅콩, 시금치 등도 많이 먹는 것이 좋다.

대표적인 항산화제인 비타민 E는 갱년기 여성의 안면홍조, 발한, 질 건조증, 피로를 감소시켜 준다고 한다. 한편 붕소라는 무기질은 하루 3mg만 섭취해도 혈중 에스트로겐을 증가시켜 소변을 통한 칼슘의 손실을 40%까지 감소시킨다는 보고가 있어 자두, 딸기, 양배추, 사과, 샐러리, 무화과 등 붕소가 풍부한 식품을 매일 먹는 것도 좋겠다.

골다공증, 비만의 예방과 마찬가지로 적당한 운동은 심폐기능을 증진시켜 혈액순환을 촉진시키고 노폐물과 산화물질의 배설을 도우며 혈중 콜레스테롤을 낮춘다. 뿐만 아니라 운동은 골반과 주위의 혈액순환을 촉진하여 질 건조를 방지하고 질 주위 근육의 긴장도를 강화한다. 갱년기 여성에게는 산책이나 조깅, 줄넘기,

춤, 에어로빅, 자전거 타기, 배드민턴, 수영, 골프, 요가 등이 적절하다.

적당한 운동과 더불어 금연, 금주, 적정체중 유지, 스트레스 관리 등이 심혈관계 질환의 예방과 관리에 중요하다.

6. 유방암

유방암은 유방조직에서 암세포가 시작된 것으로 '소엽암'과 '관상암'이 대표적이다. 소엽암은 소엽, 즉 젖샘에서 시작하는 암으로 전체 유방암의 약 10~15%를 차지하고, 관상암은 젖을 분비하는 분비관에서 시작하는 암으로 전체 유방암의 약 80%를 차지한다.

유방암은 1997년에 여성의 암 중에 발생률이 자궁경부암과 위암에 이어 3위였으나 빠른 추세로 증가하여 자궁경부암, 위암을 제치고 2014년 한국중앙암등록사업연례보고서에서는 갑상샘암 다음으로 흔한 암이 되었다(〈표 8-1〉). 미국이나 서구 선진국에

〈표 8-1〉 한국중앙암등록사업연례보고서(2014)

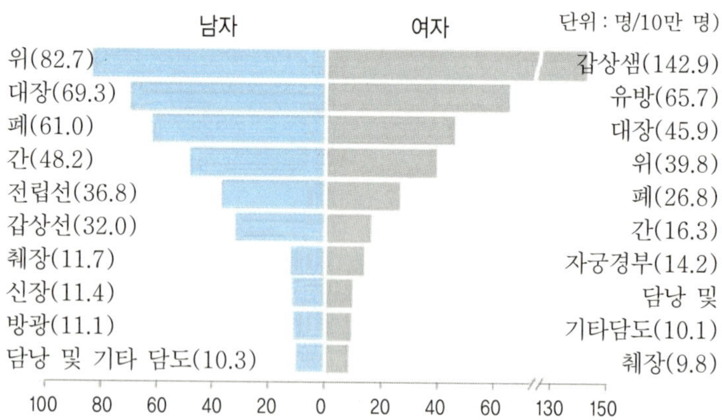

서와 마찬가지로 여성암 중에서 가장 흔한 악성암으로 서구와 다른 점은 서구에서 주로 50대에 발병하는 것과 달리 우리나라에서는 40대에 빈도가 높고 비교적 젊은 연령층에서 발생하는 특징이 있다.

1) 유방암의 원인

유방암의 원인은 아직 명확하게 밝혀지지 않았으며 유방암의 가족력, 유방암의 과거력, 출산력, 식생활 습관, 호르몬제의 사용, 유방촬영술에서 치밀 유방(조직밀도가 75% 이상)으로 진단받은 경우 등이 위험요인으로 알려져 있다. 그러나 실제로 유방암 환자의 70%가 이와 같은 위험요인을 갖고 있지 않으며, 역으로 위험요인을 가지고 있는 여성들이 모두 유방암에 걸리는 것은 아니다. 최근 유방암 발생과 관련된 유전자의 중요성이 밝혀지면서 헐리우드 여배우가 유방암의 예방을 위해 미리 양쪽 유방을 모두 절제하면서 주목을 받기도 했다.

2) 유방암의 증상

다른 장기의 암과 마찬가지로 유방암도 초기에는 통증과 같은 증상이 없다. 초기에는 아무런 증상이 없다가 암이 진행되면 유방 주변이나 팔 아래쪽에서 덩어리가 만져지거나 유방의 모양 및 크기의 변화, 유두분비물과 민감함, 유두의 함몰이 나타난다. 또한 유방의 융기나 함몰, 유방의 피부나 유륜, 유두 등이 오렌지 껍질같이 변하거나, 열감이 생기고, 붓고 붉게 변색되거나 벗겨지는 등의 변화가 일어난다. 이와 같은 증상이 나타나면 유방전문의에게 진료를 받아야 한다. 일반적으로 유방암은 덩어리나 경화로 발견하는 경우가 많으며 50%가 유방의 바깥위쪽에서 발생한다. 유방암은 여러 장기의 암 가운데 주기적인 자가검진으로 조기발견이 가능한 암이다. 그러나 유방에서 덩어리가 만져진다고 해서 모두 유방암은 아니며, 대개 80%는 양성종양이다. 유방암과 구별이 필요한 양성종양으로는 여성호르몬에 과잉반응하여 생기는 섬유낭성 변화가 가장 흔한데 전체 여성의 50~60%에 나타나며, 특히 20~50세 사이의 여성에게 자주 볼 수 있는 증상이다. 폐경 이후의 호르몬 치료를 받지 않은 여성에게는 드물다. 또 다른 양성종양인 섬유선종도 섬유성, 샘성 조직의 덩어리로 보통 18~35세 사이에 많이 발생한다. 유선에서 자라는 작고 사마귀 같은 덩어리인 유두종도 양성종양으로 유두에서 맑은 분비물이 나오기도 하고, 피와 섞인 분비물이 나오기도 한다. 양성종양은 모두 수술로 제거하지 않고 조직검사를 시행하여 확인하고 대개 3~6개월 간격으로 추적 관찰한다.

3) 유방암의 조기진단

유방암의 5년 생존율은 1990년대까지만 해도 78~83%에 불과했으나 최근에는 91% 이상으로 치료성적이 매우 좋아졌는데 이는 효과적인 치료제의 개발과 더불어 조기진단이 많아졌기 때문이다. 모든 암과 마찬가지로 병기에 따라 생존율이 다르고 수술범위도 다르므로, 조기에 발견하는 것이 가장 중요하다. 유방암의 조기발견을 위해 가장 좋은 방법은 정기적인 유방촬영술(mammography), 전문의에게 받는 정기적인 유방검진, 주기적인 유방자가검진, 이 세 가지를 모두 시행하는 것이다.

유방촬영술은 증상이 나타나기 전에 유방암을 조기 발견하는 가장 좋은 방법이다. 유방촬영술은 일종의 엑스레이(X-ray)로 흉부 엑스레이와 같은 일반적인 방사선촬영보다 노출되는 방사선의 양이 극히 적다. 특수한 유방촬영기로 양쪽 유방을 위아래, 양 옆에서 세게 압박하여 찍는 방법으로, 촬영할 때 보통 유방이 아프지만 최대한 세게 압박해서 촬영할수록 선명한 영상을 얻을 수 있고 작은 유방암도 진단이 가능하다. 그러나 유방촬영술도 한계가 있어서 암을 놓치거나 암이 아닌데 암으로 진단하기도 한다.

따라서 유방촬영술과 함께 전문가에 의한 정기적인 유방검진이 필요하다. 전문가들은 정상-비정상 병변을 감별하고 때로는 유방촬영술에서 찾지 못한 암을 발견해내기도 한다. 40세 이상의 여성은 증상이 없으면 1년에 한 번, 증상이 있거나 의심되는 경우는 수시로 검진을 받을 필요가 있다.

유방암은 다른 장기의 암과 다르게 자가검진이 암의 조기발견에 도움이 되는 유일한 암이라고 할 수 있으므로 유방자가검진은 매우 중요하다. 그러나 유방자가검진만으로는 암을 진단할 수 없기 때문에 정기적인 유방촬영술과 전문가에게 받는 유방검진이 필요하다. 유방자가검진은 월경 시작 후 7일째에 하는 것이 좋은데 폐경 이후에는 일정한 날짜를 정해놓고 매달 시행하는 것이 좋다.

한국유방암학회에서는 30세 이후 매월 유방자가검진, 35세 이후 2년 간격으로 의사의 임상 진찰, 40세 이후에는 1~2년 간격으로 의사의 임상 진찰 및 유방촬영검사를 권고하고 있다. 국가암검진사업에서도 40세 이상의 여성을 대상으로 2년 주기로 유방촬영검사를 실시하고 의사의 임상 진찰을 받도록 권고하고 있다.

4) 유방자가검진 방법

유방은 정상적인 상태에도 덩어리로 이루어져 있어서 처음 자가검진을 할 때는 이상이 있는 것인지 정상인지 구별하기가 어렵다. 모양이나 밀도가 사람마다 다르고, 같은 사람이라도 생리주기와 나이에 따라 다르다. 자주 자신의 유방을 검진해봄으로써 평소 정상적인 유방의 느낌을 알아두어야 정상적인 덩어리와 새로 생긴 덩어리를 구분해낼 수 있게 된다. 유방자가검진은 검지, 중지, 약지로 하며 다음과 같이 하면 된다.

누워서 한쪽 어깨 밑에 베개를 넣어 가슴을 위로 들어올려 유방을 팽팽하게 한다. 이 상태에서 겨드랑이부터 아래쪽으로 손가락을 천천히 내리면서 만져보고, 다시 위쪽으로 올리면서 검사한다. 이 동작을 반복하여 바깥에서 중앙 쪽으로 조금씩 이동하면서 검사하고, 다시 손가락 끝으로 원을 그리면서 중심에서 바깥

〈그림 8-1〉 누워서 검진하는 방법

으로 이동하면서 검사한다.

림프절이 만져지는지도 주의해서 검사하는데 림프절은 쇄골 위와 겨드랑이에 많이 있으며 암이 림프절을 침범하면 림프절이 커져서 손으로 만질 수가 있다.

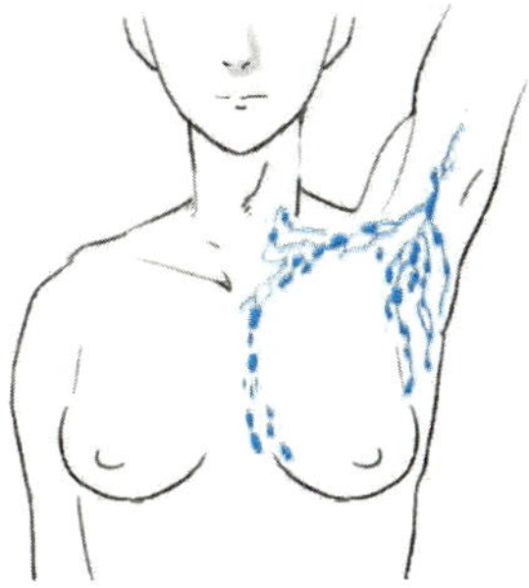

〈그림 8-2〉 유방 주위 림프절의 분포

거울 앞에 서서 양팔을 내리고 유방의 전체적인 윤곽, 좌우대칭, 유두와 피부의 함몰, 피부의 색깔과 이상 등을 관찰한다. 양쪽 팔을 올린 자세와 양쪽 손을 허리에 대고 아래로 누르는 자세에서도 관찰한다.

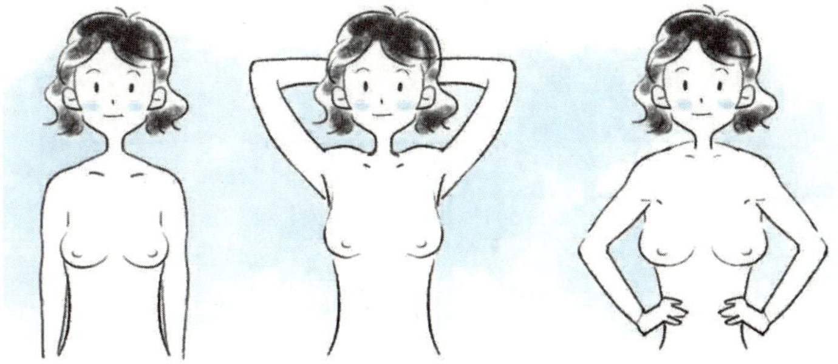

〈그림 8-3〉 거울을 보면서 검진하는 방법

샤워 시 몸에 비누를 칠한 상태에서 누워서 검진할 때와 같은 방법으로 해보면 마찰력이 없어서 덩어리를 발견하기가 훨씬 쉬워진다.

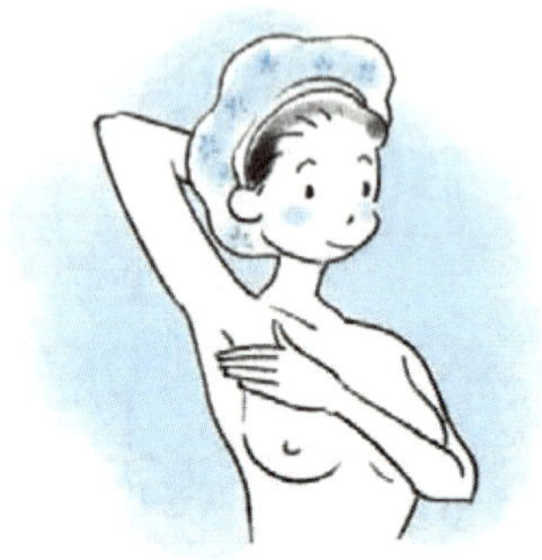

〈그림 8-4〉 샤워 시 검진하는 방법

마지막으로 유두를 부드럽게 짜보고 분비물이 나오는지 확인해서 분비물이 있다면 색과 양상을 관찰한다.

유방자가검진에서 평소와 다른 변화나 이상이 발견되면 즉시 유방전문의에게 검진을 받아야 한다. 유방전문의는 일반외과 전문의로 유방관련 질환을 전문으로 진료한다.

7. 결론

이상에서 중년 여성의 건강과 관련하여 흔히 문제가 되는 질환을 살펴보았다. 폐경기 여성은 젊은 시절에 여러 가지 질환으로부터 건강을 지켜주던 여성호르몬의 급격한 감소로 인하여 심각한 질환에 취약해지므로, 더욱 건강에 관심을 가져야 한다. 균형 잡힌 식단과 규칙적인 운동을 꾸준히 하면서 정기적인 검진을 통해 건강을 관리하는 것이 중요하다. 앞에서 언급하지 않았지만, 50세 이상의 여성은 위나 대장과 같은 소화기계 검사도 주기적으로 받는 것이 필요하다.

제9장

중년의 행복_양난미

제9장에서는 심리학에 근거하여 우리 시대 중년의 모습을 알아본다. 이를 위해 먼저 심리학에서 설명하는 중년기의 특징을 살펴보고 우리나라에서 이루어진 연구를 중심으로 중년의 행복에 대해 이야기한다. 중년을 '위기'로 볼 것인지, '전환기'로 볼 것인지에 대해 검토하였고, 중년기의 여성과 남성의 차이에 대해 살펴보았다. 더하여 '빈 둥지 증후군'과 같은 심리적 현상에 설명하고 베일런트(Vaillant)의 연구를 중심으로 중년의 행복을 탐색하였다. 또한 우리나라에서 최근에 이루어진 연구를 중심으로 한국 중년의 행복을 살펴보았다.

1. 당신에게 중년이란

다음의 단어들에서 연상되는 것은 무엇인가?

안성기, 짱구 아빠, 주름, 흰머리, 뱃살, 안경, 스카프, 정장, 중절모, 쓸쓸함, 여유로움, 가을, 낙엽.

이 단어들은 2014년 가을에 심리학개론을 듣는 수강생 100여 명에게 '중년 하면 떠오르는 이미지'를 5개씩 적어달라고 부탁한 것을 정리한 내용이다. 응답하지 않은 2명을 제외한 98명의 응답을 분석하였는데, 총 응답 수는 502개로 1인당 평균 5.12개를 응답하였다.

가장 많은 학생들이 응답한 주제는 '연상되는 인물'로 총 70개(13.94%)의 응답이 인물과 관련되었다. 이를 세부적으로 살펴보면 가장 먼저 아버지, 어머니, 부모님, 가장 등의 부모 관련 주제에 해당하는 단어가 39개였다. 안성기, 꽃중년, 장동건, 조지 클루니, 정우성, 유재석 등의 특정 연예인 관련 단어 18개, 아저씨, 신사, 아줌마, 골든 레이디 등 특정 시기를 지칭하는 단어가 13개였다. 다음으로는 연상되는 신체적 특징 관련 주제가 64개(12.75%)였는데, 이 가운데 주름 관련이 17개였고, 백발, 대머리,

새치 등 머리카락 관련이 17개였다. 또한 40대, 50대, 적지도 많지도 않은 나이 등 나이에 대한 반응이 12개였고, 그다음으로 수염(7개), 노화(6개) 순이었다. 세 번째로 많이 나온 반응은 가정과 자녀에 관련된 주제였다. 자녀교육, 효도, 손자, 잘 꾸린 가정, 결혼, 이혼 등 52개(10.35%)의 반응이 있었다. 네 번째로는 복장과 장식품 관련 주제가 46개(9.16%)로 뒤를 이었는데 중절모, 넥타이, 양복, 갈색 정장, 돋보기안경, 자가용, 향수 냄새 등의 다양한 반응이 있었다. 끝으로 포기, 삶의 무게, 고단함, 다크서클, 쓸쓸함, 축 처진 모습, 위기, 고독 등의 부정적인 정서가 연상되는 주제 관련 내용이 31개(6.17%)로 다섯 번째로 많았다. 추가적인 질문을 통해 이들이 지각하는 중년의 이미지를 보다 구체적으로 확인한 결과, 중년의 나이는 대략 50대로 생각하는 것이 일반적이었고, 신체적 특징으로는 주름, 흰머리, 뱃살, 수염, 피곤해 보이는 얼굴, 피부 탄력 저하 등을 연상했으며, 중년의 소품으로는 안경(돋보기, 선글라스), 정장, 스카프(머플러), 중절모, 코트 등을 떠올렸다. 중년 하면 떠오르는 감정으로는 쓸쓸함이나 고독함, 여유로움, 안정됨, 온화함 등을, 계절로는 압도적으로 가을을 떠올렸으며, 연상되는 풍경으로는 낙엽이 떨어진 가로수길, 단풍산이나 단풍 풍경, 초원, 공원벤치 등을 연상하였다. 이러한 결과들을 종합해보면 20대에게 중년이란 부모님의 세대이고 외모에서 노화가 느껴지며, 자녀교육과 부모 부양의 책임을 지고 있는 고단한 어른이다.

이런 이미지 이외에도 우리 사회에서 중년은 주변의 시선에 개의치 않고 지하철이나 버스에서 빈자리를 차지하고 눈치 없이 공공장소에서 큰소리로 떠들며 꿈이나 이상을 좇기보다는 현실에 찌든 답답한 꼰대의 이미지이다. 이들은 직장에서 사오정(45세 정년)이나 오륙도(56세에 일하면 도둑)로 몰리고 가정에서도 자녀들의 눈치를 봐야 하는 처량한 신세이다. 하지만 모든 중년이 이러한 이미지를 가지고 있는 것은 아니다. 다음의 신문기사들은 최근에 변화하고 있는 중년을 보여준다. 이들은 자신의 건강과 외모를 가꾸는 데 관심을 가지며 고단한 이미지를 벗고 꽃중년으로 거듭나고 있다.

중년 여성이 황금고객……건강기능식품 매출 '쑥':
홈쇼핑서도 큰손으로 떠올라

중년 여성을 타깃으로 한 건강기능식품 매출이 급증하고 있다. '남편과 자식밖에 모른다'는 어머니들이 자기계발과 건강관리에 힘쓰는 '골드 퀸'으로 변화하면서 관련 산업도 함께 성장하는 양상이다. …… 한 식품 제조업체 관계자는 "건강과 외모에 관심이 많고 구매력도 갖춘 '꽃중년'들이 본인 스스로를 위한 능동적인 소비 형태를 보이고 있다."고 말했다.

(경향신문, 2014년 9월 12일자 기사)

화장, 여성만 하나?……'꽃중년 남자' 급증:
'화장하는' 40~50대 중년 남성들이 늘고 있다.

26일 온라인 쇼핑 사이트 G마켓에 따르면 지난달 1일부터 이달 18일까지 약 두 달간 20대 남성 고객의 화장품 매출을 조사한 결과, 지난해 같은 기간보다 25% 줄어든 것으로 나타났다. …… 40~50대 남성의 화장품 구매가 이처럼 늘어나는 것은 최근 패션과 미용 등 자기 관리에 신경을 쓰는 중년 남성이 증가하고 있기 때문이다. …… 유통업계 관계자는 "자기 관리를 철저하게 하고 패션감각도 유지하는 등 젊게 사는 중년 남성들이 늘고 있다."며 "이런 '꽃중년'들이 최근 남성 화장품 시장을 주도하고 있다."고 전했다.

(부산일보, 2014년 9월 26일자 기사)

요즘 광고, '반전매력' 중년 꽃미남이 대세

요즘 광고계에는 망가져서 사랑받는 꽃중년 남자 모델들이 대세를 이루고 있습니다. 그동안 광고 속 남성 모델들은 멋진 외모와 스타일을 강조하는 경우가 많았는데요. 최근에는 모델이 가지고 있는 기존 이미지와 다른 반전 매력을 활용하고 있는 게 특징입니다. 또 치킨, 음료, 패스트푸드, 침대까지 남성 모델이 출연하는 광고 분야도 확대되고 있는 추세입니다. …… 이처럼 꽃중년 배우들이 반전 매력을 선보이며 대세로 떠오르는 것은 30~50대 남성들이 자신에 대한 투자와 소비를 아끼지 않으며 소비의 주체로 떠오르는 점이 작용하고 있다고 합니다. 또 단순히 젊은 세대의 유행을 좇기보다는 멋스러우면서 세련된 중년들의 모습이 각광받기 시작했기 때문이라는 게 광고업계의 분석입니다.

(한국일보, 2014년 9월 14일자 기사)

이 글은 심리학 연구 결과들에 근거하여 우리 시대 중년의 모습을 탐색하고자 한다. 이를 위해 먼저 심리학에서 설명하는 중년기의 특징을 살펴보고, 다음으로 우리나라에서 이루어진 연구를 중심으로 중년의 행복에 대해 이야기하고자 한다.

2. 중년의 심리적 특징

중년은 신체적으로 기능이 약해지는 시기이다(정옥분, 2004). 피부는 탄력을 잃게 되고 모발은 손실되며 눈은 침침해지고 작은 소리는 잘 듣지 못하는 등 감각기능이 점진적으로 둔화된다. 또한 여성은 생리적으로 폐경을 경험하고 남녀 모두 우울증, 피로 등 다양한 신체증상을 호소하는 갱년기 증상을 경험한다. 인지적 측면에서도 인지능력이 확연하게 감소하는 것은 아니지만 전반적으로 처리 속도가 느려지고 기억력 역시 감퇴한다. 이러한 신체적 변화는 심리적 변화를 가져오게 되는데 본 글에서는 중년의 위기, 중년의 전환기, 남성과 여성의 중년 전환기, 빈 둥지 증후군, 베일런트(Vaillant)의 연구를 중심으로 중년의 심리적 특징을 살펴보고자 한다.

1) 중년의 위기

중년의 위기는 중년으로 접어드는 시점인 40대에 많은 사람들이 경험하는 불안, 걱정 등을 말한다(사회문화연구소, 2000). 많은 학자들이 중년의 위기에 주목하였는데, '중년의 위기'란 용어를 처음 사용한 자크(Jacques, 1965)는 예술가 310명을 대상으로 성인 중기와 노년기 삶의 변화과정을 분석한 결과, 중년의 위기라는 개념을 제안하였다(송명자, 1995에서 재인용). 그는 중년의 위기를 우리가 죽음을 의식하고 심리적으로 죽음을 준비하는 시기에 시작하는 것으로 설명하였다. 개인이 중년기에 이르면, 청년기에 잡았던 인생의 목표에 어느 정도 도달하고 직업적 성취도 최고조에 달한다. 하지만 한편으로 중년은 더 이상 자신이 젊지 않고 언젠가는 죽을 것이라는 자각을 하게 된다. 이러한 자각은 삶의 무의미성과 공허감을 느끼게 하기 때문에 중년의 위기가 시작되게 만든다.

이에 비해, 융은 중년의 위기를 대부분의 사람들이 중년기에 경험하는 인생의 심각한 위기로 보았고 이 위기를 적절히 해결할 수만 있다면 개인은 보다 정확한 지각과 자신에 대한 더 깊은 통찰을 이룰 수 있다고 설명하였다(Ryckman, 2013). 중년기에 이르면 개인은 이전에 가치를 두었던 삶의 목표와 과정의 의미에 의문을 가지게 되는데 이러한 위기는 경제적인 성공이나 인생 목표를 달성했느냐보다는 개인이 자신의 삶 속에서 얼마나 자신의 내적 요구에 충실했는지에 달려 있다고 한다.

중년의 위기를 극복하기 위해서 융은 개인이 이전의 삶의 방식과는 다른 방식으로 자신의 삶을 재정립해야 한다고 설명하였다. 예를 들어, 외부활동과 사교생활에 집중했던 외향적인 사람이라면 중년의 위기를 겪으면서 자신의 내부에 보다 집중하는 내향적인 활동에 흥미를 가지게 되고 이런 경험을 통해 진정한 자신을 찾아가게 된다. 융은 이렇게 중년의 위기를 극복하는 과정을 '개성화'라고 설명하였는데, 개성화는 궁극적으로 본래의 자기, 온전한 자신이 되어가는 과정을 의미한다. 결국 개성화라는 것은 사회적인 요구에 반응하여 만든 자신의 페르소나(공적 얼굴)를 벗어두고 억압해온 자기 내면의 무의식적 요구를 자각함으로써 이전에 억압되었거나 소홀했던 자아의 부분들을 인식하고 수용하여 진정한 자기 자신을 성찰해가는 과정을 의미한다. 따라서 융에게 중년은 위기를 겪으면서 진정한 자신이 되어가는 시기라고 할 수 있을 것이다.

유사하게 레빈슨(1986)도 성인 중기는 중년기의 위기와 함께 시작되고 성인 중기 인생구조 내에서 다시 50대의 위기를 경험하게 된다고 설명하였다(송명자, 1995에서 재인용). 레빈슨의 연구에서 연구 참여자의 80%는 40~45세경에 생애 전반에 대한 의문과 자신과 타인에 대한 재조명, 삶에 대한 재평가 과정을 경험하였다고 보고하였다. 이 시기는 개인이 갈등, 혼란, 절망, 침체감, 무력감, 방황 등의 부정적 정서를 경험하는 심리적으로 고통스러운 시기이다(김애순, 윤진, 1993에서 재인용).

따라서 중년의 위기는 개인이 인생의 중반에 이르러 삶의 의미와 자신의 실체에 대해 의문을 가지고 삶의 무의미함과 공허감, 절망, 침체감, 무기력감과 같은 정서적 혼란을 경험하는 것을 의미한다(김애순, 윤진, 1993). 이 시기에 개인은 젊음이 사라져감을 애도하고 죽음의 필요성을 인식하게 되며 '나는 누구인가', '나는 무엇을 위해 살아왔는가'와 같은 삶의 실존적인 질문에 직면하게 된다. 이 과정에서 개인은 자신의 인생목표, 성취 정도, 중요하게 생각하는 가치, 생의 우선순위, 자신과 타인과의 관계 등 지나온 삶의 전반을 재평가하고 재조명하게 된다.

2) 중년의 전환기

많은 연구자들이 중년기를 위기보다는 '전환기'라고 보고 있다(정옥분, 2004). 즉, 중년기가 위험한 고비이기도 하지만 다른 인생의 단계와 마찬가지로 나름의 발달과업과 도전이 있는 인생의 과정이라는 것이다.

대표적으로 에릭슨(1963)은 우리의 인생을 8개의 심리사회적 단계로 나누고 각 단계별로 개인이 성공적으로 통과해야 하는 발달과업과 위기가 있다고 설명하였다(Gerrig, 2013에서 재인용). 이를테면, 청소년기에 가장 중요한 발달과업은 자아정체감 형성이고 이 시기에 청소년들은 '나는 누구인가'와 같은 질문을 스스로에게 던지게 된다는 것이다. 정체감은 전 생애에 걸쳐서 형성되지만 에릭슨은 급격한 신체적 변화와 이차 성징과 같은 성적 성숙과 함께 진학이나 진로, 이성과의 관계 등 다양한 문제에 직면하는 12~18세의 청소년기가 정체감 형성에 중요한 시기라고 설명하였다. 이 시기에 적절한 자아정체감을 형성하지 못한 청소년들은 안정된 자기개념을 형성하지 못하고 역할혼란을 경험하게 된다.

이와 유사하게 중년에는 생산성 대 침체감의 위기를 경험하게 된다고 에릭슨은 설명하였다. 이 시기에 개인의 관심은 자신과 배우자를 넘어서 가족, 직장, 사회 그리고 미래세대로 이동하게 된다. 성숙한 중년은 자신의 인생이 저물어가는 것을 이해하고 다음 세대를 통해 계속될 수 있도록 자녀를 낳아 기르고 다음 세대를 교육하고 돕는 일을 통해 자신의 존재가치를 확인하고자 한다(송명자, 1995에서 재인용).

생산성은 다음 세대를 위해 자녀를 양육하고 타인을 지도하면서 생산적인 일에 에너지를 투자함으로써 사회를 위해 일하는 것을 의미한다(장휘숙, 2006). 따라서 생산성은 자녀를 낳아 기르고 교육하는 부모역할 측면, 다음 세대에 기술을 전달하는 직장에서의 전문가 측면, 자신이 속한 공동체의 규범과 문화를 전달하는 전달자 측면 등 다양한 측면에서 나타날 수 있다.

반대로 생산성을 경험하지 못하는 중년은 침체감에 빠져들게 된다. 이들은 주로 초기의 발달과업을 해결하지 못한 사람들로 여전히 자기탐닉적이고, 과거의 결정과 목표에 대해 의문을 가지며, 안전감을 희생하면서 자유를 추구하는 경향을 보인다(Gerrig, 2013에서 재인용). 개인적으로는 인생에서 의미를 찾지 못하고 불평과 불만을 많이 하며 매사에 부정적인 경향이 있고, 관계적인 면에서는 부모역할을 제대로 수행하지 못하고 자신이 속한 집단의 역할 모델이나 지역사회에서 전반적인 어른역할도 원만하게 수행하지 못할 가능성이 있다. 이러한 침체감은 자신의 필요성과 요구에서 헤어나지 못하여 다음 세대나 사회 전반의 요구에 응할 수 있는 여유를 찾지 못할 때 나타나는 특성이다.

하지만 생산성이 단순히 부모가 되고 직장에서 전문가가 되는 것만으로 성취되는 것은 아니다. 자녀를 출산하고 양육했지만, 자녀를 자신의 삶과 동일시하여 자녀 곁을 맴돌거나 자신이 자녀에게 투자한 것을 되돌려 받아야겠다고 생각하는 부모보다는, 결혼을 하거나 자녀를 출산하지는 않았지만 다음 세대를 위해, 혹은 더 나은 사회를 위해 자신의 역할을 하는 중년이 있다면 후자가 더 생산성을 획득한 것으로 판단할 수 있다. 따라서 중년은 성년과 노년을 연결하는 인생의 한 과정이자 자신의 인생을 돌아보고 가족을 넘어서 사회에 기여하는 시기이며, 동시에 이런 부분이 제대로 이루어지지 않을 때 스스로에 대해 실망하고 침체감에 빠지는 시기이다.

3) 남성과 여성의 중년 전환기

이와 달리 레빈슨과 동료들은 남성과 여성의 중년 전환기에 차이가 있음을 보여주었다. 특히, 레빈슨은 여성의 중년을 가정주부와 경력여성 등으로 나누어 설명하였다(Levinson, 1996; Levinson, Darrow, Klein, Levinson & McKee, 1978).

먼저 남성의 경우, 중년에 이르면 자신의 계획이나 설정한 목표에 얼마나 성공적으로 도달했는지 혹은 실패했는지를 평가하게 된다고 한다. 이들은 이 시기에 자신의 삶을 돌아봄으로써 과거를 재평가하게 되고, 과거의 실패를 수정하고 새로운 선택을 실험하는 등 중년의 새로운 인생구조를 구축하기 시작하며, 중년의 개별화를 성취하는 것에 몰두하게 된다.

구체적으로 과거에 대한 재평가는 이제까지 살아온 방식에 대한 점검을 의미한다. 이러한 과정은 성인기 초기뿐만 아니라 그 이전을 포함하는 인생의 모든 시기에 대한 반성적 평가에서 시작된다. 이 시기의 고민은 부분적으로 앞으로 남은 생애와 죽음에 대한 불안함에서 시작되며 이를 극복하고 앞으로 남은 삶을 보다 현명하게 보내고자 하는 소원으로 연결된다. 따라서 과거에 대한 반성으로부터 미래에 대한 계획으로 초점이 변경되고 이에 걸맞게 자신의 인생구조를 변화시키게 된다. 또한, 이혼이나 재혼,

직업이나 생활양식의 변화, 현저한 기능의 감퇴, 창조성이나 사회경력의 발전 등이 인생구조의 외적 변화에 포함되고 사회적 조망, 개인적 가치, 인생목표, 성취목표 등이 내적 변화에 포함된다. 이러한 변화는 극심할 수도 있고 미미할 수도 있지만 이 시기에 대부분의 남성들은 인생구조의 변화를 빠짐없이 경험하게 된다.

이 시기에 중년 남성들은 중년기 개별화의 네 가지 과제를 경험하게 되는데 젊음과 늙음(young & old), 파괴성과 창조성(destruction & creation), 남성성과 여성성(masculine & feminine), 애착과 분리(attachment & separation)가 그것이다. 이들은 양극단의 개념을 포함하고 있지만 두 경향성이 반드시 상호배타적인 것은 아니어서 모든 사람들의 자아에는 각 극의 양면이 존재하고 이를 통합해가는 것이 개별화의 과정이다. 예를 들면, 중년의 남성들은 거울을 보면서 자신이 다른 사람들에 비해 젊어 보인다는 사실에 자부심을 느끼지만, 그 이면에는 늙어가는 것에 대한 두려움이나 인식이 포함되어 있음을 받아들이게 된다. 이러한 과정이 젊음과 늙음을 통합해가는 중년의 개별화 과정이 될 수 있을 것이다.

또한 중년에 이르면 지인이나 주변인의 죽음을 통해 자신도 언젠가는 죽을 것이라는 사실을 깨닫게 되고, 동시에 자신이 지인이나 주변인에게 준 상처와 반대로 자신이 받아온 상처에 대해 인식하게 된다. 이러한 파괴성은 중년 남성이 자신과 타인에게 도움이 되는 무언가를 생산하고 인류의 복지에 기여하고자 하는 창조성을 발휘하고자 하는 동기가 되곤 한다. 이 시기에 남성들이 소원했던 가족들과의 관계를 회복하고자 노력하기 시작하고 자신이나 가족 이외의 지역사회나 도움이 필요한 이웃에 대해 관심을 기울이는 것이 이러한 파괴성과 창조성의 예가 될 수 있을 것이다.

더해서 중년기에 남성들은 자아 속에 남성성과 여성성이 공존하고 있음을 받아들이게 되는데 TV 드라마를 보면서 눈물 짓게 되는 것이 이러한 과정의 예이다. 마지막으로 중년 남성들의 타인에 대한 애착과 분리의 욕구 역시 통합되어야 하는데 자녀와 주변인에 대한 애착을 더 표현하게 되는 동시에 자녀의 대학진학이나 결혼과 같은 분리 역시 수용하여야 하는 것이 이러한 과정이다. 즉, 중년 남성들은 이렇게 자기 내부의 대립된 경향을 화해시킴으로써 내적 조화를 얻게 된다고 하겠다.

이에 비해 레빈슨은 여성의 중년기를 가정주부와 경력여성으로 나누어 설명하였다(Levinson, 1996). 가정주부의 경우 중년기에 접어들면서 전통적인 결혼 개념과 가정주부로서의 삶에 의문을 던지기 시작한다. 이 시기에 가정주부는 남편, 자녀, 부모, 연관된 모든 사람의 관계에서 의미 있는 변화가 있는데 그 핵심에는 보살핀다는 것이 더 이상 가정주부의 삶에서 중요한 의미를 가지지 못한다는 점에 있다. 즉, 이들은 중년기에 들어서면서 보살피는 역할에서 자유로워지고자 하고 보살피는 역할 대신에 진정한 자신이 되기를 원한다.

가정주부들은 중년기 이전 시기에 남편과 자녀를 돌보기 위해 자신을 희생하고 자신의 욕구보다는 가족의 이익을 중심으로 행동해왔으나 중년에 이르러서는 스스로를 위해 선택하고 자신의 흥미를 추구하게 된다. 따라서 대부분의 가정주부들은 중년의 전환기에 결혼생활과 삶에서 침체를 경험하게 되는데, 그 경험의 정도는 우울에 이를 정도로 심각한 경우도 있지만 빠르고 완만하게 경험하는 경우도 있다. 사람마다 정도의 차이는 있지만 이 시기에 가정주부들은 실망감, 쓸쓸함, 후회, 환멸 등의 복합적인 감정을 느끼고 자신의 지나간 삶에 대한 체념과 앞으로의 삶에 대한 새로운 결단을 하게 된다. 가령, 직업을 다시 가지거나 중단했던 학업을 계속할 수도 있고 새로운 여가활동을 찾아 거기에서 삶의 활력을 얻기도 한다.

반면에 많은 경력여성들은 성공적인 경력여성의 신화–이를테면, 직장에서의 성공, 화목한 가정, 여유로운 여가활동 등 모든 것을 소유한 완벽한 삶을 위해 노력한다. 즉, 자녀들이 더 성장하면, 직장에서 조금 더 승진하면, 자신들의 삶이 더 안정되고 더 만족스러울 것이라는 기대를 안고 현재의 문제를 참아낸다. 그러나 중년에 이르러 경력여성들은 가정주부와 마찬가지로 이러한 삶에 의문을 가지게 된다. 사랑과 결혼, 어머니 역할, 전일제 경력을 조화시키려는 안간힘에도 불구하고 노력의 결과가 기대한 만큼 만족스럽지 않다는 점을 깨닫게 된다. 결혼생활이 끝장났음을 인식할 수도 있고 경력과 자녀 중에 하나를 선택할 수밖에 없음을 깨달을 수도 있으며 직장에서 예상치 못한 좌천이나 해고를 경험하기도 한다. 이 과정을 통해 경력여성들은 남성이나 가정주부와 마찬가지로 인생구조의 변화를 경험하게 된다. '세상의 눈으로 보면 나는 얼마나 성공적인가?'라는 질문보다는 '나는 일 속에서 얼마나 만족하는가?'와 같은 질문에 더 의미를 두게 된다.

또한 직장과 가정생활에서 성공보다는 관계에 더 많은 의미를 두고 인생의 목표와 가치에 보다 충실한 선택을 하게 된다.

레빈슨은 남성과 여성이 비록 세부적인 경험의 내용에는 차이가 있지만 궁극적으로는 유사한 생애주기를 갖는다고 설명하였다.

4) 빈 둥지 증후군

대부분의 중년기 부부들은 자녀와 관련된 긍정적인 경험을 하게 된다(신명희 등, 2013). 즉, 사춘기 자녀와 경험했던 심각한 갈등들이 시간이 어느 정도 지남에 따라 진정되고 자녀가 인지적, 정서적으로 성장하면서 자신의 정서를 보다 성숙하게 표현할 수 있게 된다. 그러면서 부모를 보다 객관적으로 이해하게 됨에 따라 부모와 자녀 사이의 심각한 갈등은 줄어들고 부모-자녀관계는 어느 정도 개선된다. 이런 긍정적인 변화를 촉진하기 위해서는 부모 역시, 자녀들의 성장을 받아들이고 이를 수용할 수 있어야 한다. 이런 과정이 적절하게 이루어질 때 중년기의 부모-자녀 관계는 긍정적으로 변할 수 있다.

중년기의 부모-자녀 관계를 설명하는 또 하나의 중요한 개념이 '빈 둥지 증후군'이다. 자녀에게 많은 시간을 투자하고 정성을 다한 부모들은 자녀가 독립할 시기가 되면 허탈감과 고독감을 견디지 못하고 우울증에 빠지게 되는데 이를 빈 둥지 증후군이라고 한다(정옥분, 2004). 직장에서 살아남아야 하는 중년의 가장은 야근과 술자리에 시간을 쏟아붓고 마지막 남은 승진 기회를 잡기 위해 최선을 다하느라 가정을 돌볼 시간이 부족하다. 또 대학에

간 자녀들은 엄마의 감시를 벗어나 대학에서의 낭만과 자유, 불안한 미래를 준비하느라 바쁘다. 이에 비해 남편과 자녀를 위해 평생을 살아온 중년의 아내는 목표를 상실하게 되고 자신의 삶을 돌아보게 된다. 남편 역시도 평생을 일해온 직장에서 언제 퇴직당할지 두렵고 가정에 돌아와도 아내와 자녀에게 존중받지 못한다는 느낌을 받게 된다. 아내와 자녀와 대화를 시도해보려고 해도 돈 이야기 외에는 할 수 있는 이야기가 없다는 사실을 깨닫는다. 그리고 남편도 아내도 서로 가까이 다가가 마음을 나누고 위로받고 싶지만 정작 가정 안에는 나이 들어가는 자신의 삶을 위로해주려는 사람이 없고 가족 간에 이미 멀어진 거리를 회복할 수 없을 것 같다는 생각을 갖게 된다.

이렇게 부부가 서로의 기대를 채워주지 못할 뿐만 아니라 부부간의 대화에도 무관심하고 자식들 또한 성장하면서 진학 · 취직 · 연애 · 결혼 등 각자 독립한다고 느껴질 때 가정에서 아내와 남편은 빈 둥지 증후군을 경험하기 쉽다. 빈 둥지 증후군은 남편과 아내가 삶의 보람을 주는 애정의 보금자리라고 여겼던 가정이 빈 둥지만 남았고 자신은 빈껍데기 신세가 되었다고 느끼는 심리적 불안감에서 오는 정신적 질환이라고 할 수 있다(두산백과, 1997). 이 시기에 경험하는 심리적 상실감과 시간적 공허감은 자신에 대한 지나친 관심으로 이어질 수 있다. 중년에 가정을 등한시하고 동호회나 동창회와 같은 단체 활동에 지나치게 몰두하며 SNS에 많은 시간을 보내는 경우가 자신에 대한 연민이나 자신을 위해서 무언가 하고자 하는 욕구에서 기인한 것일 수도 있다.

하지만 자녀가 집을 떠난 이후에 중년기의 부부가 경험하는 심리적 반응에는 개인차가 있을 수 있다. 자녀의 독립에 대해서 자신의 역할이 상실된 것으로 지각하거나 부부 간의 유대가 약화된 부부의 경우 자녀의 독립을 우울하게 생각하고 부부 간의 관계가 더욱 소원해질 수도 있지만, 자녀의 독립을 통해 부부 간의 유대가 더 강해지거나 보다 행복해지는 경우도 있다. 실제로 대부분의 부모들은 자녀가 독립해 나간 빈 둥지를 성공적으로 잘 극복하고(Lewis & Lin, 1996; 신명희 등, 2013에서 재인용) 독립한 자녀를 떠나보내며 안도감과 행복감을 맛보는 동시에 부부관계 만족도도 높아지는 것으로 보고되고 있다(Irwin & Simons, 1994; Santrock, 1995; 송명자, 1995에서 재인용). 이렇게 부부관계 만족도가 높아지는 것은 자녀의 독립으로 부모로서의 책임을 다했다는 안도감을 느낄 수 있고, 시간적 경제적으로 부부가 보다 여유로워지며 이 과정을 통해 부부관계가 재정립될 수 있음에 기인한다. 반대로 자신의 역할을 주로 아이의 어머니로 규정하는 경우에는 아이가 떠나면 우울감이나 부정적 정서를 경험하는 경향이 있다고 한다(Hobdy, 2000; 신명희 등, 2013에서 재인용).

그러나 자녀가 독립을 했다고 해서 완전히 부모를 떠나거나 부모역할이 아예 끝나버리는 것은 아니다. 우리나라의 경우, 자녀가 직장에 취업한 이후에도 부모와 함께 사는 경우가 많고 결혼 이후에도 손주 돌보기와 같은 역할을 조부모가 해야 하는 경우도 많이 있다. 따라서 중년기 이후부터 노년기에 이르기까지 부모가 경제적, 심리적으로 부모역할을 해야 하는 경우가 있고 이렇게 연장된 부모역할에 대해서는 세대 간의 갈등을 불러일으킬 수 있는 부분이 있기 때문에 이러한 부분에 대한 고려가 필요할 것이다.

5) 베일런트의 연구

베일런트의 연구는 '하버드대학교 성인발달연구(Harvard Study of Adult Development)'로 불리는 세상에서 가장 오래된 종단연구의 결과이다. 이 연구의 시작은 최적의 신체적 건강과 건강한 삶을 결정하는 잠재요인 및 이를 향상시키는 조건을 밝히고자 하는 것이었다. 최초의 연구대상자는 대부분 1939년부터 1944년 사이에 하버드대학교를 졸업한 남학생들이었고 연구계획은 15년에서 20년간 이들을 추적하여 이러한 잠재변인들을 탐색하고자 하였다. 하지만 이 연구는 지금도 계속되고 있고 초기의 연구 주제를 넘어서서 다양한 주제로 연구가 확장되고 있으며 연구 결과 역시 재분석되고 있다.

베일런트는 불안에 대처하기 위해 사용되는 정상적인 무의식적 전략인 방어기제를 네 가지 수준으로 제시하였다(장휘숙, 2006). 수준에 따라 정신병적 방어기제, 미성숙한 방어기제, 신경증적 방어기제 및 성숙한 방어기제로 나누어지고, 성숙한 방어기제는 현실왜곡을 적게 하고 품위 있으며 불유쾌한 방식으로 어려움에 대처할 수 있도록 한다고 설명하였다. 즉, 우리가 단지 하나의 수준에 속하는 방어기제만을 사용하는 것이 아니라 여러 수준에 해당하는 방어기제들을 광범위하게 사용하지만, 일상생활의 괴로움에 효과적으로 대처할 수 있는 성인들은 성숙한 방어기제를 더 자주 더 많이 사용한다는 것이다.

베일런트는 여러 권의 책을 통해서 이 연구의 성과를 정리하고 있는데 예를 들어 《행복의 조건*Aging Well: Surprising Guideposts to a Happier Life from the Landmark*》(2003)에서는 긍정적인 노화를 다루고 있다. 건강하고 행복한 노년을 부르는 행복의 조건은 7가지인데, 타고난 부나 명예, 학벌과 같은 외형적인 것이 아니라 다음과 같다. 첫째, 고난에 대처하는 자세(성숙한 방어기제)와 47세 무렵까지 형성돼 있는 인간관계, 둘째, 교육받은 햇수(평생교육), 셋째, 안정적인 결혼생활, 넷째, 비흡연(또는 45세 이전 금연), 다섯째, 적당한 음주(알코올 중독 경험 시 제외), 여섯째, 규칙적인 운동, 일곱째, 적당한 체중이었다.

50세를 기준으로 이 7가지 조건 가운데 5~6가지를 갖춘 106명 중 50%가 80세에 행복하고 건강하게 살고 있었으며, 단지 7.5%만이 불행하고 건강이 좋지 않았다. 반면 50세에 행복의 조건을 3가지 이하로 충족한 사람들 중에서 80세에 행복하고 건강한 사람은 아무도 없었다. 그리고 4가지 이상의 조건을 갖춘 사람보다 80세 이전에 사망할 확률이 3배 높았다(장휘숙, 2006 재인용). 실제로 이들이 50대에 이르렀을 때, 최상의 결과에 이른 30명 집단과 최악의 결과에 이른 30명 집단을 비교해보았더니 열악한 아동기 환경은 최상의 집단에 47%가 포함되어 있는 반면에 최악의 집단에 17%가 포함되어 있었다. 이는 아동기 환경이 중년에 미치는 영향이 제한적임을 시사한다. 유사하게 청년기 특유의 수줍음, 내성적 성격 및 불합리한 의도나 가치관의 부족 역시 50대의 최악의 집단을 예측하지 못했다. 오히려 대학시절에 성격통합의 어려움은 최상의 집단에 0%인 반면 최악의 집단에 33%가 포함되어 청년기의 성격특성을 근거로 중년기의 성공적 적응을 예언하는 것이 어렵다는 것을 보여주었다(장휘숙, 2006 재인용).

또한 중년의 하버드 졸업생들의 생산성은 40세 때 50%, 60세에 83%로 높아졌다(신명희 등, 2013). 직장에서 다른 사람에 대한 책임감과 자선단체에 대한 기부나 아이들의 성취 등을 기준으로 측정했을 때, 50세 무렵에 가장 잘 적응한 사람들이 가장 생산적이었다. 45세에서 55세 무렵에 사람들은 자신의 삶의 의미를 찾으려고 노력하고 타인의 강점과 약점을 수용하는 능력의 발달을 통해 그 의미를 지키려고 노력하였다. 비록 세상이 완전하지 않고 단점이 많지만 그들은 이 세상을 지키기 위해 최선을 다하였고 비교적 만족하였다.

따라서 베일런트의 연구는 아동기와 청년기의 특정 요소가 중년의 위기나 생산성을 결정하기보다는 다양한 변인이 영향을 줄 수 있음을 보여주고 있다. 이제까지 우리는 심리학에서 설명하는 중년을 살펴보았다. 이러한 중년에 대한 이해를 바탕으로 우리나라에서 이루어진 중년에 대한 연구를 살펴보고자 한다.

3. 한국 중년의 행복

이번 장에서는 한국 중년에 대한 심리학적 연구 결과들을 살펴보고 이들의 삶에서 특히 행복에 대해 다룬 연구를 살펴보고자 한다. 우리나라 중년에 대한 초기 연구로는 김애순과 윤진(1993)의 중년의 위기감에 대한 연구가 있는데, 이들에 따르면 연구에 참여한 중년 자신의 연령은 중년기 위기감과 유의한 관련이 없었으나 첫 자녀와 막내 자녀의 연령이 증가할수록 위기감 수준이 증가했으며 막내 자녀의 연령이 12~19세와 26~30세 사이, 특히 26~30세 사이에 가장 높아지는 굴곡형 추세를 보였다. 이러한 결과는 성인발달이 신체적 연령보다는 사회적 연령과 더 밀접한 관계가 있으며 40대 초반에 청소년기 자녀들과 갈등을 일으키는 시기보다는 자녀들이 심리적으로 부모의 슬하를 떠나는 50대의 빈 둥지에 임박한 시기가 더욱 심각한 위기임을 말해주고 있다. 또한 중년기 위기감에 영향을 미치는 변인은 개인의 건강수준, 수입, 성별, 학력 순이었다. 따라서 이후 연구들은 중년의 적응에 영향을 미치는 다양한 변인들에 대한 주제가 다루어졌는데 이 글에서는 '행복'을 중심으로 중년을 살펴보고자 한다.

행복에 대한 심리학적 연구의 시작은 긍정심리학적 관점에 대한 관심에서부터였다. 긍정심리학에서 행복이라는 주제는 연구의 주요한 주제일 뿐만 아니라, 긍정심리학이 곧 행복의 탐구라고 말할 수 있을 정도로 밀접한 관련이 있다(권석만, 2008). 하지만 행복은 지나치게 광범위하고 폭넓은 개념이고 다양한 학문분야에서 연구하고 있는 주제라 행복을 어떻게 정의하고 어떻게 연구해야 할지를 결정하는 것도 쉽지 않은 일이다. 심리학에서 행복은 보통 주관적 안녕감에 초점을 두고 있는데 대표적인 행복심리학자인 디너(Diener, 1984)는 인지적 삶의 만족감, 빈번한 긍정적 정서와 낮은 부정적 정서를 행복의 하위요인으로 설명하면서 행복의 주관성에 초점을 두었다. 결국 심리학적으로 행복하다는 것은 인지적으로 삶에 만족하고 정서적으로는 긍정적인 정서를 자주 느끼는 반면 부정적인 정서를 상대적으로 덜 느끼는 상태를 의미한다. 이렇게 행복에 대한 정의가 보다 구체화되고 명확해지면서 행복의 정도를 측정할 수 있는 척도들이 개발되었고 행복에 대한 양적 연구가 활성화되었다(양난미, 이동귀, 박현주, 2013).

피터슨(Peterson, 2006)은 이제까지 진행된 행복에 대한 심리학적 연구를 다음과 같이 요약하였다. 첫째, 인구통계학적 변인들은 행복과 비교적 낮은 상관이 있었다. 연령, 성별, 교육, 사회경제적 지위, 수입, 자녀 유무, 인종(다수 대 소수 민족), 지능, 신체적 매력과 같은 인구통계학적 변인들은 행복과 비교적 낮은 상관을 보였다. 많은 사람들이 더 젊고, 남자이고, 교육수준이 높으며, 사회경제적으로 부유하고, 수입이 많으며, 머리가 좋고, 예쁘면, 더 행복할 것이라고 생각하지만 이러한 연령, 성별, 인종, 교육, 수입과 같은 인구통계학적인 변인들은 행복과 관련해 낮은 상관을 보였다. 둘째, 친구의 수, 결혼 유무, 종교, 여가활동 수준, 신체적 건강, 양심, 성실성, 외향성, 정서적 안정성, 내적 통제 소재 등은 중간 정도의 상관이 있었다. 특히, 친구가 많고 결혼했으며 외향적인 성격과 같은 사회적 요인과 대인관계 요인들이 인구통계학적인 변인보다는 행복과 강한 관련이 있었다. 셋째, 낙관주의, 직업 유무, 성적 활동의 빈도, 긍정 감정의 경험 비율, 자아효능감 등은 행복과 높은 상관이 있음을 밝혔다. 어떤 상황에서도 긍정적인 요소를 부정적인 요소보다 잘 지각하는 낙관주의자, 실업자보다는 취업자, 성적 관계를 맺고 있으며 긍정적인 감정을 자주 느끼고 어떤 영역에서 잘할 수 있다는 신념이 있는 사람들이 그렇지 않은 사람들보다 자신의 삶에 만족했다. 이 사람들은 즐거움과 편안함과 같은 긍정정서를 더 자주 느끼는 반면, 짜증이나 무기력함과 같은 부정정서는 덜 느꼈다. 즉 행복수준이 더 높았다.

그렇다면 우리나라의 연구들의 결과는 어떠한가? 먼저 자존감 평가영역별 만족도가 행복에 미치는 영향을 성별 및 연령대별로 나누어 살펴본 한 연구(양난미 등, 2013)에 따르면, 40대 남성 집단의 경우 대인관계 영역 자존감과 가족 영역의 자존감이 높을수록 행복수준이 높아졌다. 이에 비해 50대 남성집단의 경우에는 긍정적 성품영역의 자존감이 행복과 연관성이 컸고, 40대 여성 집단은 가족 영역, 50대 여성 집단은 대인관계와 가족 영역의 자존감 만족도가 행복에 미치는 영향이 높았다. 즉, 40~50대 중년의 경우 가족 간의 사랑, 가정생활 및 분위기, 가족구성원 등 가족 자존감 영역이나 친구관계, 직장동료, 동호회와 같은 공동체 내 관계, 이성 및 연인관계 등 대인관계 자존감 영역의 만족도가 높을수록 행복이 높아지는 경향이 있고, 학벌 및 학력, 직업, 객관적 능력, 성공, 명예, 경제력 등 객관적 · 사회적 능력은 행복에 유의한 영향을 미치지 않고 있음을 의미한다. 이러한 결과는 인구통계학적 변인과 같은 객관적 요인이 행복에 미치는 영향이 높지 않다는 피터슨의 연구 결과(2006)를 재확인하는 것으로 중년의 행복에는 가족이나 대인관계와 같은 요인들이 유의한 영향을 미치고 있음을 확인할 수 있었다.

그렇다면 가족의 어떤 부분이 중년의 행복에 영향을 주는가? 가족과 식사하고 통화하며 여가활동을 하는 등의 구체적인 가족활동이 중년기의 행복에 미치는 영향을 분석한 김경미, 류승아, 최인철(2012)은 중년기에 배우자 및 자녀와 식사를 자주 할수록, 통화를 자주 할수록, 여가활동으로 보내는 시간이 많을수록 행복수준이 높아진다고 하였다. 실제로 한국의 중년들은 일주일에 평균 10.47회 배우자와 식사를 하고, 자녀들과는 그보다 조금 적은 8.28회 식사를 하는 것으로 나타나 거의 하루에 한 번 정도는 식사를 함께하고 있음을 알 수 있었다. 전화통화의 경우에는 자녀의 경우 5.91번, 배우자와는 6.43번 하고 있으며 가족들과 함께 보내는 취미나 여가활동의 시간은 일주일 평균 2.77시간 정도로 나타났다. 나이, 성별, 교육수준, 자녀 수와 같은 변인을 통제한 이후에도 식사 빈도, 전화통화 빈도, 여가활동 시간은 행복에 유의한 영향력을 가지고 있는 것으로 나타났다.

중년과 대학생의 삶의 의미와 행복의 관계를 살펴본 연구(정영숙, 조설애, 2013)에서는 중년과 대학생이 삶의 의미와 행복을 지각하는 방식에 차이가 있음을 보여주었다. 중년은 삶의 의미의 원천으로 가족관계, 정신건강, 신체건강, 심리적 안정감과 마음의 평안, 경제적 여유와 안정감의 순으로 생각하였고 대학생은 친구관계, 가족관계, 자기이해 및 성장, 학업 및 직업에서의 성취, 심리적 안정감과 마음의 평안, 경제적 여유와 안정감의 순으로 생각하였다. 중년과 대학생 모두가 가족관계, 심리적 안정감과 마음의 평안, 경제적 여유와 안정감을 공통적으로 삶의 의미의 원천으로 꼽았다. 구체적으로 중년과 대학생을 직접 비교하면, 중년은 대학생에 비해 가족관계, 신체건강, 정신건강, 경제적 여유와 안정감을 더 중요하게 생각하고 이를 위해 더 많은 노력을 하는 것으로 나타났다. 반면, 대학생은 중년에 비해 친구관계, 학업 및 직업에서의 성취, 취미 생활 및 일상의 즐거움과 자기 이해 및 성장을 중요하게 생각하고 노력을 더 많이 하고 있었다. 즉, 중년은 대학생에 비해 가족이나 건강, 경제 등을 중요하게 생각하고 있으며 이를 위해 노력하고 있음을 알 수 있었다.

다음으로 이들의 삶의 의미 원천과 의미에 대한 노력이 주관적 안녕감 및 심리적 안녕감 각각에 어떤 영향을 미치는지를 살펴보았는데, 대학생 및 중년 모두에게서 의미 원천의 의미 정도와 노력 정도는 주관적 안녕감과 심리적 안녕감 모두에 영향을 미치는 중요한 요소임이 확인되었다(정영숙, 조설애, 2013). 하지만 영역에서는 차이가 있었는데 대학생은 중요한 의미 원천 영역에서 노력을 많이 하는 사람이 그렇지 않은 사람에 비해 주관적 안녕감과 심리적 안녕감이 높았다. 그러나 중년은 정신건강과 심리적 안녕감 및 마음의 평안 영역에서 노력을 많이 하는 사람이 안녕감이 높았고, 가족관계와 경제적 여유, 안정감과 관련한 노력을 많이 하는 사람과 그렇지 않은 사람 간에는 안녕감의 차이가 없었다. 이러한 결과를 연구자들은 대학생의 경우에는 자신의 노력을 통해 환경을 변화시키는 것이 중요하지만, 중년의 경우에는 노력을 통해 환경을 바꾸는 것도 중요하나 대학생에 비해 환경을 수용하고 스스로를 맞추는 것에 더 적응적일 수 있음을 보여준다고 해석하였다. 즉, 정신건강이나 심리적 안정감 및 마음의 평안과 같은 영역은 실제 자신의 노력으로 더 건강해지고 안정감을 얻으며 이를 통해 삶의 의미를 얻고 행복감에 영향을 주지만, 가족관계나 경제적 여유와 안정감에서는 실제적 노력만큼 변화되는 것이 많지 않기 때문에 적극적으로 변화시키려는 노력보다는 오히려 이를 수용하고 스스로를 맞추어나가는 것이 행복에 더 큰 영향을 줄 수 있다.

우리나라에서 중년은 성인자녀와의 관계, 부부관계, 노부모와의 관계에서 중요한 변화를 경험하고 이러한 의미에서 샌드위치 세대, 협공 세대로 표현되곤 한다. 사춘기 혹은 장성한 자녀와는 독립성을 존중하고 새로운 관계를 수립해야 하며 자녀의 독립에 따른 부부 간의 관계를 재정립하는 동시에 노부모의 부양과 사후를 준비해야 하는 중요한 시기이다. 이런 복잡한 과제와 변화들은 심리적으로나 경제적으로 중년을 압박하게 되는데 중년의 노력만으로 성과를 얻기에는 어려운 점이 있다. 따라서 중년은 가족이나 경제적인 부분을 중요하게 생각하지만 본인의 노력만으로는 충분히 결과를 얻을 수 없고, 이런 점에서 가족이나 경제적인 부분에서의 노력은 직접적으로 행복에 영향을 주지 못하는 것으로 보인다.

유사하게 전업주부, 취업주부와 남편을 중심으로 중년기 성인 남녀의 행복형성 요인을 분석한 박영신과 김의철(2009)은 전업주부의 행복은 배우자의 정서적 지원과 어려움 극복 효능감, 자녀행복, 월평균 수입, 연령의 순서이었고 취업주부의 행복은 배우자의 정서적 지원, 어려움 극복 효능감, 직업성취, 자녀행복, 월평균 수입, 학력의 순서로 나타났다. 반면에 전업주부 남편의 행복은 어려움 극복 효능감, 배우자의 정서적 지원, 직업성취의 순이었고 취업주부 남편의 행복은 배우자의 정서적 지원, 어려움 극복 효능감, 직업성취의 순서로 나타났다. 이들의 연구에서 중년기 성인 남녀 모두에서 배우자의 정서적 지원과 어려움 극복 효능감은 행복을 결정하는 핵심변인이었다. 이러한 결과는 부부관계에서의 정서적인 지원과 어려움을 극복할 수 있다는 스스로의 신념이 중년 남녀의 행복에서 가장 중요한 요소임을 보여준다.

보다 세부 집단별로 행복에 미치는 상대적인 영향력을 살펴보면, 주부들은 자녀가 행복할수록 행복하였으나, 남편들은 자녀의 행복이 본인의 행복을 결정하는 의미 있는 변인이 아니었고 직업에서의 성취가 중요하였다. 또한 전업주부와 취업주부 모두 자녀의 행복이 의미 있는 변인이라는 공통점이 있었으나, 취업주부는 자녀의 행복보다는 본인 직업에서의 성취가 두 배 정도 행복에 더 큰 영향을 미쳤다. 전업주부 남편과 취업주부 남편 모두 배우자의 정서적 지원, 어려움 극복 효능감, 직업성취라는 세 변인이 행복을 구성하는 핵심 변인인 점에서는 일치하였으나, 취업주부의 남편이 전업주부의 남편에 비해 배우자의 정서적 지원이 행복에 미치는 효과가 더 컸다. 한편 전업주부는 월평균 수입이 행복에 대해 직접효과가 있었으나, 취업주부는 간접효과만 있었는데 직업성취 효과 크기의 반 정도에 불과하였다. 반면에, 남편 집단에서는 월평균 수입의 효과가 없었다. 따라서 직업을 가진 경우는 월평균 수입 자체보다는 직업에서의 성취감이 행복에 더 큰 영향을 미쳤다. 이러한 결과는 중년의 행복에는 성차뿐만 아니라 직업의 유무도 영향을 미칠 수 있음을 보여준다.

우리나라에서 이루어진 대표적인 중년의 행복에 대한 연구 결과들은 가족관계의 중요성을 잘 나타낸다. 여러 연구에서 경제적인 여유보다는 가족관계, 정서적인 지원 등이 한국 중년의 행복에 더 많은 영향을 주고 있음을 보여준다.

4. 결론

이 글은 심리학적 입장에서 중년의 행복을 살펴보는 것이 목적이었다. 앞서 살펴본 바와 같이 오늘날의 중년은 더 이상 세상일에 유혹당하지 않고 판단할 수 있다는 의미의 불혹(不惑)이나 하늘의 운명을 깨닫는다는 지천명(地天命)만을 의미하지는 않고 있다.

20대가 떠올린 중년의 이미지는 주름이나 흰머리, 뱃살, 중절모, 쓸쓸함이나 여유와 같은 것이었고 이들에게 중년이란 외모가 노화되고 있으며, 자녀교육과 부모 부양의 책임을 지고 있는, 부모 세대의 고단한 어른이었다. 하지만 한편에는 자신의 건강과 외모를 가꾸는 꽃중년도 있었다.

이런 중년기를 설명하는 심리학적 개념에는 중년의 위기, 전환기, 빈 둥지 증후군 등이 있는데 이 개념들은 중년이 인생에서 개인적으로 또, 가족적으로 변화를 겪는 시기이며 이 시기의 변화를 건강하게 이겨내는 것이 필요함을 보여주고 있다. 더하여 대표적인 성인발달에 관한 종단연구인 베일런트 연구는 노년의 행복이 부, 명예, 학벌과 같은 외적인 것보다는 성숙한 방어기제와 인간관계, 평생교육, 안정적인 결혼생활, 비흡연, 적당한 음주, 규칙적인 운동, 적당한 체중 등임을 밝히고 있다.

유사하게 한국의 중년에 대한 연구 결과들도 외적인 조건보다는 관계가 중년의 행복에 중요함을 보여주었다. 특히, 여러 관계 중에서도 가족관계가 행복에 중요한 요소임이 여러 연구를 통해 반복적으로 밝혀졌다. 결국 한국 중년의 행복에는 가족관계가 가장 중요한 요소이다.

• 참고문헌 •

제1장 중년 부부의 권력구조_이명신

김남연(2013), 〈한국인을 위한 중년기의 건강한 부부관계 척도개발〉, 경상대학교 심리학과 박사학위논문.

김명자(1998), 《중년기 발달이론》, 학지사.

김영란 외 8인(1992), 《일곱 가지 여성 콤플렉스》, 현암사.

박시내 · 심규호(2010), 〈베이비붐 세대의 현황 및 은퇴효과 분석〉, 《2010 상반기연구보고서》 제1권, 통계개발원.

이명신(2002), 〈전문직 맞벌이 부부의 권력구조, 가사분담, 그리고 역할갈등〉, 《사회복지연구 2: 여성과 사회복지》, 이화여자대학교 출판부, pp.158-205.

이재연 · 최영희(1996), 《의사소통이론과 가족관계》, 형설출판사.

조혜정(1992), 《한국의 여성과 남성》, 문학과 지성사.

Bernard, J. (1972). The Future of Marriage, New York: NY: World.

Blanton, P.W. & Vandergriff-Avery, M.(2001). "Marital Therapy and Marital Power: Constructing Narratives of Sharing Relational and Positional Power", Contemporary Family Therapy, 23(3): 295–308.

Blood, R.O. & Wolfe, D. M.(1960). Husbands and Wives, New York: Free Press.

Blumberg, R.L.(1991). "Income under Female vs. Male Control: Hypotheses from A Theory of Gender Stratification and Data from the Third World", In Blumberg, R.L.(ed.), Gender, Family & Economy: The Triple Overlap. Newbury Park, CA.: Sage Publications, inc. 97–127.

Bokek-Cohen, Ya'Arit(2011). "Marital Power Revisited: The Importance of Distinguishing between 'Objective' and 'Subjective' Marital Power", Sociological Focus, 44(2): 149–161.

Bulanda, J. R.(2011). "Gender, Marital Power, and Marial Quality in Later Life", Journal of Women & Aging, 23: 3–22.

Bushifield, S.Y., Fitzpatrick, T.R., Vinick, B.H.(2008). "Perceptions of 'impingement' and marital satisfaction among wives of retired husbands", Journal of Women & Aging, 20: 199–213.

Chafetz, J. S.(1991). "The Gender Division of Labor and the Reproduction of Female Disadvantage: Toward a Integrated Theory", Gender, Family & Economy: The Triple Overlap. Newbury Park, CA.: Sage Publications, inc. 74–94.

Coleman, M. T.(1991). "The Division of Household Labor: Suggestions for Future Empirical Considerations and Theoretical Development", Gender, Family & Economy: The Triple Overlap. Newbury Park, CA.: Sage Publications, inc. 245–260.

Collins, P. H.(1990). Black Feminist Thought: Knowledge, Consciousness & Politics of Empowermennt, N.Y.: Routledge.

Foa, E.B. & Foa, U. G. (1971). "Resource Exchange: Toward a Structural Theory of Interpersonal Communication", pp. 293–327 in Studies in Dyadic Communication, (ed.) A.W. Siegman & B. Pope. Elmsford, NY: Pergamon.

Foa, U.G.(1993). "Interpersonal and Economic Resources", pp. 345–351 in Resource Theory: Explorations and Applications, (ed.) U.G. Foa, Converse, Jr., K.Y. Tornblom, & E.B. Foa, San Diego, CA: Harcourt Brace Jovanovich.

Gillespie, D. L.(1971). "Who has the Power? The Marital Struggle", Journal of Marriage and the Family, 33(3): 445–458.

Gottman, J.M. & Notarius, C.I. (2000). "Decade Review: Observing Marital Interaction", Journal of Marriage and Family, 62(4): 927–947.

Heer, D. M.(1963). "The Measurement and Bases of Family Power: An Overview", Marriage and Family Living, 25(2): 133–139.

Kenney, C.T.(2006). "The Power of the Purse: Allocative Systems and Inequality in Couple Households", Gender and Society, 20(3): 354–381.

Komter, A. (1989). "Hidden Power in Marriage", Gender and Society, 3(2): 187–216.

LeBaron, C.D.L., Miller, R.B., & Yorgason, J.B.(2014). "A Longitudinal

Examination of Women's Perceptions of Marital Power and Marital Happiness in Midlife Marriages", Journal of Couple & Relationship Therapy, 13: 93–113.

Kulik, L. (1997). "Anticipated Dependence: A Determinant in an Integrative Model of Power Relations among Elderly Couples", Journal of Aging Studies, 11: 363–377.

Kulik, L.(1999). "Marital Power Relations, Resources and Gender Role Ideology: A Multivariate Model for Assessing Effects", Journal of Comparative Family Studies, 30: 189–206.

Lee, M.S.(1994). The Impact of Wives' Employment on Family Power Structures, Division of Household Labor, and Role–Conflict among the Korean Dual–Career Couples: A Covariance Structure Analysis, Ph. D. Dissertation, University of Tennessee, U.S.A.

Liu, W.T., Hutchison, I. W., and Hong, L.K.(1973). "Conjugal Power and Decision–Making: A Methodological Note on Cross-Cultural Study of the Family", American Journal of Sociology, 79(1): 84–98.

Lupri, E.(1969). "Contemporary Authority Patterns in the West German Family A Study in Cross–National Validation", Journal of Marriage and the Family, February, 134–144.

McDonald, G.W.(1980). "Family Power: The Assessment of a Decade of Theory and Research, 1970–1979", Journal of Marriage and Family, 42(4): 841–854.

Minnotte, K.L., Minnotte, M.C., Pedersen, D.E., Mannon, S.E., & Kiger, G.(2010). "His and Her Perspectives: Gender Ideology, Work–to–Family Conflict, and Marital Satisfaction", Sex Roles, 63: 425–438.

O'Connor, P. (1991). "Women's Experience of Power within Marriage: An Inexplicable Phenomenon", Sociological Review, 39(4): 823–842.

Pines, A. M., Neal, M.B., Hammer, L.B., & Icekson, T.(2011). "Job Burnout and Couple Burnout in Dual–earner Couples in the Sandwiched Generation", Social Psychology Quarterly, 74(4): 361–386.

Proulx, C.M., Helms, H.M., & Payne, C.C.(2004). "Wives' Domain–

Specific "Marriage Work" with Friends and Spouses: Links to Marital Quality", Family Relations, 53(4): 393–404.

Rodman, H. (1967). "Marital Power in France, Greece, Yugoslavia and the U.S.: A Cross–National Discussion", Journal of Marriage and the Family, May, 320–324.

Rodman, H. (1972). "Marital Power and Theory of Resources in Cultural Context", Journal of Comparative Family Studies, 50–69.

Ross, C.E., Mirowsky, J. & Huber, J.(1983). "Dividing Work, Sharing Work, and In-BetweenL Marriage Patterns and Depression", American Sociological Review, 48.

Rubin, L.B.(1985). Just Friends: The Role of Friendship in Our Lives. New York: Harper and Row.

Safilios-Rothschild, C. (1972). "Instead of a Discussion: Companionate Marriages and Sexual Inquality: Are They Compatible?" Towards Sociology of Women, Lexington: Xerox College Publishing, pp.63–69.

Safilios-Rothschild, C. (1976). "A Macro–and Micro-Examination of Family Power and Love: An Exchange Model", Journal of Marriage and the Family, 37: 355–362.

Schwarzwald, J., Koslowsky, M., & Izhak–Nir, E.B. (2008). "Gender Role Ideology as a Moderator of the Relationship between Social Power Tactics and Marital Satisfaction", Sex Roles, 59: 657–669.

Spitze, G.(1988). "Women's Employment and Family Relations: A Review", Journal of Marriage and the Family, 50: 595–618.

Sprecher, S. & Felmlee, D. (1997). "The Balance of Power in Romantic Heterosexual Couples Over Time from 'His' and 'Her' Perspectives", Sex Roles, 37: 361–379.

Tichenor, V.J.(1999). "Status and Income as Gendered Resources: The Case of Marital Power", Journal of Marriage and the Family, 61: 638–650.

Waller, W. & Hill, R. (1951). The Family: A Dynamic Interpretation. New York: Dryden.

Zietlow, P.H. & VanLear, A. Jr.(1991). "Marriage Duration and Relational

Control: A Study of Developmental Patterns", Journal of Marriage and Family, 53(3): 773-785.

제2장 중년 여성의 가족관계_최정혜

김명자(1998),《중년기 발달》, 교문사.
김선남 외(2007),《친밀한 부부관계의 전제와 실제적 기술》, 경상대학교 출판부.
김애순(2002),《성인발달과 생애 설계》, 시그마익스프레스.
박경숙(2003), 〈세대관계의 다양성과 구조〉,《한국사회학》 37(2).
브레인월드, "[뇌 기획 특집] 중년기 뇌의 특성 '중년의 뇌는 최고의 절정기'", 2014년 4월 17일자 기사.
이희백(2009), 〈중년기 부부갈등 요인에 관한 연구-아내의 관점에서〉,《한국동서정신과학회지》 12(1).
여성을 위한 모임(1999),《제3의 성》, 현암사.
장하경(1992), 〈중년기 여성의 우울증에 관한 연구〉,《한국가정관리학회지》 10(2).
정성호(2006),《중년의 사회학》, 살림.
중앙일보, "60살 넘어 이혼 급증", 2014년 4월 22일자 기사.
짐코웨이(1996),《흔들리는 중년기》, 학지사.
최정혜(2009), 〈한국과 미국 성인자녀의 노부모와의 관계의 질과 부양행동 비교연구〉,《한국노년학》 29(2), pp.611-627.
최정혜(2014),《결혼생활 탐구》, 교문사.
최정혜 · 구명숙(2012),《결혼과 가족탐구》, 경상대학교 출판부.
한경혜 · 윤성은(2003), 〈한국 성인남녀의 생애단계에 대한 인식과 연령정체성〉,《한국노년학회 추계학술대회 발표자료집》.
한경혜 · 이정화(2012),《지금, 중년을 말할 때》, 교문사.
한경혜 · 이정화 · 옥선화 · Ryff, C. · Marks, N.(2002), 〈중년기 남녀의 사회적 역할과 정신건강〉,《한국노년학》 22(2).
한경혜 · 최현자 · 은기수 · 이정화 · 주소현 · 김주현(2011), 〈한국 베이비부머들의 삶의 지평〉, MetLife Mature Market Institute.
한경혜 · 한민아(2004), 〈성인자녀 세대의 지원교환유형과 결정요인〉,《가족과 문화》 16(1).
Nick & Sttinet, N., 제석봉, 박경 역(1999),《환상적인 가족 만들기》, 학지사.
Levinson, D., J. (1980). Conceptions of the adult life course. In N.

Smelser & E. H. Erikson(Eds.).Themes of work and love in adulthood. Cambridge, MA: Harvard University Press.
Ryff, C. D., Lee, Y. H., Essex, M. J., & Schmmutte, P. S.(1994). "My Children and Me: Midlife Evaluation of Grown Children and Self", Psychological and Aging, 9, 195-205.

제3장 가정주부 담론과 중년 여성의 정체성_이혜숙

강상구(2000), 《신자유주의의 역사와 진실》, 문화과학사.
강준만(2009), 《어머니 수난사: 여자보다 강한 어머니들의 이야기》, 인물과 사상사.
권희완(2001), 〈완벽한 어머니의 환상〉, 《오늘의 여성학》, 건국대학교출판부, pp. 171-205.
기무라 료코(2010), 《주부의 탄생: 일본여성들의 근대와 미디어》, 소명출판.
김명혜(1997), 〈여성의 정체성과 삶의 변화〉, 《여성연구》 5, 목포대학교, pp. 171-206.
김선미(2004), 〈전업주부는 어떻게 정체성을 유지하는가 : 사회문화적 압력에 대한 저항과 종교활동 그리고 정당화〉, 《한국생활과학회지》 Vol 13 No 5, pp. 723-739.
______(2011), 〈신가족주의에 저항하는 전업주부의 가능성을 찾아서-미취학 자녀를 둔 중간계층 전업주부를 대상으로〉, 《신가족주의사회, 전업주부를 말한다》, 한국여성민우회, pp. 27-68.
김연주 · 이재경(2013), 〈근대 '가정주부' 되기 과정과 도시 중산층 가족의 형성: 구술생애사 사례 분석〉, 《가족과 문화》 제25집 2호, 한국가족학회, pp.29-61.
김은하(2006), 〈전후 국가 근대화와 "아프레 걸(전후 여성)" 표상의 의미 -여성잡지 《여성계》, 《여원》, 《주부생활》을 대상으로〉, 《여성문학연구》, 한국여성문학학회, pp. 177-209.
김종미(1999), 〈주부, 아줌마, 여성운동〉, 《여성과 사회》, 한국여성연구소, pp. 58-72.
김현주(2007), 〈1950년대 여성잡지 《여원》과 '제도로서의 주부'의 탄생〉, 《대중서사연구》 제13권 제2호, 대중서사학회, pp. 387-416.
김혜경(1997), 〈일제하 자녀 양육과 어린이기의 형성: 1920-30년대 가족 담론을 중심으로〉, 《근대주체와 식민지 규율권력》, 문화과학사.
다니자키 아쯔코(2001), 〈현대 한국중산층 주부역할 형성과정에 관한 분석 – 6 · 70년대 여성잡지를 중심으로〉, 서강대학교 대학원 사회학과 석사논문(미간행).
동아일보, "주부와 가사노동", 1958년 5월 23일자 기사.
릴리언 루빈 · 김용미 역(1990), 《중년 여성의 좌절과 홀로서기》, 정우사.
문소정(2002), 〈현모양처/양처현모 정체성을 통해 본 한일 여성의 일상적 삶의 질 비교연구〉, 《사회와 역사》 통권 제61집, 한국사회사학회, 문학과지성사, pp.250–277.
미셸 푸코(1976), 《성의 역사 : 제1권 앎의 의지》, 이규현 역(1997), 나남출판.
박혜경(2009), 〈한국 중산층의 자녀교육 경쟁과 '전업 어머니' 정체성〉, 《한국여성학》 제25권 3호, 한국여성학회, pp. 5-33.
______(2010), 〈신자유주의적 주부 주체화 담론의 계보학: 신문기사를 중심으로〉, 《한국여성학》 제26권 2호, 한국여성학회, pp.127–158.
베티 프리단(1997), 김현우 역(2005), 《여성의 신비》, 이매진.
서동진(2006), 〈자기계발의 의지, 자유의 의지: 자기계발 담론을 통해 본 한국자본주의 전환과 주체 형성〉, 연세대학교 박사논문(미간행).
시몬느 드 보부아르(1949), 《제2의 성》, 이희영 역(2009), 동서문화사.
심영희(1999), 〈'자식바라기' 어머니의 전통성과 성찰성 : 대입 수험생 어머니의 삶과 정체성〉, 심영희 외(공편), 《모성의 담론과 현실 : 어머니의 성, 삶, 정체성》, 나남출판, pp. 361-388.
엘리자베트 바댕테르(1980), 《만들어진 모성: 17–20세기 모성애의 근대사》, 심성은 역(2009), 동녘.
염영미(1998), 〈여성 정체성 변화에 대한 연구 – 지역여성운동에 참여하고 있는 주부를 중심으로〉, 서강대학교 대학원 사회학과, 석사논문(미간행).
이순영(1999), 〈30대 이혼여성의 정체성 변화에 대한 연구〉, 숙명여자대학교 여성학 협동과정, 석사논문(미간행).
이아리따(2012), 〈중년 여성의 취미교실 참여 체험에 관한 내러티브 연구〉, 서울대학교 대학원 교육학과 석사논문(미간행).
이연정(1999), 〈여성의 시각에서 본 모성론〉, 심영희 외(공편), 《모성의 담론과 현실 : 어머니의 성, 삶, 정체성》, 나남출판, pp. 21–41.
이영자(2001), 〈소비자본주의사회와 여성의 정체성〉, 《열린지성》 제10호, 가을, 겨울호, pp. 264–281.
______(2002), 〈소비문화의 여성의 성정체성〉, 《동아시아의 근대성과 성

의 정치학》, 한국여성연구원(편), 푸른사상, pp. 369-396.
이은정(2002), 〈주부의 자아정체성의 위기와 극복과정- 대구·경북 지역의 30대 중산층 주부를 중심으로〉, 대구가톨릭대학교대학원, 여성학과 석사논문(미간행).
이임하(2003), 〈1950년 여성교육에서의 성차별과 현모양처 이데올로기〉, 《동방학지》 제122권, 연세대학교 국학연구원, pp.293-327.
______(2004), 《계집은 어떻게 여성이 되었나》, 서해문집.
이재경(2003), 《가족의 이름으로 : 한국근대가족과 페미니즘》, 또 하나의 문화.
이진경(1997), 〈근대적 주체와 정체성 – 정체성의 미시정치학을 위하여〉, 《경제와 사회》 제35호, 가을호, 한울, pp. 8-33.
이혜숙(2003), 〈젠더 정체성과 페미니즘〉, 송무 외, 《젠더를 말한다 : 페미니즘과 인문학의 만남》, 박정, pp. 101-134.
______(2011), 《여성과 사회》, 知 & you.
장미경(2007), 〈1960-70년대 가정주부(아내)의 형성과 젠더정치 : 《여원》, 《주부생활》 잡지 담론을 중심으로〉, 《사회과학연구》 제15권 1호, 서강대학교 사회과학연구소, pp. 142-182.
장준미(1997), 〈기혼 취업여성의 정체성에 관한 연구 : 일과 가정사이의 갈등과 대응 방식을 중심으로〉, 한양대학교 대학원 석사논문(미간행).
장현정(2004), 〈한국가족에서의 '주부됨'과 여성의 건강 – 성인지적 건강 개념을 위한 시론〉, 《여성건강》 제5권 2호, 대한여성건강학회, pp. 105-137.
정영애(2011), 〈'전업주부' 범주의 사회적 의미와 여성주의 가족 담론의 방향〉, 《신가족주의사회, 전업주부를 말한다》, 한국여성민우회, pp. 1-25.
주창윤(2009), 〈1950년대 중반 댄스 열풍 : 젠더와 전통의 재구성〉, 《한국언론학보》 53권 2호, 한국언론학회, pp. 277-430.
학원사, 《여원》 1960년 12월호, 1961년 8월호, 1968년 9월호.
한정숙(2012), 〈냉전기 미국의 중산층 여성주의〉, 《여성주의 고전을 읽는다: 계몽주의에서 포스트모더니즘까지, 두 세기의 사상적 여정》, 이상의 도서관, pp. 313-366.
헨리크 입센(1879), 안미란 역(2013), 《인형의 집》, 민음사.

제4장 중년 남성의 가정·일 양립 방안_김대균

강남식, "성주류화 전략 심화 단계로 진입", 여성신문 1128호 [정치], 2011년

4월 1일자 기사.
국제통화기금(IMF) · 한국은행(2014), 〈경제 성장 촉진을 위한 한국 노동시장 개혁 전략보고서〉.
권오균 · 허준수(2010), 〈노년기 부부의 결혼만족도에 관한 연구〉, 《대한가정학회지》 51(1).
김대군(2012), 《생활문화와 윤리》, 경상대학교출판부.
김대군(2013), 〈맞벌이 남성의 가정 · 일 양립방안〉, 《중등교육연구》 제25집.
법원행정처, 《2014 사법연감》, 대법원.
박종서(2013), 〈가족 내 가사분담과 성역할 인식에서 나타나는 양성평등 실태〉, 보건복지포럼.
변혜정(2008), 〈섹슈얼리티와 권력〉, 《섹슈얼리티로 바라본 세상》, 한국양성평등교육진흥원.
최순영(2007), KIPA 연구보고, 〈공직여성근로자의 근무여건 개선방안〉, 한국행정연구원.
최인숙(2008), 〈차이와 평등에 대한 이해〉, 《여성학, 여성운동 & 젠더》, 한국양성평등교육진흥원.
캐롤 타브리스, 히스테리아 역(1999), 《여성과 남성이 다르지도 똑같지도 않은 이유》, 또 하나의 문화.
통계청(2010), 〈인구주택총조사〉.
통계청, "인구주택총조사에 나타난 1인 가구 현황 및 특성", 2012년 12월 11일 보도자료.
통계청(2012), 《2012년 8월 고용동향》.
한겨레신문, "남녀 간 임금격차 13년째 OECD 1위", 2014년 8월 4일자 기사.
Jackson, Stevi and Scott, Sue (1996), 'Sexual Skirmishes and Feminist Factions : Twenty-Five Years of Debate on Women and Sexuality', Feminism and Sexuality : A Reader, New York: Columbia University Press.
Simkin, C. and Hillage, J.(1992), Family-Friendly Working: New Hope or Old Hype? IMS Report, 224. Brighton: Institute for Manpower Studies.
Harker, Lisa(1996), "The family-friendly em-ployer in europe." in Suzan Lewis and Jeremy Lewis(eds.). The work-family-friendly challenge: Rethinking.

제5장 중년 여성의 정체성과 법정책_엄순영

가다 러너, 강세영 역(2004), 《가부장제의 창조》, 당대.

경향신문, "한국 '남녀 임금 격차' 125위 …… 갈길 먼 양성평등", 2014년 10월 28일자 기사.

고미라(1996), <양성성과 여성>, 《여성과 사회》 7권, 한국여성연구소, pp.127-137.

루이스 A. 틸리·조앤 W. 스콧, 김영·박기남·장경선 역(2008), 《여성 노동 가족》, 후마니타스.

메리 E. 위스너-행크스, 노영순 역(2006), 《젠더의 역사》, 역사비평사.

이재경 외(2010), 《여성학》, 미래인.

이혜숙(2010), 《여성과 사회》,경상대학교출판부.

조앤 W. 스콧, 공임순 외 2인 역(2006), 《페미니즘 위대한 역설》, 앨피.

조성준, "퍼지(Fuzzy)논리: 아리스토텔레스 논리학의 확장", 서울대 대학신문: 2010년 5월 1일자 기사(www.snunews.com).

제6장 중년 여성이 알아야 할 법률: 성희롱 및 성폭력범죄 현행법_정도희

국회여성정책포럼(2007), <국회여성정책포럼 정책토론회: 성폭력범죄 근절 및 피해자 보호 어떻게 할 것인가?>

김용세(2012), <한국피해자학의 발전과 과제>, 《피해자학연구》 제20권 제2호, 한국피해자학회.

류화진(2013), <개정형법상 성폭력범죄에 관하여>, 《법학논고》 제42집, 경북대학교 법학연구원.

이승현·박학모·김정혜(2014), 《성폭력범죄의 친고죄 폐지에 따른 피해자 보호 및 지원 내실화방안》, 한국형사정책연구원.

오경식(2013), <성범죄 피해자의 관점에서 친고죄와 반의사불벌죄의 형사정책적 의미에 관한 연구>, 《피해자학연구》 제21권 제1호, 한국피해자학회.

이호중(2005), <성폭력 처벌규정에 대한 비판적 성찰 및 재구성>, 《형사정책》 제17권 제2호, 한국형사정책학회.

이현정(2013), <2012년 성폭력법제의 개정에 대한 비판적 검토-형법상 강간죄를 중심으로->, 《성균관법학》 제25권 제2호, 성균관대학교 법학연구소.

장다혜(2013), <성폭력범죄 친고죄 폐지 이후 피해자보호방안>, 《경찰법연구》 제11권 제2호, 한국경찰법학회.

정도희(2009), 〈형사절차에서 피해자의 권리 보호〉, 서울대학교 대학원 박사학위 논문.

정도희(2014), 〈직장 내 성희롱피해 개념 및 형사처벌〉, 《피해자학연구》 제22권 제1호, 한국피해자학회.

한국여성단체연합 성폭력특별법제정추진 특별위원회(1993), 〈친고죄 존폐에 관한 공청회-"친고죄는 과연 피해자를 보호하는 법인가"-〉.

제7장 중년 베이비붐 세대의 현재와 미래_김상대

김상대 외(2014), 《베이비 붐 세대 은퇴자의 일자리 창출방안 연구》, 고용노동부(진주시).

방하남 · 이성균 · 우석진 · 김기헌 · 김지경(2011), 《베이비붐 세대의 근로생애와 은퇴과정 연구》, 한국노동연구원.

방하남(2011), 〈베이비붐 세대: 그들은 누구인가?〉, 《월간 노동리뷰》 2011년 2월호.

안주엽 · 김복순(2012), 〈베이비붐 세대의 고용〉, 《월간 노동리뷰》 10월호 통권91호, 한국노동연구원.

정경희 외(2010), 《베이비부머의 생활실태 및 복지욕구》, 한국보건사회연구원.

중앙일보, "은퇴해도 못 쉬는 '반퇴시대' 왔다", 2015년 1월 15일자 기사.

한국인구학회 편, (2006), 《인구대사전》, 통계청 발행

통계청, (2010), "통계로 본 베이비붐 세대의 어제, 오늘, 내일", 2010년 5월 10일자 보도자료.

통계청, (2012), "베이비부머 및 에코세대의 인구 · 사회적 특성분석", 2012년 8월 2일자 보도자료.

현대경제연구원(2013). 〈베이비붐세대 고용의 특징과 시사점〉, 《경제주평》 13-20호 통권 537호.

제8장 중년 여성의 건강_이옥재

국가암정보센터(http://www.cancer.go.kr/mbs/cancer/).

김영호(1999), 《갱년기 다스리기》, 서림문화사.

노동영 · 정수영(2000), 《유방이 아파요, 암이 아닌가요?》, 일조각.

대한암학회(2013), 《한국중앙암등록사업연례보고서》.

박영숙 외 3인(1999), 《현대여성의 건강생활》, 현문사.

American cancer society(http://www3.cancer.org).

American Medical Association Consumer Health(http://www.ama-assn.org/consumer.htm).

Breast Self-Examination, University of Washington Medical Center, USA, 1997.

CancerNet(http://cancernet.nci.nih.gov).

MEDLINEplus(http://medlineplus.nlm.nih.gov).

Menopause (Myths and Facts), University of Washington Medical Center, Seattle, 1998.

Tetzlaff J. How to examine your breast. Chicago: Budlong Press Company. 1995.

The North American Menopause Society(http://www.menopause.org).

University of Iowa Virtual Hospital(http://www.vh.org/Patients/IHB/Cancer/Breast/).

Youngkin EQ, Davis MS. Women's Health: A Primary Care Clinical Guide. 4th ed. Stamford: Appleton & Lange. 2012.

제9장 중년의 행복_양난미

경향신문, "중년 여성이 황금고객 …… 건강기능식품 매출 '쑥': 홈쇼핑서도 큰손으로 떠올라", 2014년 9월 12일자 기사.

권석만(2008), 《긍정심리학-행복의 과학적 탐구》, 학지사.

김경미 · 류승아 · 최인철(2011), 〈삶의 의미가 노년기 행복과 건강에 미치는 영향: 청년기와 노년기의 비교를 중심으로〉, 《한국심리학회지: 일반 30(2)》, pp.503-523.

김경미 · 최인철 · 류승아(2012), 〈가족 간 식사, 통화 및 여가활동과 중년기의 행복〉, 《한국심리학회지: 문화 및 사회문제 18(2)》, pp. 279-300.

김애순 · 윤진(1993), 〈중년기의 위기감(1): 그 시기 확인 및 사회경제적 변인들이 중년기 위기감에 미치는 영향〉, 《한국노년학》 13(1), pp. 1-16.

두산백과(1997), 《두산백과》, 두산동아(http://terms.naver.com/entry.nhn?docId=1167797&cid=40942&categoryId=31531).

박영신 · 김의철(2009), 〈한국 성인 남녀가 행복에 이르는 길: 직업 성취, 자녀 성공, 정서적 지원과 자기효능감의 영향〉, 《한국심리학회지: 여성 14(3)》, pp. 467-495.

박영신 · 김의철(2010), 〈중년기 성인 남녀의 행복 형성 요인: 전업주부, 취업주부와 그들의 남편을 중심으로〉, 《한국인간발달학회》 18(1), pp.65-108.

부산일보, "화장, 여성만 하나?……'꽃중년 남자' 급증: '화장하는' 40~50대 중년 남성들이 늘고 있다", 2014년 9월 26일자 기사(http://news20.busan.com/controller/newsController.jsp?newsId=20140926000059).

사회문화연구소(2000), 《사회학사전》, 사회문화연구소(http://terms.naver.com/entry.nhn?docId=1521348&cid=42121&categoryId=42121).

송명자(1995), 《발달심리학》, 학지사.

신명희 · 서은희 · 송수지 · 김은경 · 원영실 · 노원경 · 김정민 · 강소연 · 임호용(2013), 《발달심리학》, 학지사.

양난미 · 이동귀 · 박현주(2013), 〈자존감 평가영역별 중요도와 만족도가 행복에 미치는 영향〉, 《상담학연구》 14(3), pp. 1503-1518.

장휘숙(2006), 《성인발달 및 노화심리학》, 박영사.

정영숙 · 조설애(2013), 〈삶의 의미 원천과 의미에 대한 노력이 대학생과 중년 성인의 행복에 미치는 영향〉, 《한국심리학회지: 일반 32(3)》, pp. 507-531.

정옥분(2004), 《발달심리학: 전생애 인간발달》, 학지사.

한국일보, "요즘 광고, '반전매력' 중년 꽃미남이 대세", 2014년 9월 14일자 기사(http://www.hankookilbo.com/v/12e949c8ff2d4352a24d61903acb220f).

Gerrig, R. J., Psychology and life. 20th ed., 이종한 · 박권생 · 박태진 역(2013), 《심리학과 삶》, 시그마프레스.

Ryckman, R. M. , Theories of Personality, 10th ed., 장문선 · 곽호완 · 고재홍 · 전종국 · 이영순 역(2013), 《성격심리학》, 박학사.

Vaillant, G. E. (2003). Aging Well: Surprising Guideposts to a Happier Life from the Landmark, 이덕남 역(2010), 《행복의 조건: 하버드 대학교 인간성장보고서》, 프런티어.

Diener, E. (1984). Subjective well-being. Psychological Bulletin, 95, 542-575.

Levinson (1996). The Saesons of Woman's Life. NY: Ballantine Books.

Levinson, D. J., Darrow, C. N., Klein, E. B., Levinson, M. H., & McKee, B. (1978). The Saesons of Man's Life. NY: Ballantine Books.

Peterson, C. (2006). A primer in positive psychology. Oxford: Oxford University Press.

ㅇ

ㅈ

• 저자약력 •
(집필순)

이명신

이화여자대학교 영어영문학 학사.
이화여자대학교 대학원 영어영문학 석사.
미국 남미시시피 주립대학 사회사업대학원 석사.
미국 테네시 주립대학 사회사업대학원 박사.

경상대학교 사회복지학과 교수.
한국가족사회복지학회 전임 회장.
한국가족사회복지학회 이사.
캐나다 브리티쉬컬럼비아 대학(UBC) 방문교수.
창원지방법원 진주지원 조정위원회 가사조정위원.
경상대학교 여성연구소 소장.

최정혜

경상대학교 사범대학 가정교육학 학사.
동아대학교 대학원 가정학 석사.
성신여자대학교 대학원 이학박사.

경상대학교 유아교육과 교수.
경상대학교 학생처장.
경상남도 다문화가족정책위원회 위원.
경상남도 여성정책발전위원회위원.
경남일보 객원논설위원.
미국 버클리주립대학 사회복지대학 방문교수.

이혜숙

이화여자대학교 사회학 학사.
서울대학교 대학원 사회학 석사.
서울대학교 대학원 사회학 박사.

경상대학교 사회학과 교수.
미국 캘리포니아주립대학교(UCLA) 사회학과 방문교수.
미국 워싱턴대학교(UW) 사회학과 방문교수.
경상대 여성연구소 소장.
한국여성학회, 운영위원(재무위원장), 편집위원.
전국여교수연합회, 부회장.

김대군

경상대학교 사범대학 윤리교육학 학사.
서울대학교 대학원 교육학 석사.
서울대학교 대학원 교육학 박사.

경상대학교 윤리교육과 교수.
한국양성평등교육진흥원 전문강사.
경상대학교 교육연구원 원장.

엄순영

이화여자대학교 법학 학사.
이화여자대학교 대학원 법학 석사.
이화여자대학교 대학원 법학 박사.

경상대학교 법학과 교수.
경상대학교 여성연구소 부소장.
한국젠더법학회 이사, 편집위원.
경상대학교 대학원 부원장.

정도희

한국외국어대학교 스페인어 학사 및 고려대학교 법학 학사
고려대학교 일반대학원 법학 석사.
서울대학교 대학원 법학 박사.

경상대학교 법학과 교수.
경상대학교 법과대학 부학장 겸 법학과장.
한국피해자학회 이사.
한국형사소송법학회 이사.
한국형사법학회 회원.
한국형사정책학회 회원.
한국비교형사법학회 회원.
한국경찰법학회 회원.

김상대

경상대학교 경제학 학사.
부산대학교 대학원 경제학 석사.
독일 프랑크푸르트대학교 경제학 박사.

경상대학교 경제학과 교수.
경남지노위 공익위원.

경상대학교 사회대 학장.
고용노동부 지역노사민정 협의체 자문위원.
미국 인디애나대학교 경제학과 객원 교수(2004).
미국 포트랜드주립대학교 경제학과 객원 교수(1997).

이옥재

이화여자대학교 의학 학사.
이화여자대학교 대학원 의학 석사.
고려대학교 대학원 의학 박사.
이화여자대학교 의료원 인턴, 내과전공의 수료(내과전문의, 소화기분과전문의, 소화기내시경전문의).
일본 니이가타 암센터병원 연수.
일본 니이가타대학교 의과대학 연수.
미국 버지니아주립대학교 의과대학 연수.

경상대학교 의과대학/의학전문대학원 내과학교실 주임교수.
경상대학교병원 위암센터장.
대한내과학회.
대한소화기학회.
대한소화기내시경학회.
대한상부위장관 및 헬리코박터학회 평의원.
대한소화관운동학회.
대한장연구학회.
대한위암학회.
부산경남내과학회 이사.
미국소화기학회.
국제위암학회.

양난미

이화여자대학교 교육심리학 학사.
이화여자대학교 대학원 교육심리학 석사.
이화여자대학교 대학원 심리학 박사.

경상대학교 심리학과 교수.
한국상담심리학회 이사.
상담심리 전문가.

한국의 중년 여성과 남성

2015년 5월 10일 1판 1쇄 인쇄
2015년 5월 15일 1판 1쇄 발행

저 자 경상대학교 연구소
이명신, 최정혜, 이혜숙, 김대군, 엄순영
정도희, 김상대, 이옥재, 양난미

펴낸이 조재성
펴낸곳 서현사

등록 2002년 8월 14일 제 03-01392호
주소 경기도 고양시 일산동구 중앙로 1055번지 레이크하임 206호
전화 031-919-6643
팩스 031-912-6643

ISBN 978-89-94044-74-3 93330
값 15,000원

이 도서는 경상대학교 GAST의 지원으로 기획되고 제작되었습니다.